KB131657

거인의 옥편

거인의 옥편

1판 1쇄 인쇄 2024. 2. 1.
1판 1쇄 발행 2024. 2. 8.

지은이 김성곤

발행인 고세규
편집 박익비 디자인 이경희 마케팅 박인지 홍보 강원모
발행처 김영사
등록 1979년 5월 17일(제406-2003-036호)
주소 경기도 파주시 문발로 197(문발동) 우편번호 10881
전화 마케팅부 031)955-3100, 편집부 031)955-3200 | 팩스 031)955-3111

값은 뒤표지에 있습니다.
ISBN 978-89-349-5157-5 03190

홈페이지 www.gimmyoung.com 블로그 blog.naver.com/gybook
인스타그램 instagram.com/gimmyoung 이메일 bestbook@gimmyoung.com

좋은 독자가 좋은 책을 만듭니다.
김영사는 독자 여러분의 의견에 항상 귀 기울이고 있습니다.

내 안의 가능성을 깨우는 리더의 성공 비책

김영사

저자의 말

《리더의 옥편》 후속작 《거인의 옥편》을 내놓는다. 이름만 '리더'에서 '거인'으로 바뀌었을 뿐, 고대 중국의 고사성어를 활용한 리더십 관련 글이라는 면에서는 다를 것이 없다. 온라인 플랫폼 세리시이오SERICEO에서 진행한 '리더의 옥편'의 강의 원고를 《리더의 옥편》으로 처음 옮긴 것이 2014년 9월이었다. 약 4년이 흐른 2018년 10월에 그간 축적된 새로운 내용을 보태서 총 60강의 분량으로 증보판을 냈다. 그 후로 강의가 계속됨에 따라 추가된 원고를 가지고 만든 후속편이 이번에 내놓은 《거인의 옥편》이다. 2013년부터 시작된 SERICEO의 고사성어 강의는 2024년 현재까지 이어지고 있다. 당초 20강 정도를 만들어보자고 시작한 일이었는데 140강을 넘겨 10년이라는 긴 세월 이어졌으니 고사성어에 대한 대중의 관심이 적지 않은 듯하다. 흥미로우면서 동시에 교훈적이기도 한 새로운 고사성어를 발굴하여 소개하는 일은 필자의 중요한 일과가 되었다.

우리 사회의 크고 작은 조직을 이끌어가는 리더는 자신의 언어의 힘에 대해 고민하지 않을 수 없다. 자기 혼자만 잘하면 되는 것이 아니다. 조직 구성원들을 격려하고 때론 설득해야 한다. 때론 대중 앞에서 연설해야 하고 때론 붓을 들어 글로 표현해야 한다. 모두 언어의 힘이 절실한 순간들이다.

그렇게 설득력과 표현력을 고민할 때 한 번쯤 들여다볼 만한 중국의 고전 분야가 바로 고사성어이다. 고사성어는 고대 중국의 오랜 역사 속에서 탄생한 이야기이다. 열국 간에 벌어졌던 전쟁 이야기, 명군과 혼군, 충신과 간신이 펼치는 치세와 난세 이야기, 정치, 경제, 문화, 예술 각 방면의 특별한 인물이 일으킨 특별한 사건 등등, 한결같이 흥미진진한 이야기들이다. 이 이야기들에는 우리의 삶을 성찰하게 하는 깊은 교훈이 어김없이 자리하고 있다. 이야기의 재미로 사람들을 집중하게 하고 이야기의 교훈으로 사람들을 끄덕이게 만들면 언어는 이미 설득력을 갖춘 것이요, 문장은 이미 표현력을 얻은 것이다. 더군다나 이 이야기들은 전달하기도 쉽고 기억하기도 쉬운 네 글자의 간단한 언어형식으로 되어 있으니 활용하기에도 그만인 것이다. 비록 다른 나라의 이야기이지만 같은 한자 문화권에 속한 우리 조상들은 아주 오래전부터 이 중국의 옛 이야기를 끌어와 우리의 삶을 성찰하고 언어에 힘을 더하는 유용한 자료로 활용해왔다.

박달나무 자라는 즐거운 동산이여, 그 아래 닥나무도 자란다네.
다른 산의 돌이 이곳의 옥을 가는 숫돌이 된다네.
樂彼之園 爰有樹檀, 其下維穀.
他山之石, 可以攻玉.

《시경詩經》〈소아小雅 학명鶴鳴〉에 나오는 구절이다. 마지막 구절 "다른 산의 돌이 옥을 가는 돌이 된다"는 구절에서 '타산지석他山之石'이란 성어가 나왔다. 다른 산에 있는 사소한 돌멩이일지라도 그것을 가져다가 숫돌로 쓰면 이 산에 있는 옥석을 갈아서 영롱한 옥그릇을 만들 수 있다는 말이다. 고사성어 역시 우리의 언어를 옥처럼 영롱하고 따뜻하게 만들 수 있는 다른 산에서 온 좋은 숫돌이 될 수 있지 않겠는가!

필자는 오랜 세월 고사성어를 적극적으로 활용해왔다. 고사성어를 활용하여 대학 학보에 시사 칼럼을 썼고, 고사성어 관련 역사 산문 과목을 개설했다. 고사성어를 통해 바른 리더십을 함양하는 온라인 교육에 참여했고, 고사성어를 활용해 취업 준비생 청년들을 격려하는 교육방송국의 콘텐츠를 제작했다. 고사성어를 만들어낸 역사 인물의 리더십을 주제로 여러 기업과 기관에서 강연했으며, 고사성이와 관련된 중국의 역사 유적을 탐방하는 여행팀을 이끌기도 하고, 관련 다큐를 여러 편 제작하기도 했다. 그야말로 반평생을 고사성어와 함께했으니 '고사성곤'이라 불리게 될 판이다.

수많은 옛이야기를 발굴하고 소개하다 보니 필자 자신의 화법도 이전보다 훨씬 구수해지고, 글도 더 따뜻해진 느낌이다. 또한 이런 과정을 통해 제법 이름도, 재물도 얻었으니 고사성어 활용의 유용함을 몸소 증명해 보인 것이다.

《거인의 옥편》 속의 다양한 옛이야기에서 리더를 위한 언어의 힘부터 삶을 성찰하는 지혜, 미래를 통찰하는 혜안까지 가득 얻어가길 바란다. 이 책의 제목처럼 조직을 변화시키고 세상을 이끌어 가는 '거인'의 사고와 언어를 갖추는 데 도움이 되면 좋겠다. 끝으로 좋은 책으로 세상을 밝히는 김영사 출판 관계자들에게 마음속 깊은 감사의 마음을 전한다.

2024년 2월 봄을 꿈꾸는 수락산 자락에서

김 성 곤

차례

제 3 장 _ 역경을 뚫고 다시 일어서는 힘 | 돌파력

제 4 장 _ 거인의 삶을 향해 나아가라 | 숙명

제 5 장 _ 매사에 더 신중해야 하는 이유 | 책임

제 6 장 _ 사람의 마음을 얻는 리더십 | 관계

제7장 _ 뜻이 이루어지는 때를 기다려야 한다 | 인내

제8장 _ 배우고 성장하는 일에 부지런하라 | 자질

일러두기

- 각 강의 마지막에 있는 '함께 읽으면 좋은 성어'에 대한 해설은 부록에서 확인할 수 있다.

제1장

거인의 품격은 어떻게 유지되는가

| 덕 |

01

검이양덕

儉以養德

검소함으로 덕을 기르다

'근검절약'이란 말을 들은 지 참 오래된 듯하다. 소비가 미덕이라며, 온갖 현란한 광고로 끝없는 물욕을 부추기는 현대사회에서 근검절약은 사어死語에 가까운 케케묵은 옛말이 되었다. 생산과 소비를 극대화해서 재화를 창출하는 것이 지고의 가치가 돼버린 후기 자본주의 시대에 물질에 대한 욕망을 제한하고, 불필요한 소비를 줄이자는 말을 꺼내기가 쉽지 않다.

하지만 세상이 심상치가 않다. 과도한 자원과 에너지 소비에 의한 환경오염, 무분별한 개발에 의한 생태계 파괴로 지구는 심한 몸살을 앓고 있다. 학자들은 이러한 상황이 근대 이후 우리가 만들어온 세상, 특히 지난 50년 동안 진행된 세계화와 소비물질주의가 주도해온 탐욕적 생활 방식과 착취적 경제체제에서 기인한 것으로 보고 있다. 그래서 안락과 사치 및 과시를 추구하는 우리의 원초적 욕망을 부단히 극복하고, 소비물질주의를 강요하는 후기 자본주의 체제의 부당한 요구에 과감히 저항해야 한다고 강력하게 주장하기도 한다. 이러한 시대적 요구에 부응해 근검절약을 몸소 실천한 옛사람들의 모습을 살펴보자.

삼베옷을 입은 검소한 재상 계문자

첫 번째 이야기의 주인공은 춘추전국시대 노魯나라의 실권자였던 계문자季文子라는 인물이다. 계문자는 모든 일을 결정함에 앞서 삼사三思했던, 즉 세 번씩이나 생각했던 매우 신중한 사람이었다. 그래서 공자孔子로부터 너무 과도하게 신중한 것 아니냐며, 두 번만 생각해도 된다고 비판받은 인물이기도 하다.

그런데 계문자는 이런 신중한 태도 외에 검소하기로도 유명했다. 그의 가족은 어느 누구도 비단옷을 입지 않았다. 모두 삼베로 만든 거친 옷을 입고 지냈다. 집에서 기르는 나귀나 말에게도 곡식을 주지 않았다. 그저 풀을 뜯어다 먹였다. 어떤 사람이 나라를 대표하는 재상으로서 너무 격이 떨어지는 것 아니냐며 핀잔을 주자 계문자가 말했다.

"내가 어찌 비단옷 입는 것을 싫어하겠는가. 내가 어찌 기름진 곡식을 먹여서 살이 통통하게 오른 말을 타고 싶지 않겠는가. 하지만 백성들은 몸에 걸칠 옷이 없어 헐벗고, 배를 채울 곡식이 없어 굶주리고 있지 않은가. 그런 백성들을 보면서 한 나라의 재상인 내가 어찌 몸에 비단을 걸칠 것이며, 곡식으로 마구간 짐승들의 배를 채울 수 있겠는가. 선비가 자신의 높은 덕행과 빛나는 절조로 나라를 영예롭게 한다는 말은 들었어도, 아름다운 처첩과 좋은 준마를 가지고서 나라를 영예롭게 한다는 말은 들은 적이 없네."

이에 인색하다며 비난하던 사람은 감동을 받아 자신도 계문자의 생활 방식을 그대로 본받아 검소하게 생활하기 시작했다. 계문자의 이런 검소한 생활 태도에 영향을 받은 사람이 많아지면서 노魯나라는 근검절약의 기풍이 크게 진작되었다.

《한비자韓非子》는 '열 가지 허물', 즉 〈십과十過〉라는 글에서 다음과 같이 말한다.

옛날 융왕戎王이 지혜로운 신하 유여由余를 진秦나라에 사신으로 보냈다. 진 목공穆公이 그에게 물었다. "옛날 임금은 무엇 때문에 나라를 얻고 나라를 잃었습니까?"

유여가 말했다. "옛 나라의 역사를 살펴보면 항상 검소함으로 나라를 얻었고 사치로 나라를 잃었습니다."

짚신을 신고 출근한 황제, 문제

두 번째 이야기의 주인공은 한漢나라 5대 황제 문제文帝이다. 문제 유항劉恒은 뒤를 이은 황제 경제景帝와 함께 문경지치文景之治라 일컫는 태평성세를 일군 훌륭한 군주다. 진나라 말의 혼란기부터 한나라 초기까지 이어진 오랜 전쟁으로 백성들의 삶이 피폐해질 대로 피폐해진 가운데 문제는 세금과 부역을 대대적으로 감면해 백성들을 쉬게 만들고, 그들 삶의 조건을 적극적으로 부양했다. 이른바 휴양생식休養生息, 쉬게 하고 길러주어서 생육하고 번성하게 하는 정책이다.

이런 애민 정책을 이끌어가는 데서 문제의 동력은 검소한 생활이었다. 그는 평소에 짚신을 신었다. 신하들과 조회할 때도 그랬다. 짚신은 짚과 삼을 이용해 매우 간단히 만들 수 있었다. 비용 또한 저렴해서 가난한 백성들이 즐겨 신었다. 너무 값이 싸서 "아까워하지 않는다"는 뜻의 '부자不藉'라는 이름으로도 불렸다. 당시 고급스러운 비단 신발이 없었던 게 아니었으니, 황제의 짚신 애용은 검소의 표상이었다. 황제의 곤룡포 역시 비단 중에서 가장 조악한 어두운 색깔의 비단으로 만든 옷이었다. 황제는 해진 곳을 바느질해가며 이 소박한 곤룡포 한 벌로 여러 해를 보냈다. 후궁들 또한 땅에 닿을 정도로 긴 치마는 아예 입지 않았다.

한번은 문제가 노대露臺를 지으려 했다. 노대는 천장이 없는 누각 같은 건물을 말한다. 황제는 건축 담당자를 불러 비용이 얼마나 드는지 물었다. 담당자는 그리 많은 비용이 들지 않는다며 황금 100근이면 충분하다고 답했다. 황금 100근은 당시 중산층 백성 열 집의 가산을 합친 금액이었다. 황제가 깜짝 놀라면서 말했다. "선대 황제의 궁실에서 사는 것만으로도 항상 송구한데, 어떻게 그런 큰돈을 써서 건물을 짓겠는가!" 이때부터 노대는 위정자의 검소함을 상징하는 어휘가 되었다.

문제는 재위 23년 동안 어떤 궁전도 짓지 않았다. 원림園林을 수축하지 않았고, 수레를 늘리거나 개와 말의 수를 더하지도 않았다. 자신의 삶에는 엄격했지만 백성들의 삶에는 한없이 너그러웠다. 즉위하고 얼마 되지 않았을 때 문제는 다음과 같은 명령을 내렸다. "80세 이상의 노인에게는 나라에서 매월 쌀과 고기, 술 등을 지급한다. 90세 이상의 노인에게는 여기에 의복용 베와 솜을 더한다." 또 자신이 죽은 뒤 장례 역시 검소하게 치를 것을 명령했다. "능묘는 모두 토기를 쓸 것이니 금·은·동 따위의 장식을 써서는 안 된다. 능묘를 거대하게 만들기 위해 백성들을 번거롭게 동원하지 말라. 산천의 고유한 형세에 따라 능묘를 만들 것이니 지형을 따로 고치지 말라."

주원장의 청백리 요리

명明나라 개국 군주 주원장朱元璋의 고향 봉양鳳陽에는 〈사채일탕四菜一湯〉이라는 제목의 노래가 유행했다고 한다. '네 가지 요리에 국 하나'라는 뜻이다.

황제가 초대하면
요리 넷에 국이 하나라네.
무 요리 부추 요리
아주 달고 향기롭다네.
파 요리 두부 요리
의미가 심장하다네.
한쪽은 청이요, 한쪽은 백이니
탐관오리들 벌벌 떤다네.

부추와 파는 푸른색이어서 청青인데, 이는 맑은 청淸 자와 뜻이 통하고, 무와 두부는 흰색이어서 백白이니 이 요리를 합치면 청백, 바로 '청백리'를 상징한다. 그래서 이 음식을 보고 탐관오리들이 벌벌 떨게 되는 것이다. 실제로 주원장은 관원들을 초대한 연회에서 사채일탕의 요리를 내놓아 검소한 기풍을 이끌었다고 한다.

검소함이 남달랐던 제갈량

《삼국연의三國演義》의 영웅 제갈량諸葛亮은 걸출한 정치가이자 군사가로 위상이 높았지만, 검소한 생활 역시 그 위상이 남달랐다. 촉蜀나라에서 일인지하一人之下, 만인지상萬人之上의 높은 지위였지만 극도로 사치를 경계했다. 그는 후주後主 유선劉禪에게 올린 표문에서 이렇게 말했다.

"성도에 뽕나무 800그루가 있고 척박한 밭 15경이 있으니 자식들이 먹고살기에 넉넉합니다. 저의 의식주는 모두 관직의 봉록에 의지하고 있으니 따로 생업을 경영하여 조금이라도 재산을 증식하는 일이 없을 것입니다. 신이 죽는 날에 이르러 안으로 남는 비단이 있거나 밖으로 남는 재물이 있어 폐하의 은총을 저버리는 일이 없을 것입니다."

《삼국지三國志》〈제갈량전諸葛亮傳〉은 "제갈량이 죽은 후에 살펴보니 그가 한 말과 같았다"는 말로 그의 검소함을 증거했다.

◇◇

검소함은 누추하거나 초라한 삶의 방식이 아니다. 그것은 정신을 고양하는 가장 유용한 수단이다. 온갖 소비를 조장하는 요란하고 부박한 풍조에 맞서 자신과 이웃을, 사회와 세계를 깊이 생각하게끔 하는 수신修身의 출발점이 바로 검소함이다. 이렇게 검소함의 가치를 새기는 말로 쓰이는 성어가 '검이양덕儉以養德'이다. "검소함으로써 덕을 기른다"는 뜻으로, 자식들에게 훈계하는 제갈량의 〈계자서戒子書〉에 나오는 구절이다. 이 구절을 읽으면서 검소함의 위대한 미덕을 깊이 생각해보길 바란다.

무릇 군자의 행동은 고요함으로 수신하고 검소함으로 덕을 기른다. 명리名利에 대한 담박함이 없다면 어찌 뜻을 분명하게 할 수 있으며, 고요한 자기 수련이 없다면 어찌 원대한 목표를 이룰 수 있겠는가.
夫君子之行, 靜以修身, 儉以養德. 非淡泊無以明志, 非寧靜無以致遠.

함께 읽으면 좋은 성어	검가이조렴儉可以助廉	검고능광儉故能廣

02

당두봉갈

當頭棒喝

몽둥이를 내리치고 고함을 지르다

세상이 참 복잡하고 어지럽다. 이런저런 일들로 혼란스러운 세상에서 갈피를 잡기가 힘들다. 시비를 명쾌하게 나눌 수도 없고, 득실을 정확하게 계산할 엄두도 나지 않는다. 복잡한 문제에 둘러싸인 채로 망연자실, 우두망찰, 안개 속을 헤매며 사는 듯하다.

이럴 때 큰 어른이 계신다면, 큰 스승이 계신다면 얼마나 좋을까 속으로 되뇌곤 한다. 물질만능의 시절에 '무소유'를 갈파하신 법정 스님, 무반성과 부도덕의 문화 속에서 "내 탓이오" 하며 우리 자신을 돌아보게끔 하신 김수환 추기경 같은 우리 사회의 큰 어르신들이 그립다.

몽둥이와 고함의 가르침

불교의 선종禪宗은 불립문자不立文字를 내세워 경전이나 교리에 집착하지 않고 순간적이며 직관적인 깨달음, 즉 돈오頓悟를 중시한다. 선종의 스승들은 제자들을 깨우치기 위해 특별한 방식의 수행법을 발전시켰는데, 당唐나라 때 덕산德山 대사와 임제臨濟 선사가 가장 유명하다.

덕산 대사는 수행자를 향해 갑작스럽게 몽둥이를 내리쳤고, 임제 선사는 수행자에게 벼락같이 소리를 질렀다. 화두를 붙잡았지만 오만 가지 생각에 갈피를 못 잡은 채 해매는 수행자들은 스승의 번개처럼 내리치는 몽둥이찜질과 천둥 같은 고함 소리에 순간 미망의 안개가 걷히면서 깨달음의 문이 열리는 돈오의 심오한 경지를 체험했다고 한다.

이 두 분의 지도법은 각각 '덕산의 몽둥이'란 뜻의 덕산봉德山棒, '임제의 고함 소리'란 뜻의 임제갈臨濟喝이라는 이름으로 전해진다. 그리고 이 둘을 합해서 "정면을 향해 몽둥이를 내리치고 고함을 치다"라는 뜻의 '당두봉갈當頭棒喝'이라는 성어가 생겼다. 정수리를 후려치듯 깊은 깨달음으로 인도하는 심오한 가르침을 뜻한다. 그것은 종교 경전이나 철학 서적의 한두 구절일 수도 있고, 시인의 심오한 시구일 수도 있다. 노스승의 연륜 깊은 한마디 권고일 수도 있고, 직장 선배가 무심코 툭 던진 평범한 조언일 수도 있다. 어떤 말이든, 어떤 기호든 그것이 즉각적으로 우리 스스로를 깊이 돌아보게 하고 새로운 깨달음으로 나아가게 한다면 모두 소중한 당두봉갈인 것이다.

자공을 향한 공자의 당두봉갈

자공子貢은 공자의 제자 중에서 매우 명석한 제자로, 특히 언어에 뛰어났다. 《논어論語》에는 공자와 자공이 주고받는 대화가 많이 실려 있다. 공자는 때론 칭찬하고 때론 부족한 점을 지적하기도 하면서 자공을 보다 원숙한 군자의 삶으로 나아갈 수 있도록 이끌었다. 어느 날 자공이 스승에게 물었다. "선생님, 만일 제가 평생 동안 힘써 행할 덕목을 한 글자로 말한다면 무엇이겠습니까?" 공자의 수많은 가르침 중에서 가장 핵심적인 내용이 무엇인지를 물은 것이다. 공자가 단호하게 대답했다. "그것은 바로 '서恕'이다!"

우리가 "용서하다"라는 뜻으로 쓰는 이 '서'는 공자 철학의 핵심이다. '서'는 보통 추기급인推己及人, 즉 '나를 남에게까지 확장하는 것'으로 설명할 수 있다. 나의 욕망이나 입장을 남에게도 그대로 적용하는 것이다. 내가 춥고 배고픈 것을 싫어하면 남도 똑같이 음식과 옷이 필요하다는 걸 아는 것이요, 내가 힘든 노동을 싫어하면 남도 똑같이 편하게 쉬는 걸 좋아한다는 사실을 이해하는 것이다. 공자는 이 '서'를 평생 지켜 행할 덕목으로 제시한 것이다.

자공이 이해를 잘 못했다고 여겼던지 공자가 설명을 보탰다. "자기가 원하지 않는 일은 남에게도 베풀지 말라!" 기소불욕己所不欲, 물시어인勿施於人. 우리가 익히 들었던 유교의 황금률이다. 예컨대 공자는 이렇게 말한 것이다. "네가 당하고 싶지 않은 일이면 남도 똑같이 당하고 싶지 않다는 사실을 명심해라!"

공자는 왜 자공에게 이 '서'를 가르쳤을까? 공자는 제자들이 질문을 하면 그 제자의 개인 사정을 고려해 일반적인 대답이 아닌 개별적인 대답을 제시했다. 이른바 인인시교因人施教이다. 공자가 보기에 자공은 여러 면에서 뛰어난 제자인 것은 분명한데, 매번 남에 대한 배려가 부족한 게 문제였다. 보통 잘난 사람들이 지니게 마련인 병통이 바로 남의 입장을 헤아릴 줄 모른다는 것 아닌가? 바로 자공이 그랬던 모양이다. 특히 자공은 남을 평가하길 좋아했다. 《논어》 〈헌문憲問〉에 이런 내용이 나온다.

자공이 남들을 비판하며 헐뜯자 공자께서 말씀하셨다. "사賜(자공의 자)는 똑똑하니까 저렇겠지! 나 같으면 저렇게 할 틈이 없는데."

자공이 자주 남들을 비교하고 평가하는 모습을 보고는 스승 공자가 허물한 것이다. 그러므로 자공에게 '서'를 말씀하신 것은 "남들이 너를 비판하면 너도 싫지 않더냐. 그와 똑같이 남들도 네가 비판하면 싫어하는 법이다. 그러니 함부로 나서서 남들을 비판하지 말아라!" 이런 뜻이다.

공자가 가르친 '서'는 자공에게 '당두봉갈', 즉 정수리를 내리치는 몽둥이요, 고함 소리인 셈이다. 자공은 이 '서'의 가르침을 평생 가슴에 간직하면서 남의 입장을 더욱 존중하고 헤아리는 삶을 살았을 것이다.

우리 사회에 필요한 '당두봉갈'의 교훈도 어쩌면 공자가 자공에게 전한 '서'의 도道가 아닐까? 내 입장만을 내세우고, 내 의견만을 고집하고, 내 편만이 진실하다고 우기는 한 우리 사회의 분열과 혼란은 끝이 없을 것이다. '서'는 같을 여如와 마음 심心으로 이뤄져 있다. 남도 나와 똑같이 여기는 마음, 그 배려의 마음이 바로 '서'인 것이다. 탐욕과 이기심으로 가득한 이 혼란한 시절에 꼭 필요한 '당두봉갈'의 가르침으로 공자의 '서'를 전하고 싶다. '기소불욕, 물시어인!'

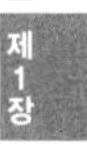

함께 읽으면 좋은 성어	설신처지設身處地	신종모고晨鍾暮鼓

03

불비불항

不卑不亢

비굴하지도 오만하지도 않다

중국을 여행하다 보면 호텔이나 음식점에서 '빈지여귀賓至如歸'라고 커다랗게 쓴 액자를 흔히 볼 수 있다. 손님이 마치 자신의 집에 돌아온 것처럼 편안함을 느끼게 한다는 뜻이다. 종업원들이 가족처럼 밝은 얼굴로 맞이하고, 내부 시설은 내 집처럼 따뜻하고 익숙한 분위기를 제공하며, 음식도 마치 늘 먹던 것처럼 입에 맞게 한다는 것이다. 집을 떠나 먼 길을 떠도는 고단한 여행자들에게는 더할 나위 없이 좋은 말이다. 지금은 호텔과 음식점의 단골 광고 카피가 된 이 성어의 산생産生 배경에는 많은 것을 생각하게 하는 이야기가 있는데, 한번 살펴보자.

대국의 영빈관 담을 헐어버린 자산의 외교

기원전 542년, 춘추전국시대의 일이다. 정鄭나라 대부 자산子産이 임금인 간공簡公을 모시고 상국인 진晉나라를 방문했다. 진나라 임금 평공平公은 대국 군주의 위세를 부리느라 이웃인 노나라의 국상國喪을 핑계로 간공을 만나주지도 않고, 부를 때까지 영빈관에 머물라는 일방적인 통보를 해왔다.

심히 자존심이 상한 간공과 자산 일행이 영빈관에 도착해서 보니 일국의 제후가 묵기에는 너무 초라한 규모였다. 대문은 아주 협소해서 진상품을 실은 마차조차 들어갈 수 없었다. 잠시 생각에 잠겨 있던 자산이 수행원들을 시켜 영빈관의 담장을 헐어버리고는 수레를 몰고 들어갔다.

정鄭나라 사신 일행이 영빈관의 담장을 헐어버렸다는 소식을 들은 진나라 대부 사문백士文伯이 깜짝 놀라 달려와 자산에게 따져 물었다. "저희 진나라는 도적을 방비하고 제후국에서 온 손님들을 안전하게 모시기 위해 영빈관을 짓고 담을 높이 둘러쳤습니다. 지금 그대가 담을 모두 헐어버렸으니 손님들의 안전을 어찌 보장할 수 있겠습니까? 도대체 무슨 연유로 담을 헐어버린 것입니까?"

자산이 공손히 대답했다. "우리 정나라는 작은 나라로서 대국을 섬김에 있어 한시도 마음을 놓을 수가 없습니다. 수시로 온 나라의 재물을 그러모아 진나라에 바치고 있습니다. 그렇게 애써 마련한 공물을 가져왔는데 공교롭게도 귀국의 국군國君께서 시간이 없으셔서 우리를 만나주지 않아 지금까지 줄곧 기다리고 있습니다. 또한 언제까지 기다리라는 명확한 지시도 없어 얼마나 더 있어야 접견할 수 있을지조차 알 수 없는 상황입니다. 우리 맘대로 진상품을 진나라 국고에 들일 수도 없고, 또 그렇다고 이 귀한 예물을 함부로 노천에 방치할 수도 없지 않습니까? 그대로 방치했다가 비바람에 젖고 벌레라도 먹게 된다면 귀국에 큰 죄를 짓는 일이지 않겠습니까?"

자산은 말을 끊고 긴 한숨을 쉬더니 단호한 어조로 말을 이었다. "예전 진나라의 어진 임금 문공文公이 집정하던 시절에는 제후국에서 오는 손님들을 대우함이 이렇게 박하지 않았습니다. 문공이 거하던 궁실은 오히려 작았고 제후들의 영빈관이 외려 크고 넓었습니다. 때에 맞춰 사신들이 오는 길을 평탄하게 닦았으며, 손님들이 도착하면 영빈관 뜰에 횃불을 크게 밝혀 맞아주었고, 종들과 말들도 모두 편히 쉴 수 있게 해주었습니다. 또한 손님들로 하여금 오래 기다리게 하는 법도 없었습니다. 그래서 손님들은 비록 타국의 숙소이지만 마치 집에 돌아온 듯 편안하게 거할 수 있었으니, 도둑을 걱정할 일도 예물이 상할 것을 염려할 일도 없었습니다. 그런데 지금 귀국의 임금은 드넓고 훤한 별궁에 거하시면서 사신들이 묵는 영빈관은 마치 하인들의 숙소라도 되는 듯 좁고 침침하기 이를 데 없습니다. 대문은 협소해서 수레조차 통과하기 어렵습니다. 오죽했으면 제가 담을 헐기까지 했겠습니까? 만일 속히 접견을 허락하셔서 예물을 바칠 수 있게 해주시면 저희 스스로 헐어버린 담을 다시 쌓아놓고 돌아가겠습니다."

사문백이 돌아가 당시 진나라 조정의 실권자인 조문자趙文子에게 자산의 말을 전했다. 조문자는 자산의 합리적인 항변에 바로 잘못을 인정하고 다시 사문백을 보내 정중히 사과의 뜻을 밝혔다. 진나라 평공은 융숭한 예로 정나라 간공을 접견하고 잔치와 예물을 성대히 갖추어 후하게 대접했다. 사신들이 머무는 영빈관을 대대적으로 크게 수축한 것은 물론이다.

《좌전左傳》에 있는 이 자산 이야기에서 "손님들이 자신의 집으로 오는 듯하다", 즉 '빈지여귀'라는 성어가 나왔다. 그리고 대국의 위세 속에서도 예의 바르고 합리적인 언설로 자국의 존엄을 지킨 자산의 이런 당당한 모습을 가리키는 말이 바로 "비굴하지도 않고 오만하지도 않다"는 뜻의 '불비불항不卑不亢'이다. 진나라의 위압적이고 그릇된 태도에 항변하면서도 그 나라 최고의 임금인 문공을 거론하며 그들의 자존심을 세워주는 겸손함을 보인 것이다.

비굴하지도 않고 오만하지도 않은 실리의 외교술

정나라는 당시 강대국인 진나라와 초楚나라 사이에 끼인 작은 나라였다. 그래서 수시로 이들 두 나라의 간섭과 압력에 시달려야 했다. 진에 가까우면 초가 시비를 걸었고, 초에 기울면 진이 눈을 부라렸다. 이런 어려운 시기에 자산은 '불비불항'의 지혜로운 외교술로 약소국 정나라에 큰 존엄을 안겼다. 단순히 국격을 높이는 데 그치지 않고 실익을 안긴 예도 많았다.

범선자范宣子가 진나라 국정을 맡고 있을 때의 일이다. 당시 패자의 지위에 있던 진나라에서 각 제후국에 요구하는 예물의 규모가 너무 커서 정나라로서는 여간 고통스러운 게 아니었다. 자산은 이를 개선하기 위해 진나라 범선자에게 편지를 썼다. 그 대강의 내용은 이러했다.

공께서 진나라를 다스림에 사방의 제후들이 공의 덕행에 대한 이야기는 듣지 못하고 공께서 공물을 중히 여긴다는 말만 듣게 되니 저는 심히 안타깝습니다. 군자가 나라와 집안을 다스림에 있어서는 재물 없음을 걱정할 것이 아니라, 덕행 없음을 근심하는 법입니다. 제후의 재화가 모두 진나라에 쌓이면 제후들의 마음은 떠날 것이요, 공께서 이 재물들을 탐하시면 진나라 사람들 또한 마음이 흩어질 것입니다. 밖으로 제후들의 마음이 떠나고 안으로 진나라 사람들이 흩어지면 공의 나라와 집안 모두 위태로워질 것입니다. 훌륭한 명성, 덕행이야말로 나라와 집안의 기초입니다. 오직 덕행 있는 자만이 남들과 즐거움을 같이할 수 있으며, 남들과 즐거움을 같이할 때 그 지위를 오래 누릴 수 있는 법입니다. 코끼리는 값비싼 상아를 가진 탓에 목숨을 잃게 되는 법이니 깊이 생각해주시기를 바랍니다.

과도한 공물을 요구한 진나라를 통렬히 비난하면서도 그것이 천하 맹주로서 진나라의 지위가 흔들릴 것에 대한 염려로부터 나왔다는 뜻을 전하기에 충분하다. 《좌전》에 실린 이 글의 말미에는 편지를 읽은 범선자가 오히려 기뻐하면서 바로 공물을 줄여주었다고 쓰여 있다. 비난하는 글을 읽으면서도 오히려 기뻐했다는 것이니, 자산의 외교력이 얼마나 뛰어났는지를 알 수 있다.

공자의 제자 자공은 자산에 대해 다음과 같이 평가했다. "그대는 자산이 정나라 재상을 지낸 일을 듣지 못하였는가! 현명하고 능력 있는 자를 발탁해 쓰고, 단점을 숨기고 장점을 널리 알렸으며, 큰 재주가 있는 자에게는 그 단점을 묻지 않았고, 큰 덕이 있는 자에게는 작은 허물을 비난하지 않았도다. 집집마다 풍족하였고 감옥은 텅 비었도다. 자산이 죽으매 정나라 사람들이 모두 가슴을 두드리며 눈물을 흘렸으며 3개월 동안 생황과 거문고 소리가 들리지 않았으니, 살아서는 사랑을 받았고 죽어서는 애통의 대상이 되었도다."

진나라와 초나라 두 강대국 사이에서 정나라의 존엄을 지키며 국익을 수호하기 위해 '불비불항'의 외교적 능력을 발휘한 자산의 모습은 강대국들 사이에서 외교의 합당한 좌표를 찾기 위해 고심하는 우리가 참고할 만하다. 예의를 갖추되 상대방의 입장에 무조건 동의하는 비굴함을 보이지 않으며, 진실한 감정과 합리적 분석으로 상대방의 잘못을 지적하되 오만하거나 거만하다는 인상을 주지 않는 '불비불항', 어렵지만 한 번 시도해볼 만한 방식이 아닐까?

함께 읽으면 좋은 성어	망자비박妄自菲薄	망자존대妄自尊大
	불긍불벌不矜不伐	

04

실이덕형

室以德馨

집은 주인의 덕으로 향기로워진다

고도로 발달한 자본주의사회에서 살다 보니 종종 자본의 힘에 눌려, 또 물질의 힘에 눌려 내가 주인으로서 살지 못한다는 자괴감이 들 때가 있다. 주인의 자리를 잃고 종의 신세가 되어 이리저리 끌려다니려니 갈수록 자존감은 떨어지고 삶이 무의미해진다.

내 소유물이 나를 평가하는 유일한 기준이 되어버린 듯하다. 내가 소유물을 소유하는 것인지, 소유물이 나를 소유하는 것인지 헷갈린다. 내가 가진 소유물을 통해서만이 나를 증명한다면, 그 소유물이 없어지는 날 나는 아무것도 아닌 존재가 되어버리는 것이 아닌가 하는 엉뚱한 생각이 들기도 한다. 이럴 때 꺼내어 읽어야 할 좋은 글이 하나 있어 소개한다. 당나라 유우석劉禹錫이 지은 〈누실명陋室銘〉이라는 짧은 글이다.

산은 높은 데 달려 있지 않으니,
신선이 살면 명산이 된다네.
물은 깊은 데 달려 있지 않으니,
용이 살면 신령해진다네.
이곳은 누추한 집,
오직 나의 품덕에 기대어 향기로운 곳.
이끼는 섬돌에 푸르고,
풀빛은 주렴에 푸르구나.
담소하는 이들은 큰 선비러니,
왕래하는 자 중에 학문 없는 자 없다네.
소박한 거문고를 타며,
불가의 경문을 함께 읽는다네.
거창한 음악이 귀를 소란스럽게 하지 않고,
관청의 문서가 몸을 부릴 일도 없다네.
남양 땅 제갈량의 초막이요,
서촉 땅 양자운의 정자라.
공자께서 말씀하시지 않았는가,
군자가 사는 곳에 무에 누추할 것이 있냐고.

山不在高, 有仙則名. 水不在深, 有龍則靈. 斯是陋室, 惟吾德馨. 苔痕上階綠, 草色入簾青. 談笑有鴻儒, 往來無白丁. 可以調素琴, 閱金經. 無絲竹之亂耳, 無案牘之勞形.

南陽諸葛廬, 西蜀子雲亭. 孔子云: 何陋之有.

당나라 정치 개혁에 나섰던 유우석

〈누실명〉의 저자 유우석은 중당대中唐代에 활동한 정치인이자 시인이다. 당나라는 안녹산의 난 이후 환관과 번진의 세력이 점차 강해졌다. 군권을 장악한 환관의 간섭으로 조정은 혼란스러웠고, 지방에 할거한 군벌들의 잦은 변란으로 백성들의 삶은 극도로 위태로웠다. 새로 제위에 오른 순종順宗은 이러한 현상을 타개하기로 마음먹고 당시 한림학사였던 왕숙문王叔文을 중심으로 한 젊은 관료들에게 정치 개혁을 주문했다. 이것이 이른바 '영정혁신永貞革新'이라 부르는 중당대의 정치 개혁 운동이다. 환관과 번진으로부터 권력을 회수해 조정에 돌림으로써 중앙정부의 통제력을 회복하고, 그들과 결탁한 적폐 세력을 일소하려는 노력이었다.

이 영정혁신에 참여한 젊은 관료들 가운데 당송팔대가 중 한 명인 유종원柳宗元과 〈누실명〉의 저자 유우석이 있었다. 영정혁신은 약 100여 일 정도 지속되었는데, 순종의 와병과 환관의 반격으로 실패하고 말았다. 왕숙문은 죽음을 당하고 젊은 관료들은 모두 지방으로 좌천되어 당나라는 쇠퇴의 길로 들어섰다.

세 번의 이사 끝에 도달한 누추한 집을 위한 노래

〈누실명〉은 유우석이 안휘성安徽省 화주和州의 통판通判으로 좌천되었던 시기에 지은 글이다. 당시 화주 현령은 유우석이 중앙정부의 미움을 받아 내려온 인사라는 사실을 알고는 그에게 성 남쪽 강가에 있는 세 칸짜리 허술한 집 한 채를 마련해 주었다. 유우석의 벼슬이 통판이었으니 본래는 관청 부근에 있는 괜찮은 집을 준비했어야 마땅했다. 그런데 여름날 찌는 듯한 더위와 겨울날의 맹추위를 그대로 견뎌야 하는 초라한 집을 준 것이다. 이런 처우라면 분개할 만도 한데 유우석은 아무런 원망도 불평도 하지 않은 채 문 앞에 시구 두 구절을 떡하니 써 붙였다.

장강을 대하고 흰 돛단배를 바라보나니,

몸은 화주에 있어도 조정에서 변론함을 생각하노라.

面對大江觀白帆, 身在和州思爭辯.

몸은 비록 재야에 있어도 대궐의 임금을 생각하며 다시 조정으로 나아가 나랏일에 대해 힘차게 토론하겠다는 뜻이다. 그러니 일개 화주의 현령 따위와는 상대하지 않겠다는 뜻이었다. 장강의 거센 물결처럼 전혀 기죽지 않은 씩씩한 기개였다. 자신의 예상과는 전혀 다른 모습에 화주 현령은 화가 났다. 그래서 다시 유우석의 거처를 성 북쪽 하천 변으로 옮겼는데, 원래 세 칸이던 집이 한 칸 반으로 줄었다. 유우석은 이번엔 다음과 같은 시를 적어 대문에 붙였다.

수양버들 강가에 푸르고 푸르나니,
몸은 화주에 있어도 마음은 경사에 있어라.
垂柳青青江水邊, 人在曆陽心在京.

하천 변에 버드나무가 많이 있어 맘에 들었던 모양이다. 아울러 '당신과 같은 소인배하고는 다툴 뜻이 없으니 나를 그냥 내버려달라'는 뜻이기도 했다. 하지만 화주 현령은 그만둘 마음이 없었는지 다시 이사 명령을 내렸다. 이번에는 강도 보이지 않고 버드나무도 없는 현성 중부에 있는 방 한 칸짜리 오막

살이였다. 반년 만에 세 차례나 옮겨 결국 도달한 곳이었다. 살림살이라곤 침대 하나, 탁자 하나, 의자 하나가 전부였다. 이에 유우석은 붓을 들어 〈누실명〉을 짓고, 아예 바위 하나를 얻어다 거기에 글을 새겨 문 앞에 세워두었다.

산은 높은 데 달려 있지 않으니,
신선이 살면 명산이 된다네.
물은 깊은 데 달려 있지 않으니,
용이 살면 신령해진다네.
이곳은 누추한 집,
오직 나의 품덕에 기대어 향기로운 곳.

산이 명산이 되는 것은 높이가 아니라 그 안에 신선이 있는가에 달려 있고, 물이 영험한 곳이 되는 것은 깊이가 아니라 그 안에 용이 있는가에 달려 있다고 했다. 마찬가지로 어떤 집의 가치는 크고 화려한 외양에 달려 있는 것이 아니라, 그 안에 사는 주인이 어떠한가에 달려 있다는 것이다. 주인이 학문 깊은 큰 선비이면 집은 아무리 초라해도 빛나는 학문의 전당이 되고, 주인이 욕심만 가득한 속인이라면 집은 아무리 근사해도 그저 잡동사니를 쌓아둔 창고나 다름없다.

담소하는 이들은 큰 선비러니,
왕래하는 자 중에 학문 없는 자 없다네.
소박한 거문고를 타며,
불가의 경문을 함께 읽는다네.

덕으로 빛나는 이 초라한 오막살이에 드나드는 사람은 모두 학문이 깊은 큰 선비들이다. 소박한 거문고를 타며 심오한 경문의 이치를 함께 논하는 수준 높은 현자들이다. 주인의 덕망에 이끌려 집을 찾아온 사람들은 오두막집의 초라한 살림살이를 보지 않는다. 침대 하나, 탁자 하나, 의자 하나 달랑 있는 누추한 살림살이 가운데 우뚝 빛나는 주인을 본다.

남양 땅 제갈량의 초막이요,
서촉 땅 양자운의 정자라.

남양 땅 제갈량의 초막은 젊은 시절 그가 실력을 기르며 때를 기다렸던 곳이다. 비록 초라했지만 한 시절을 풍미한 영웅이 세상의 부름을 기다리며 꿈을 키우던 공간이다. 서촉 땅 양웅揚雄의 집 역시 초라했지만 한漢나라의 대문호를 길러낸 학문의 산실이었다. 유우석은 자신의 초라한 거처가 제갈량과 양웅 같은 역사적 인물을 길러낼 거라고 자랑하고 있는 것이다. 그리고 마지막에는 공자의 말씀까지 인용해 자신의 논리를 확고히 한다.

공자께서 말씀하시지 않았는가,
군자가 사는 곳에 무에 누추할 것이 있냐고.

이는 《논어》 〈자한子罕〉에 나오는 글을 인용한 것이다. 공자가 천하를 주유하며 자신의 뜻을 펼치고자 했지만 아무런 성과도 없자, 차라리 중국을 떠나 동이족들이 거하는 땅으로 가고자 한 적이 있었다. 그런 공자의 의중을 들은 제자 하나가 물었다. "동이는 누추한 곳입니다. 어찌 그런 곳에서 살 수 있겠습니까?" 그러자 공자가 단호하게 말했다. "군자가 거하는 곳에 무슨 누추함이 있겠는가!" 아무리 누추할지라도 군자가 살면 그곳은 더 이상 누추하지 않다는 말이다.

이러한 깊은 뜻을 담고 있는 〈누실명〉에서 비롯된 성어가 "집은 덕으로써 향기로워진다"는 뜻의 '실이덕형室以德馨'이다. 여기서 형馨은 향기롭다는 뜻이다. 호화로운 가구나 값비싼 그림으로 향기로워지는 것이 아니라, 그 집의 주인이 갖춘 덕으로써 향기로워진다는 것이다. 물질을 채워서 얻을 수 있는 향기가 아니라, 내면의 덕을 길러서 얻을 수 있는 향기이다.

화려한 소비를 권장하며, 그렇게 소비되는 물질 속에 행복이 있다는 달콤한 속삭임으로 하루를 시작하고 마무리하며 사는 우리로서는 참 멀게만 느껴지는 이야기일 수 있다. 하지만 이런 이야기 속에 삶의 주체로서 인간의 고결한 모습, 어떤 어려운 조건이나 불편한 환경 속에서도 의연한 군자의 모습이 보인다. 한 번쯤 우리 삶을 돌아보게 하는 그런 늠름한 모습이 있다. '실이덕형', 덕으로 향기로운 멋진 집, 덕으로 향기로운 멋진 삶에 대해 생각해보길 바란다.

함께 읽으면 좋은 성어	부명박리 浮名薄利	안빈수도 安貧守道
	지인인왕 地因人旺	실이덕형 室以德馨

05

윤물무성

潤物無聲

만물을 소리 없이 적시다

중국 사천성四川省 성도成都 남쪽 교외에 시성詩聖 두보杜甫의 초당이 있다. 안녹산의 난이 일어나 나라가 혼란스럽던 시기에 가족을 이끌고 전쟁을 피해 여러 지역을 위태롭게 전전하던 두보는 이곳 성도로 와서 친구들의 도움을 얻어 초당을 짓고 약 4년 동안 비교적 평화롭게 기거했다.

이 시기에 탄생한 작품 중에서 가장 유명한 것은 봄밤에 내리는 반가운 비를 노래한 〈춘야희우春夜喜雨〉이다. 첫 구절 "좋은 비는 시절을 안다"는 뜻의 '호우지시절好雨知時節'에서 따온 〈호우시절好雨時節〉이라는 영화 제목 때문에 제법 많이 알려진 시이다.

좋은 비 시절을 아나니
봄이 되어 만물이 싹을 틔울 때라.
바람을 따라 몰래 밤에 들어와
만물을 적시니 가늘어 소리도 없구나.
들길엔 검은 구름 가득하고
강가엔 고깃배 불빛이 밝다.
새벽녘 붉게 젖은 곳 바라보면
금관성에 꽃이 묵직하겠지.
好雨知時節, 當春乃發生. 隨風潛入夜, 潤物細無聲.
野徑雲俱黑, 江船火獨明. 曉看紅濕處, 花重錦官城.

때맞춰 내리는 봄비를 의인화해 호우好雨, 즉 '좋은 비'에 대한 반갑고 고마운 마음을 여실하게 드러내고 있다. 비라고 다 좋은 것은 아니다. 호우는 시절을 안다. 자신이 내려야 할 때인지 아닌지를 분별할 줄 아는 비가 바로 호우이다. 내리지 말아야 할 때 내리는 비는 '나쁜 비', 즉 폭우이거나 악우惡雨일 뿐이다. 사람이라고 별반 다르지 않다. 나설 때 나서지 말아야 할 때를 가릴 줄 아는 사람이 좋은 사람이다. 메마른 겨울을 지나 대지가 바짝 마른 시절, 필요한 수분이 가장 절실한 때에 필요를 알아 내리는 비가 호우이다.

소리 없이 일을 완성시키는 법

그럼 호우는 언제 내리는가? 바람을 타고 밤에 들어온다고 했다. 태평한 시절에 내리는 봄비는 꼭 밤에 온다고 했다. 낮에 바깥에서 일하는 농부들을 배려해서 밤에 내린다는 것이다. 이 정도면 호우가 아니라 '어진 비', 즉 인우仁雨라 할 수 있지 않을까? 그런데 다음 구절에서 우리는 한 걸음 더 나아가 '거룩한 비', 즉 성우聖雨를 만난다. '윤물세무성潤物細無聲', 목말라 하는 만물을 촉촉하게 적셔주면서도 자신은 존재조차 없는 듯 아무런 소리도 내지 않는 비이다. 만상에 목숨 같은 생명수를 공급하면서도 자기 공로에 대해서는 아무런 자랑도 하지 않는다. 그야말로 최고의 덕성德性이 아닌가!

노자老子는 《도덕경道德經》 8장에서 다음과 같이 말한다.

최고의 선은 물과 같다. 물은 만물을 이롭게 하되 다투지 않으며, 사람들이 싫어하는 낮은 곳으로 흘러가 사느니, 도道와 가깝다고 하겠다. … 다투지 않으니, 허물이 없는 것이다.

上善若水. 水善利萬物而不爭, 處衆人之所惡, 故幾於道. … 夫唯不爭, 故無尤.

또 2장에서는 물과 같은 큰 덕을 갖춘 성인의 모습을 다음과 같이 설명한다.

낳아 기르면서도 소유하지 않으며, 적극적으로 일을 하면서도 뽐내지 않고, 공을 이루고 나서도 그 공에 거하지 않는다. 그 공에 거하지 않으므로 공을 없앨 수 없다.

生而不有, 爲而不恃, 功成而弗居. 夫唯弗居, 是以不去.

어떤 일의 성공은 그 열매를 스스로 차지하지 않는 것으로 완성된다. 그래서 현명한 사람들은 일을 이루고 난 후에 스스로 자신의 몸을 물려 멀리함으로써 그 일을 최종적으로 완성한다. 이른바 공성신퇴功成身退이다. 봄비의 공덕이 얼마나 무한한가! 이 봄비의 무한한 공덕은 '소리 없음', 즉 무성無聲으로써 완성되는 것이다.

시인의 기쁨은 계속된다. 들길에는 비를 실은 검은 구름이 가득하다. 이 비는 밤새도록 계속 내려 마른 대지에 필요한 수분을 충분하게 공급할 것이다. 어둠 속에서 홀로 빛나는, 강가 고깃배의 불빛은 봄비를 맞는 농부의 기쁨을 환하게 드러내는 비유적 표현으로 읽을 수 있다.

마지막 두 구절은 다음 날 새벽의 경치를 상상한 것이다. 봄비의 사랑과 헌신으로 피어난 붉은 꽃들로 성도 금관성錦官城

이 찬란한 봄날 아침을 맞이할 것이라 기대하고 축복한 것이다. 천지에 봄을 몰고 오는 호우처럼 세상에는 말없이 희생과 봉사의 삶을 사는 이가 많다. 세상의 봄은 바로 이러한 사람들이 만드는 것이다.

난초 향기 스미듯 조용히 바뀌는 삶

밤에 몰래 들어와 소리 없이 만물을 적시는 비, 그 비의 헌신과 수고로 어린 생명들은 싹을 틔우고 하루가 다르게 부쩍부쩍 자란다. 봄비의 덕성을 그대로 받아서 조용히 향기로운 꽃을 피우고, 묵묵히 충실하고 달콤한 열매를 키워간다. 그 부모의 그 자식처럼 말이다.

이를 일컬어 '잠이묵화潛移默化', 즉 "조용히 옮겨가고 말없이 변화한다"고 표현한다. 어떤 사람이 주변 사람이나 환경에 영향을 받아서 자신도 모르게 바뀌어가는 것을 뜻하는 말이다. 이 구절은 중국 남북조시대에 혼란한 세상을 살았던 학자이자 정치가 안지추顔之推가 자기 집안의 자손들을 위해 쓴《안씨가훈顔氏家訓》이란 책에 나온다.

어린 시절에는 정신과 마음이 아직 정해지지 않아서 어떤 사람과 장기간 친밀하게 지내면 부지불식간에 자신도 모르게 그를 닮게 된다. 그 사람의 말과 웃음, 행동거지를 의식적으로 배우려 하지 않음에도 이와 같으니, 분명하게 배우고자 하는 덕행이나 기술은 말해 무엇 하겠는가. 그러므로 선한 사람과 함께 있는 것은 난초가 피어 있는 방에 거하는 것과 같아 날이 오래되면 스스로 향기로워지고, 품행이 저열한 사람과 함께 거하는 것은 생선 가게에서 사는 것과 같아 시간이 오래되면 본인도 고약한 냄새를 풍기게 되는 것이다.

세상에는 큰소리치며 사는 사람이 많다. 세상을 바꾸겠다고 야단법석을 떠는 사람이 적지 않다. 하지만 세상은 요란한 구호로 바뀌는 것이 아니다. 봄비 같은 덕성을 지닌 사람들의 오랜 헌신과 묵묵한 성실로 인해 바뀌어가는 것이다. 봄비와도 같고 난초와도 같은 사람들, 메마른 세상에 싹을 내미는 어린 싹을 보듬어 일으켜 그들을 향기롭게 만드는 사람들로 인해 세상에 봄이 오는 것이다.

함께 읽으면 좋은 성어	이유목염耳濡目染	후덕재물厚德載物

06

주중적국

舟中敵國

배 안의 사람들이 적국 사람이 되다

역사 속에는 무소불위의 막강한 권력을 행사하던 권력자들이 하루아침에 몰락의 길을 걸을 때가 종종 있다. 그리고 그 몰락의 첫걸음은 권력자들이 가장 믿고 의지했던 심복들의 배신으로부터 시작되는 경우가 많다. 그 심복들은 때로는 오랜 세월 우정을 나누던 가까운 친구일 수도 있고, 같은 피를 나눈 가족일 수도 있다. 이렇게 추락한 권력자들의 경우, 배신자에 대한 원한이 더욱 뼈에 사무칠 수밖에 없을 것이다. 그런데 그러한 추락의 원인이 과연 심복들의 배신 때문일까?

나라의 방패는 임금의 덕망

오기吳起는 《손자병법孫子兵法》과 함께 병법서로 가장 많이 거론되는 《오자병법吳子兵法》의 저자이다. 전국시대의 출중한 전략가요 개혁기로 칭송받는 오기는 수많은 전투에서 단 한 차례도 진 적이 없어 상승장군常勝將軍이라 불리기도 했다. 그는 노나라, 위魏나라, 초나라에서 벼슬을 얻어 수많은 공을 쌓고 업적을 남겼다. 위나라에서는 서쪽의 강력한 진秦나라 군대를 제압하며 위나라를 최강의 국가로 이끌었고, 초나라에서는 귀족정치로 피폐해진 나라를 변법으로 혁신하며 강력한 국가를 만들었다.

오기가 위나라에서 활약하던 때의 일이다. 현명한 군주 문후文侯가 장군으로 기용한 오기는 동서의 가장 강력한 대국인 진나라와 제齊나라를 모두 제압함으로써 위나라를 전국 7웅 중 가장 앞선 국가로 만들었다. 문후의 뒤를 이어 왕위에 오른 무후武侯 역시 재임 초기에 오기를 중용했다.

하루는 무후가 여러 신하와 함께 황하를 따라가며 위나라의 험준한 변경을 시찰했다. 배가 중간쯤에 이르렀을 때 무후가 의기양양하게 말했다. "장관이로다! 산이 이토록 험하고 강이 이토록 깊으니 이야말로 험준한 요새 아닌가. 진실로 우리 위나라를 지켜주는 보배 중의 보배로다!"

옆에 있던 신하 하나가 맞장구를 쳤다. "옳으신 말씀입니다. 그동안 우리 위나라가 열국 중에서 패자가 될 수 있었던 것도 이 험산준령이 있었기에 가능했습니다."

둘의 대화를 듣고 있던 오기가 나서서 근엄한 목소리로 아부하는 신하를 꾸짖었다. "지금 대왕께서 하신 말씀은 나라를 위태롭게 하는 말씀이거늘 그대는 이에 부화뇌동하여 더욱 위태롭게 하고 있으니 어찌 이것이 신하의 바른 도리이겠는가?"

기분이 상한 무후가 물었다. "어째서 내 말이 나라를 위태롭게 한다는 게요?"

오기가 대답했다. "나라의 안위는 군주의 덕에 달린 것이지 험준한 산과 강에 달린 것이 아닙니다. 옛날 하夏나라는 좌로는 황하와 제수, 우로는 태산과 화산으로 둘러싸여 있었고, 남으로는 이궐산, 북으로는 양장판을 병풍처럼 두르고 있었지만 그 나라 임금 걸桀이 덕을 쌓지 않고 포악한 정치를 하여 결국 은殷나라 임금 탕湯에게 쫓겨났고 나라는 망했습니다. 은殷나라 역시 좌로는 맹문산, 우로는 태항산, 북으로는 상산, 남으로는 황하가 험준한 요새처럼 둘러싸고 있었지만 그 나라 임금 주紂가 덕을 쌓아 어진 정치를 행하지 않고 천하 백성을 도탄에 빠뜨리니 결국 주周나라 무왕武王이 일어나 그를 죽였습니다. 이로써 보건대 나라의 보물은 군주의 덕이지 결코 산천의 험함이 아닙니다. 만약 대왕께서 덕을 쌓지 않으시면 이 배 안에 있는 사람들조차 모두 대왕과 대왕의 나라를 멸하는 적이 될 것입니다."

무후가 일굴빛을 바꾸면서 말했다. "옳으신 말씀입니다."

이 오기의 이야기에서 비롯된 성어가 "배 안의 사람들이 적국 사람이 된다"라는 뜻의 '주중적국舟中敵國'이다. 가까이 있던 사람들이 모두 배반하고 떠나버려서 홀로 고립된 상황을 가리키는 말이다. 배 안에 있는 가까운 사람들마저 등을 돌릴 정도이니 배 밖에 있는 수많은 사람이야 말할 것도 없을 것이다. 오기의 말대로라면 권력자가 가장 가까운 사람들의 배반으로 몰락의 길을 간 것은 다름 아닌 그 권력자 자신의 부덕不德 때문이다.

가족마저 등 돌려 몰락한 난신적자

춘추전국시대는 종래의 봉건 질서가 크게 흔들리면서 이른바 난신적자亂臣賊子가 나와 천하를 혼란스럽게 하던 시기이다. 이 중에서 위衛나라의 공자 주우州吁는 임금인 자기 형을 죽이고 스스로 왕이 되어 춘추 시기의 첫 '시군자弑君者'라는 영예롭지 못한 타이틀을 얻은 사람이다. 그는 공자 시절 교만하고 사치하며 방탕을 일삼아 온 나라 사람들의 원망을 샀다.

위나라 상경上卿 석작石碏이 이를 크게 걱정해 아들 석후石厚에게 주우와 어울리지 말라고 당부했다. 하지만 석후는 부친의 당부에도 아랑곳하지 않고 주우와 함께 어울렸다. 훗날 주우의 이복형 위환공衛桓公이 임금이 되어 모든 관직을 박탈하자 주우는 타국으로 도망쳤다. 그리고 얼마 후 불량한 사람들을 규합해 위환공을 죽이고 스스로 위나라의 왕이 되었다.

하지만 위나라 백성들이 여전히 그를 왕으로 인정하지 않았다. 이에 어떻게 하면 주우가 백성의 인정을 받을 수 있겠느냐며 석후가 아버지 석작에게 도움을 청했다. 석작은 진陳나라 왕이 주周 천자의 총애를 받고 있으니 그를 찾아가 도움을 청하라고 했다. 진나라 왕을 통해 천자의 인정을 받게 되면 백성들도 인정해줄 거라고 말한 것이다. 그 얘길 들은 주우와 석후가 진나라로 가자 석작은 진나라 왕에게 연통을 넣어 두 사람을 모두 잡아 죽이게 했다. 그리고 주우에게 죽음당한 위환공의 동생을 임금 자리에 오르게 했다. 이것이 춘추 시기 첫 임금 시해 사건의 시말이다.

이 역사적 사건을《좌전》에서는 다음과 같은 말로 정리했다. "백성들의 마음을 얻는 길은 오직 군주의 덕이니, 떳떳하지 못한 방법으로는 인심을 얻을 수가 없다. 백성들이 모두 그를 배반하였고 가까운 사람들 역시 모두 그를 떠나갔다."

《좌전》에 기록된 이 주우 이야기에서 비롯된 성어가 "많은 이가 배반하고 가까운 이들이 떠난다"라는 뜻의 '중반친리衆叛親離'이다. 주변 사람들의 마음을 얻지 못해 완전히 고립된 상황을 뜻하는 말로, 앞서 오기의 이야기에서 비롯된 '주중적국'과 같은 뜻으로 쓰인다.

악랄한 방법으로 임금 자리에 올랐지만 백성의 마음을 얻지 못하고 가까운 사람들로부터 배신당해 채 1년을 채우지 못하고 죽음을 당한 주우. 갑작스럽게 몰락의 길을 간 역사 속 수많은 권력자는 모두 이 주우의 전철을 밟아 지도자로서 올바른 덕에 의지하지 않고 험준한 산천, 강력한 군대, 뛰어난 재략에만 기대다가 '주중적국, 중반친리'의 나락으로 빠진 것이라 할 수 있다.

사람의 마음을 얻는 것이 참된 성공의 비결이다. 그러자면 오로지 기댈 곳은 리더의 덕망에 있을 뿐이다. 자기 수양에 힘쓰는 일, 어떤 다른 것보다 먼저 행해야 할 리더의 급선무일 것이다.

함께 읽으면 좋은 성어	동실조과同室操戈	부득인심不得人心

07

포편지벌

蒲鞭之罰

부들로 만든 채찍을 가하는 형벌

요즘 우리가 자주 듣는 얘기 중 '솜방망이 처벌'이라는 말이 있다. 솜방망이 처벌 때문에 사건 사고가 반복된다며 성토하기도 한다. 엄벌, 중벌로 다스리면 다시는 그런 일이 일어나지 않으리라 생각하는 것이다. 하지만 중벌을 내리면 모든 것이 다 해결될까? 지나친 엄벌주의는 범죄 예방 효과가 생각보다 미미하다고 한다. 엄벌만으로는 범죄자의 부끄러움을 이끌어낼 수 없기 때문이다.

부끄러움은 잘못을 뉘우치고 행실을 올바르게 고치는 개과천선을 위한 필수 전제이다. 이것이 없으면 아무리 형벌이 중하고 법망이 촘촘해도 범죄는 더욱 진화해나갈 뿐이다. 다음은 부끄러움을 일깨우는 처벌에 대한 이야기이다.

너그러운 태수의 부들로 만든 채찍

한漢나라 때 명신 유관劉寬은 유씨 왕조의 일족으로 여러 관직을 두루 거치며 치적을 쌓아 재상에까지 이른 인물이다. 특히 유관은 그 이름자 그대로 관대함으로 명성이 자자했다.

한번은 유관이 소가 끄는 수레를 타고 외출을 했다. 도중에 소를 잃어버린 한 농부를 만났는데, 그가 유관의 수레를 끄는 소를 보더니 대뜸 그게 자신이 잃어버린 소라고 주장했다. 유관은 그 얘기를 듣더니 일언반구 가타부타 따지지도 않고 소를 가져가게 하고는 자신은 걸어서 집으로 돌아왔다. 얼마 후 그 농부가 유관의 소를 끌고 찾아와서는 머리를 조아리며 사죄했다. "저의 진짜 소를 다시 찾았습니다. 어르신께 큰 죄를 지었으니 어떤 처벌이든 달게 받겠습니다."

그러자 유관이 말했다. "본시 세상에는 서로 비슷비슷한 물건이 많아서 일을 처리하다 보면 실수가 생기는 법이네. 소를 돌려주기 위해 이렇게 먼 길을 오느라 애썼으니 그만하면 됐네. 무슨 처벌을 운운하는가! 그만 가보시게."

유관은 성격이 소탈하고 술을 좋아했다. 그래서 자신의 식솔들이 술을 마시다가 생긴 사소한 잘못에 대해서는 모두 눈감아주었다.

하루는 손님이 찾아왔기에 집안의 늙은 하인 한 사람을 저

잣거리로 보내 술을 사 오게 했다. 그런데 아무리 기다려도 하인이 돌아오지 않았다. 시간이 한참 흐른 뒤에야 늙은 하인이 술에 대취한 채 돌아왔다. 그 모습을 본 손님이 참지 못하고 크게 꾸짖었다. "이런 짐승 같은 놈!"

늙은 하인은 풀이 죽은 모습으로 자신의 처소로 돌아갔다. 그걸 본 유관이 급히 사람을 보내며 그 하인을 잘 돌보라고 부탁했다. 손님이 이상하게 여겨 물어보니 유관이 말했다. "저 하인은 종래에 그런 심한 욕을 들어보지 못했다네. 자네가 '짐승'이라고 했으니 아마 큰 충격을 받아 스스로 목숨을 끊을지도 몰라. 그래서 급히 사람을 보낸 것이라네."

유관의 이런 너그러움과 자상함은 관직 생활에도 그대로 적용되었다. 그가 한나라 환제桓帝 때 하남의 남양태수를 맡았는데, 매사 너그럽고 온유한 태도로 하속 관원들을 존중했다. 일에 서툰 자들이 있어도 절대로 큰소리를 쳐서 자존심을 상하게 하는 법이 없었다. '너그러운 정치', 이른바 관정寬政은 그의 트레이드마크였다.

이러한 그의 관정을 나타내는 말이 바로 '포편지벌蒲鞭之罰'이다. 포편은 '부들로 만든 채찍'이다. 부들은 물가에서 자라는 사초莎草로 돗자리를 만드는 재료로 쓰인다. 당연히 가죽으로 만든 진짜 채찍에 비하면 형벌 도구라고 할 수도 없다. 유관은 이 포편으로 잘못을 범한 백성이나 하속 관리들에게 벌을 내렸다. 그야말로 솜방망이 처벌을 한 것이다.

그런데 이 형편없는 처벌이 엄청나게 큰 효과를 가져왔다. 잘못을 범한 사람들이 이 가벼운 채찍 몇 대를 맞고는 이내 자신의 잘못을 깨닫고 개과천선한 것이다. 몸에 가해지는 고통이야 가볍겠지만 그 마음에 전해지는 고통이 결코 가볍지 않았으니, 바로 부끄러움을 일깨우는 처벌이었던 것이다. 그 부끄러움이 잘못을 뉘우치고 행동을 바꾸는 힘으로 작용한 것이다.

역사서는 이런 '포편지벌'이 성공할 수 있었던 이유는 유관이 공적은 아랫사람에게 돌리고, 허물은 자신이 책임지는 데서 비롯된 것이라고 밝힌다. 이런 상관이 내리치는 솜방망이가 어찌 단순한 솜방망이겠는가? 철퇴보다 더 무거운 형벌인 셈이다.

구양수가 말하는 관대하고 간결한 정치

이번에는 또 다른 '관대함'에 대한 이야기이다. 송나라의 뛰어난 문인이자 관료였던 구양수歐陽脩는 천성적으로 강직한 품성을 타고난 인물이었다. 불의를 보면 참지 못하는 터라 중앙 조정에서 밀려나 지방 관리로 근무하는 일이 잦았다. 그가 정치 개혁 운동에 뛰어들었다가 실패해 이릉夷陵의 현령으로 좌천되었을 때의 일이다.

중앙 조정에 있을 때에 비해 시간 여유가 생겨 현에서 발생한 여러 사건을 면밀하게 살펴보았다. 그랬더니 놀랍게도 곡직이 바뀌고 시비가 바뀌어 엉터리로 처리한 일이 부지기수였다. 구양수는 하늘을 우러르며 탄식했다. "이 외지고 보잘것없는 작은 현조차 이러하니 천하야 말해 무엇 하겠는가!"

이로부터 구양수는 어떤 일이든 소홀히 하지 않고 꼼꼼하게 챙겼다. 학자들이 찾아와도 시문을 논하지 않고 정무적인 일에 대해서만 이야기를 나누었다. "문장이야 자신을 윤택하게 할 뿐이지만, 정사는 타인까지 혜택을 끼치는 일이다"라는 것이 그의 주장이었다. 구양수는 치적을 쌓기 위해 노력하지 않았고 명예를 구하지도 않았다. 모든 일을 관대함과 간결함을 위주로 처리했다. 이른바 '관간寬簡'이라는 원칙이다. 이런 구양수의 노력이 큰 성과를 거두어 백성들은 편안하게 생업을 즐길 수 있었다.

하루는 어떤 사람이 찾아와 구양수에게 물었다. "정치가 관대하고 간결함에도 일이 허술하고 잘못됨이 없는 것은 무엇 때문입니까?"

구양수가 대답했다. "제멋대로 하도록 내버려두는 게 관대함이 아니다. 엉성하게 일을 처리하는 게 간결함이 아니다. 그렇게 멋대로 하고 엉성하게 했다가는 정사는 해이해지고 망치게 되며, 그 폐단은 고스란히 백성들에게로 돌아간다. 내가 말하는 관대함은 성과를 각박하게 급히 요구하지 않음이요, 내가 말하는 간결함은 번거롭고 자질구레한 절차를 줄이는 것이다."

날이 갈수록 각박해져가는 세상이다. 효율과 성과에 지나치게 집착하고 무엇이든 냉혹하게 평가할 때가 많다. 그래서 세상은 더욱 팍팍해져만 간다. 이럴 때일수록 한 걸음 물러나서 관대함이 주는 힘에 대해 생각해보면 어떨까. 옛사람들의 관대함, 관용의 미덕에 대해 말이다.

함께 읽으면 좋은 성어	관이대인寬以待人	활달대도豁達大度

08

학철지부

涸轍之鮒

수레바퀴 웅덩이에 떨어진 붕어

우리 사회가 전체적으로는 발전하고 풍요로워졌지만, 여전히 위태로운 삶을 살아가는 사람들이 곳곳에 있다. 복지의 사각지대에서 아무런 도움도 받지 못한 채 극단적인 선택을 하는 사람들의 소식이 들려올 때마다 안타까운 마음을 금할 수 없다. 자신의 일을 해결하는 데만 급급해서 어려운 이웃을 돌아볼 마음의 여유를 잃어버린 내 모습을 자책하기도 한다.

가난한 장자가 들려준 딱한 붕어 이야기

춘추전국시대의 유명한 철학자 장자莊子가 한번은 몹시 궁한 처지에 놓였다. 본래부터 넉넉하지 못한 집안 형편이었지만 그래도 밥은 굶지 않고 살았는데, 어찌하다 보니 곡식을 살 돈마저 다 떨어져 온 가족이 쫄쫄 굶게 된 것이다. 그는 하천을 관리하는 벼슬아치인 감하후監河侯를 찾아가 딱한 사정을 말하고 도움을 청했다. 그러자 감하후가 말했다. "알겠소. 내가 도와주겠소. 내가 백성들로부터 세금을 거두는 가을 때까지 몇 달만 기다리시오. 그러면 그때 300냥을 꾸어 드리겠소."

당장 굶게 되었는데 몇 달을 기다리라는 말에 장자는 분개하며 다음과 같은 이야기를 들려주었다. "내가 어제 길을 떠나 이리로 오는 중이었습니다. 한참 부지런히 걷고 있는데 길가 어디에선가 제발 살려달라는, 희미하지만 다급한 목소리가 들렸습니다. 급히 그 소리를 따라갔더니 길 한가운데 수레가 지나가면서 생긴 조그만 물웅덩이에서 나는 소리였습니다. 어디서 왔는지 붕어 한 마리가 물이 다 말라가는 웅덩이에서 괴롭게 몸을 뒤척이며 살려달라고 외치고 있었던 것입니다. 내가 깜짝 놀라서 붕어에게 물었습니다. '너는 어떻게 이곳까지 왔느냐?' 그러자 붕어가 한숨을 쉬며 말했습니다. '저는 본시 동해의 파도를 관장하는 관리입니다. 어쩌다 보니 오늘 불행하게도 이곳 수레바퀴가 만든 물웅덩이에 떨어지게 되었습니다. 이제 이 웅덩이가 말라가고 있으니 선생께서 저를 불쌍히 여겨 물 한 되만 담아다 뿌려주시면 제 목숨을 건질 수 있겠습니다.' 내가 대답했습니다. '좋다. 내가 지금 남쪽으로 여행을 떠나려 하는데, 가는 김에 오吳나라와 월越나라 임금을 찾아가 운하를 파서 장강의 물을 이곳까지 끌어오라고 부탁하겠다. 그러면 너는 목숨을 구하고 다시 동해로 갈 수 있을 것이다. 어떠하냐?' 붕어가 고마워하기는커녕 화를 내면서 말했습니다. '내게 지금 필요한 것은 한 되의 물일 뿐인데, 당신은 거창한 장강의 물을 말하시는군요. 어느 세월에 운하를 파고 강물을 끌어온단 말이오? 강물이 도착하기도 전에 이곳 웅덩이는 바짝 말라버릴 테니, 당신은 나를 건어물전에서나 찾을 수 있을 것입니다.'"

이는 《장자莊子》〈외물外物〉에 나오는 우화이다. 여기서 비롯된 성어가 '수레바퀴가 지나가면서 만든 말라가는 조그만 웅덩이에 떨어진 붕어'라는 뜻의 '학철지부涸轍之鮒'이다. 여기서 학涸은 물이 말라간다는 뜻이고, 철轍은 수레바퀴가 지나간 자국, 부鮒는 붕어를 가리킨다. '학철지부'는 절박한 곤경에 처해 다른 이들의 도움이 절실한 사람을 비유하는 말이다. 이 이야기에 나오는 붕어처럼 그들이 필요로 하는 것은 거창한 도움이 아니다. 물 한 바가지처럼 작은 사랑의 손길, 따뜻한 미소와 격려의 말 한마디이다.

도시락을 천금으로 갚은 한신

초한 전쟁에서 전략의 신으로 유명했던 한신韓信. 유방劉邦을 도와 막강한 항우項羽 군대를 제압하고 마침내 한나라의 3대 개국공신 지위에 올랐던 한신이 한때 이 '학철지부'의 절박한 신세가 된 적이 있었다.

뛰어난 재주와 원대한 꿈을 가졌지만 한신은 젊은 시절 뜻을 얻지 못해 집도 절도 없이 떠돌아다녔다. 한동안 어떤 친구의 집에 빌붙어 끼니를 해결했지만 친구 부인의 냉대에 그만 집을 나올 수밖에 없었다. 굶주린 그는 궁여지책으로 강가로 나가 낚시를 했다. 물고기라도 잡아 허기를 채우려던 것인데, 그 모습이 하도 애처롭고 불쌍했던지 강가에서 빨래하던 여러 표모漂母 중 한 사람이 자신이 싸 온 음식의 반을 한신에게 나눠주었다. 이런 적선은 그 표모가 빨래 일을 마칠 때까지 수십 일 동안 계속되었다.

이에 감동한 한신이 표모에게 말했다. "내가 후에 부귀해지면 후하게 사례하겠습니다."

그러자 표모가 한심하다는 듯이 꾸짖었다. "네놈이 하도 불쌍해서 음식을 나눠준 것이다. 네깐 놈한테 무슨 보답을 바라고 했겠느냐!"

훗날 한신은 유방을 도와 천하에 이름을 떨치고 제왕齊王으로 봉해진 뒤 금의환향해 표모를 찾아 보답하고자 했다. 그러나 표모는 이미 세상을 떠난 뒤였다. 한신은 천금을 내어 표모의 무덤을 높고 크게 수축해 그 선량한 마음을 기렸다.

이 이야기에서 나온 성어가 '빨래하는 늙은 여인의 은혜'라는 뜻의 '표모지은漂母之恩', "밥 한 그릇을 천금으로 되갚다"라는 뜻의 '일반천금一飯千金'이다. 물이 말라가는 웅덩이에서 숨을 몰아쉬는 물고기와 다름없던 한신에게 표모의 도시락은 생명을 살리는 한 동이 생명수였던 것이다.

다시 한신의 파란만장한 삶으로 들어가보면 더욱 극적인 사건이 하나 있다. 한신이 자신을 알아주지 않는 항우를 떠나 유방에게 갔을 때의 일이다. 유방 역시 한신에 대해 별 관심이 없어 창고를 관리하는 작은 벼슬을 주었다. 그런데 얼마 후 한신이 여러 사람과 함께 저지른 비리가 적발되어 참수를 당할 처지에 놓였다. 13명의 공범자가 모두 참수당하고 이제 한신 차례가 되었다. 형을 맡은 관리는 유방의 동향인으로 각별한 신임을 받고 있던 하후영夏侯嬰이라는 사람이었다. 죽음을 당하기 직전 한신이 돌연 큰 소리로 외쳤다. "한왕 유방께서는 천하를 얻지 않으시려는가! 어찌하여 장사를 죽이려 하시는가?"

죽음 앞에서도 위엄과 기개가 넘치는 한신의 외침에 하후영은 강렬한 인상을 받았다. 그래서 한신을 풀어주고 그의 얘기를 성심껏 들어주었다. 이윽고 한신의 재능에 감탄한 하후영이 당시 유방의 최측근이던 승상 소하蕭何에게 그를 적극 추천했다. 한신을 만난 소하 역시 그가 세상에 둘도 없는 인재인 것을 알고 유방에게 천거하니, 마침내 한신은 유방의 군대를 이끄는 총사령관이 되어 초한 전쟁을 승리로 이끌었다.

참수형이라는 절체절명의 상황에서 한신의 한마디 말을 주의 깊게 살펴 들어준 하후영. 그는 웅덩이의 물이 마를 대로 말라서 더 이상 숨조차 쉴 수 없게 된 물고기에게 부어진 한 바가지의 생명수 그 자체였다.

여러분 주위에 정글과 같은 약육강식의 경쟁 사회에서 낙오하거나 예기치 않은 갑작스러운 재앙을 만나 '학철지부'가 돼 버린 위태로운 이웃은 없는가? 작은 손길이 무슨 도움이 되겠느냐며 나중에 형편이 나아졌을 때 크게 돕겠다고 한다면, 이는 마치 끼니를 걱정하는 장자에게 가을까지 기다리면 300냥을 빌려주겠다고 한 감하후와 다를 바 없다. 당장의 도움이 절실한 사람에게는 내일이 있을 수 없기 때문이다. 적시에 베푸는 물 한 동이의 작은 사랑과 관심으로 생명의 기적을 만드는 일에 동참하는 인자하고 지혜로운 리더가 되길 바란다.

함께 읽으면 좋은 성어	설중송탄雪中送炭	오오대포嗷嗷待哺
	절도봉주絶渡逢舟	

제2장

거인의 지혜로 속사람을 단련하라

내공

09

검려기궁

黔驢技窮

귀주의 나귀, 재주가 다하다

세상에는 참으로 잘난 사람이 넘친다. 잘난 사람들의 화려한 이력과 빼어난 외모, 뛰어난 언변에 늘 기죽어 살 때가 많다. 우리 세상은 이런 잘난 사람들이 주인공인 듯한 생각도 든다. 하지만 때때로 이 잘난 사람들이 보여주는, 결코 잘나지 않은 부끄러운 실상을 목도하면 세상은 결코 보이는 게 전부가 아니라는 생각 또한 든다. 화려한 화장과 요란한 조명에 가려서 진실한 모습을 보지 못하는 것이다. 여기 겉은 화려하지만 속은 빈약한 우리의 세태를 생각하게 하는 이야기가 있다.

재주가 다 드러난 나귀

옛날 중국 귀주貴州에는 나귀가 없었다. 외지로 나갔던 귀주의 장사꾼 하나가 나귀를 보고 신기한 생각이 들어 덩치가 큼지막한 나귀 한 마리를 사서 고향 마을로 끌고 왔다. 하지만 정작 이 나귀를 어떻게 활용할지 몰라 마을 남쪽 산기슭에 풀어두었다.

어느 날, 먹이를 찾아 산을 내려온 호랑이가 이 나귀를 보았다. 호랑이는 이런 동물은 처음 본 터라 그 큰 덩치에 잔뜩 겁을 집어먹고는 덤불 속에 숨어서 몰래 나귀의 모습을 지켜보았다. 얼마 후 호랑이가 조심스럽게 나귀에게 접근했다. 호랑이가 가까이 온 것을 발견한 나귀는 큰 소리로 쩌렁쩌렁 골짜기가 울리도록 울부짖었다. 난생처음 들어본 나귀의 큰 울음소리에 호랑이는 그만 혼비백산, 대경실색해 정신없이 깊은 산속으로 도망쳤다. 하마터면 잡혀먹힐 뻔했다며, 호랑이는 그 동물이 자기가 상대할 수 없는 괴수怪獸임이 틀림없다고 생각했다.

하지만 며칠이 지나 호기심을 이기지 못한 호랑이는 용기를 내어 다시 나귀에게 다가갔다. 그런데 나귀는 지난번처럼 큰 소리로 울부짖을 뿐 어떤 위협적인 모습도 보이지 않았다. 대담해진 호랑이는 앞발로 나귀의 엉덩이를 툭툭 건드렸다.

그러자 나귀가 맹렬하게 뒷발질을 하며 공격했다. 가볍게 뒷발질을 피한 호랑이는 계속해서 나귀를 건드리며 도발했다. 그때마다 나귀는 그저 뒷발질을 해대며 대응하는 게 전부였다. 이 무시무시한 괴수의 재주가 고작 뒷발질하는 것뿐임을 파악한 호랑이는 가볍게 나귀의 숨통을 끊어버리고 신선한 고기로 배를 채우고 떠났다.

당송팔대가 중 한 명인 당나라 유종원柳宗元이 쓴 《삼계三戒》의 〈검지려黔之驢〉에 나오는 내용이다. 이 이야기에서 비롯된 성어가 "귀주의 당나귀, 재주가 다하다"라는 뜻의 '검려기궁黔驢技窮'이다. 검黔은 귀주를 가리키고, 려驢는 나귀, 기技는 재주, 궁窮은 바닥이 드러났다는 뜻이다. 이 우화는 본시 빈약한 능력을 다 써버려서 바닥이 드러났음을 뜻하기도 하고, 겉으로는 강해 보이나 실제로는 능력이 부족한 사람, 겉만 번지르르하고 속은 비어 있는 사람을 비유하기도 한다.

유종원이 이 우화를 쓴 의도는 당시 권력을 잡고 있던 부패한 관리들을 비난하기 위함이었다. 당나라 중기에 활동한 유종원은 무능한 조정을 일신하겠다는 큰 뜻을 품고 동지들과 힘을 합해 혁신 운동을 전개했다. 하지만 막강한 권력을 쥔 환관과 번진 세력에 의해 100여 일 만에 혁신 운동은 좌절을 맞이했다. 멀리 지방관으로 좌천된 유종원은 이 글을 통해 아무런 능력도 재주도 없이 높은 자리만 차지하고 있는 무능한 관리들을 풍자했다. 나라가 큰 환란(호랑이의 공격)을 당했건만, 아무런 능력도 없는 무능한 관리들이 나귀처럼 큰소리만 치면서 헛발질을 해대고 있다는 것이다.

겉모습에 현혹돼 대세를 그르친 혜공

다음은 시대를 한참 거슬러 올라가 중국 춘추시대의 이야기이다.

진晉나라 혜공惠公은 임금이 되기 전 진秦나라에서 망명 생활을 하며 진왕의 도움을 받은 적이 있었다. 혜공은 당시 진왕에게 자신이 귀국해 왕이 된다면 진나라에 성 다섯 곳을 양도하겠다고 약속했다. 하지만 왕이 된 뒤에 그 약속을 지키지 않았다. 진왕이 거듭 사신을 보내 약속을 이행할 것을 요구했지만 혜공은 끝내 모른 척했다. 결국 두 나라 사이에 전쟁이 일어났고, 혜공은 직접 군대를 이끌고 진나라 군대를 맞아 싸웠다. 왕이 직접 전투를 지휘하자 군사들은 용기백배해 싸움에 임했다.

하지만 돌발 사건이 터지면서 혜공의 군대는 혼란에 빠졌다. 혜공이 탄 전차를 끌던 전마戰馬가 진격을 알리는 북소리에 그만 혼비백산해 날뛰기 시작한 것이다. 고삐를 잡은 병사가 아무리 진정시키려 해도 말을 듣지 않았다. 결국 전차가 구덩이에 처박히면서 혜공은 두 다리에 큰 부상을 입고 말았다. 임금이 부상당한 것을 본 군사들은 급속히 사기가 떨어졌고, 결국 진나라 군대에 대패한 혜공은 포로로 붙잡혔다. 혜공의 전마가 날뛴 것이 전쟁의 패배를 부른 것이다.

이 변고는 전쟁이 시작되기 전부터 예고된 일이었다. 혜공은 정鄭나라에서 보내온, 체격이 장대하고 건장한 백마를 자신의 전차를 끄는 전마로 쓰고자 했다.

그러자 신하 경정慶鄭이 나서서 말했다. "예부터 전쟁을 할 때에는 언제나 자기 땅에서 난 전마를 쓰는 법입니다. 자신이 난 땅에 익숙해 전장에서 부리기 쉽기 때문입니다. 임금께서는 우리 진나라 말을 전마로 쓰시길 바랍니다."

하지만 혜공은 대수롭지 않게 여기며 말했다. "정나라 말은 기골이 장대하고 힘이 넘치니 진나라 말보다 월등히 낫소. 그런데도 진나라 말을 쓰란 말이오?"

경정이 말했다. "정나라 말이 보기에는 그럴듯하지만 겉만 씩씩할 뿐 속 체질은 기실 허약합니다. 만약 진격의 북소리와 병사들의 함성 등 극도로 혼란스러운 전장에 투입되면 과도한 긴장과 흥분으로 인해 날뛰게 될 터이니 곧장 통제 불능 상태가 될 것입니다. 그때가 되면 대왕께서 후회해도 이미 늦을 것입니다."

하지만 겉모습에 현혹된 혜공은 경정의 간곡한 권유에도 불구하고 끝까지 고집을 부려 정나라 말을 전마로 썼다가 전쟁에서 패하고 포로가 된 것이다.

《좌전》에 나오는 이 이야기에서 비롯된 성어가 "겉모습은 강해 보이지만 속은 비어 있다"는 뜻의 '외강중건外强中乾'이다. 여기서 중건中乾은 "속이 바싹 말라 있다, 텅 비어 있다"는 뜻이다. 평소에는 정나라 백마처럼 건장해 그럴듯한 능력자처럼 보이지만 정작 전쟁 같은 급박한 위기 상황에서는 겁쟁이가 되어 허둥대다 일을 그르치는 무능한 사람을 가리키는 말이다.

공자가 《논어》 〈양화陽貨〉에서 이렇게 말했다.

겉모습은 위엄 있으되 속은 겁약한 사람은 남의 집 벽을 뚫고 담을 넘는 좀도둑과 같은 소인이다.

色厲而內荏, 譬諸小人, 其穿窬之盜也歟.

좀도둑이 늘 남의 눈에 들킬까 봐 두려워하듯 실제적인 능력은 없으면서 이름만 훔치는 사람은 항상 자기 능력이 탄로 날 것을 두려워한다는 뜻이다.

◇ ◇

세상 사람들은 온통 겉모습을 화려하게 꾸미기 위해 돈과 시간을 아낌없이 투자하고 있다. 그것이 더 많은 부와 명예를 가져다준다고 생각하기 때문이다. 그러다 보니 정작 내적으로 실력을 갖추고 인격을 기르는 일은 소홀히 하기 십상이다. 결국 덩치만 크고 울음소리만 요란할 뿐 초라한 뒷발차기 요령밖에 모르는 귀주의 나귀 꼴이 된다. 화려한 분장과 요란한 조명이 난무하는 세상에 현혹되지 말고, 내적으로 탄탄한 실력을 겸비해 언제나 떳떳하고 당당한 리더가 되길 바란다.

함께 읽으면 좋은 성어	무계가시 無計可施	수이불실 秀而不實

10

문과식비

文過飾非

허물을 꾸미고 잘못을 분식하다

중국 전국시대 제나라에서 있었던 일이다. 제나라와 이웃해 있던 연燕나라가 큰 혼란에 빠졌다. 그 기회를 틈타 제나라가 쳐들어갔는데, 연나라 백성들이 성문을 열고 오히려 제나라 군대를 환영했다. 연왕의 폭정으로 인해 큰 고통 속에 있었기에 제나라 군대가 폭군을 제거하고 나라를 바로 세워주길 기대한 것이다. 연나라 백성들의 지원하에 제나라는 연나라를 쉽게 장악했다.

당시 제왕은 맹자孟子에게 이런 상황을 전하며, 연과 같은 대국을 얻은 것은 하늘의 뜻이라며 기뻐했다. 맹자가 말했다. "연나라 백성들이 제나라 군대를 환영한 것은 오직 연나라의 폭군이 자신들에게 가져다준 재난을 피하고자 함입니다. 만일 제나라 군대가 연을 점령하고도 재난이 더욱 가중된다면, 그들은 제나라가 아닌 다른 나라에 의지하고자 할 것입니다. 대왕께서는 연나라 조정에 백성들을 사랑하는 어진 군주를 세워 권력을 돌려준 후에 군대를 돌리심이 옳을 것입니다."

하지만 제왕은 맹자의 말을 듣지 않고 연나라에 대한 폭압 통치를 이어갔다. 결국 연나라 백성들의 민심이 돌아섰고, 다른 제후국들의 군대와 연합해 제나라 군대를 몰아냈다.

잘못을 꾸미기에 급급한 지도자

제왕은 그제야 맹자의 말을 듣지 않은 걸 후회하며, 신하들에게 이제 맹자를 볼 면목이 없게 되었다고 넋두리를 했다. 그러자 진가陳賈라는 신하가 자신이 맹자에게 가서 대왕을 위해 변호하겠다고 나섰다.

진가가 맹자를 찾아가서는 물었다. "주周나라 주공周公은 어떤 사람입니까?"

맹자가 답했다. "옛날의 성인이시지요."

진가가 다시 물었다. "주공은 자신의 형 관숙管叔을 시켜 은나라 사람들을 감독하게 했습니다. 그런데 오히려 관숙은 그들을 데리고 주나라에 반란을 일으켰습니다. 주공은 그가 반란을 일으킬 것을 예견하고도 임명했습니까?"

맹자가 답했다. "주공은 몰랐지요."

진가가 다시 물었다. "그렇다면 성인도 잘못을 범할 수 있다는 말이 아닙니까?"

맹자는 진가의 의도를 정확하게 알아챘다. 성인이라는 주공조차 잘못을 범했으니 제왕의 잘못쯤은 문제 삼을 게 없다는 것이다. 맹자가 말했다. "동생으로서 형이 반란을 일으킬 것을 예견하기란 실로 어렵지요. 그러니 주공이 몰랐던 것을 허물하기는 어렵습니다."

잠시 말을 멈춘 맹자가 엄한 눈빛으로 진가를 바라보며 단호하게 말했다. "옛날 지도자들은 잘못을 범하면 즉각 고칠 줄 알았습니다. 지금 지도자들은 잘못임이 드러나도 고치려 들지 않고 그대로 둡니다. 옛날 지도자들의 허물은 마치 일식이나 월식과 같아서 백성들이 모두 볼 수 있었습니다. 그래서 그들이 허물을 고치면 온 백성이 모두 우러러보며 존경했죠. 그런데 지금 지도자들은 자신의 잘못을 방임하는 것에 그치지 않고 온갖 화려한 언사를 찾아서 잘못을 가리고 변호하기에 급급합니다."

이 맹자의 이야기에서 나온 성어가 "허물을 꾸미고 잘못을 장식한다"는 뜻의 '문과식비文過飾非'이다. 여기서 문文은 화려하게 꾸민다는 뜻이다. 누가 봐도 명백한 잘못인데 온갖 화려한 언사와 기묘한 논리로 그게 잘못이 아니라고 꾸미는 행위를 가리키는 말이다. 위의 이야기에서 볼 수 있듯이 이런 '문과식비'는 권력자를 둘러싼 어용 지식인들의 전유물이다.

권력자의 잘못은 일식이나 월식과도 같아서 백성들이 모두 주목해 알고 있다. 그럼에도 권력에 취해서 교묘한 말솜씨와 희한한 논리로 잘못을 감출 수 있다고 여기니 얼마나 어리석은가. 그런 모습을 바라보는 백성이 그들을 존경하고 신뢰하겠는가?

안자가 성실한 보좌관을 해고한 이유

춘추시대 제나라에 고요高繚라는 사람이 있었다. 그는 사람됨이 근실하고 신중해서 제나라 재상 안자晏子를 3년 동안 보좌하면서 특별히 잘못한 일이 없었다. 그런데 어느 날 안자가 갑자기 그를 해고해버렸다. 좌우에 있는 사람들이 도대체 이유를 알 수 없다며 그 까닭을 물었다.

안자가 말했다. "나는 본시 재능 없는 사람이니 마치 구불구불 구부러진 목재와 같다고 할 수 있소. 그러니 반드시 먹줄을 치고 도끼로 깎고 대패로 밀어야 비로소 쓸모 있는 도구가 될 수 있는 것이오. 모든 사람은 자기만의 허물과 결점이 있기 마련인데, 다른 사람이 일러주지 않으면 스스로 그 허물과 결점을 볼 수가 없는 법이오. 고요는 내 곁에서 3년을 지내며 나를 보좌했소. 그는 나의 과실을 보면서도 한 번도 말한 적이 없으니, 이것이 어찌 나를 도와주는 것이겠소? 그래서 그를 파면한 것이오."

안자의 이러한 태도를 가리키는 말이 "허물하는 얘길 들으면 기뻐한다"는 뜻의 '문과즉희聞過則喜'이다. 남의 비난이나 비판을 자기를 바로잡는 교훈으로 여긴다는 뜻이다. 남들의 쓴 말을 자신의 병통을 치료할 수 있는 양약으로 삼는 것이다.

훌륭한 정치가요 외교가로서 3명의 임금을 바르게 이끌어 제나라를 최고 일류 국가로 만든 안자의 성공은 바로 이 '문과즉희'의 드넓은 흉회胸懷에서 비롯되었다. 같은 시대를 살았던 공자도 이런 안자를 '행동하는 군자'라며 매우 높게 평가했다.

허물을 들으면 오히려 기뻐하다

사실 이 '문과즉희'라는 말은 공자의 제자 자로子路에게서 비롯되었다. 자로는 본래 배움이 없고 성격이 거친 사람이었다. 그래서 공자에게 자주 꾸중을 듣고 야단을 맞았다. 그러다 보니 다른 제자들로부터도 종종 무시를 당했다. 스승의 엄한 질책과 동료들의 멸시 속에서도 자로는 끝까지 공자 곁에 머물며 자신을 만들어갔다. 비난하는 말을 들으면 외려 기뻐하며 자신을 바로잡았다.

자로의 이런 모습에 공자는 "자로는 입실入室까지는 이르지 못했지만 마루까지는 올라온 사람이다"라며 격려했다. 마침내 자로는 3,000명이 넘는 공자의 제자 중에서 가장 뛰어난 10명의 제자, 즉 '공문십철孔門十哲'에 당당히 이름을 올렸다.

공자는 《논어》 〈선진先進〉에서 자신의 뛰어난 제자들에 대해 이렇게 설명했다.

덕행으로는 안연, 민자건, 염백우, 중공이요, 언어로는 재아와 자공이요, 정치로는 염유와 자로요, 학문으로는 자유와 자하로다.

德行, 顔淵, 閔子騫, 冉伯牛, 仲弓. 言語, 宰我, 子貢. 政事, 冉有, 季路. 文學, 子游, 子夏.

능수능란한 세 치 혀의 말솜씨로 자신의 허물을 가리려는 사람들이 넘쳐나는 세상이다. 당장에야 허물을 가릴 수 있겠지

만, 결국 자신을 바로잡을 기회를 스스로 저버리는 것이니 결코 지혜롭다 할 수 없다. 허물을 들으면 외려 기뻐했다는, 옛 사람이 전하는 참다운 지혜를 본받길 바란다.

함께 읽으면 좋은 성어	도지분말 塗脂抹粉
	문과즉희聞過則喜, 지과불위知過不諱, 개과불탄改過不憚

11

방인문호

傍人門戶

남의 문에 기대어 살다

중국에서는 설날에 해당하는 춘절春節을 매우 성대하게 보낸다. 춘절에 특히 눈에 띄는 것은 붉은 바탕에 검은 글씨로 쓴 '춘련春聯'이다. 복을 기원하는 이 춘련이 집집마다 대문에 새롭게 걸리고 요란한 폭죽 소리가 골목마다 울리면 춘절의 명절 분위기가 한껏 고조된다. 송宋나라 시인 왕안석王安石은 〈새해 첫날元日〉이란 시에서 다음과 같이 명절 분위기를 노래했다.

폭죽 소리 속에 한 해가 저물고,
봄바람이 따사로이 술잔에 스미누나.
천문만호 온 백성의 집에 새해가 밝아오면,
너도나도 낡은 도부를 새것으로 바꾼다네.

爆竹聲中一歲除, 春風送暖入屠蘇.

千門萬户曈曈日, 總把新桃換舊符.

이 시의 마지막 구절에 나오는 도부桃符는 복숭아나무로 만든 널빤지에 문을 지키는 두 신의 이름을 적어서 문 양옆에 세워둔 것인데, 악한 기운이 집 안으로 들어오지 못하게 하는 풍속의 하나이다. 지금은 춘련으로 바뀌었지만 예전에는 새해가 되면 어김없이 새로 도부를 구해 문 앞에 걸거나 세워둬야 했다. 복숭아나무가 사악한 기운을 몰아낸다는 관념 때문에 생긴 것이다. 이 도부 외에 말린 쑥 다발을 문에 걸기도 했다. 쑥은 약재로 쓰이기도 하지만 부정한 기운을 막아주는 신령한 효능이 있다고 믿었다. 이번엔 바로 문을 지키는 도부와 쑥 다발 사이에 벌어진 다툼 이야기이다.

문간에서 싸우는 도부와 쑥

춘절을 코앞에 둔 어느 날, 어느 집 대문 앞에 도부 한 쌍이 세워졌다. 주인이 좋은 복숭아나무를 구해 정성껏 만든 도부였다. 주인의 정성에 한껏 고무된 도부 한 쌍이 문 앞에 서서 부정한 기운이 들어오지 않을까 촉각을 기울이며 자기 임무를 다하고 있을 때, 주인이 말린 쑥으로 만든 허수아비를 들고 나오더니 대문 위쪽에 턱하니 걸쳐놓았다. 도부로는 맘이 놓이지 않았던 모양이다.

갑자기 자존심이 상한 도부가 말린 쑥에게 시비를 걸었다. "너는 한낱 잡초에 불과한 것이 어찌 감히 이 도부님의 머리 위에 자리를 잡았느냐?"

쑥 허수아비도 기죽지 않고 응대했다. "내가 아무리 못났어도 너희처럼 몸이 반쯤 땅에 박혀 있는 신세는 아니다. 너희가 무슨 자격으로 나와 자리를 다투려 하느냐?"

도부와 쑥 양쪽 다 움직일 수 있는 몸이 아닌지라 입으로 해줄 수 있는 최고의 욕을 섞어가며 서로를 비난했다.

한참 동안 설전이 오가자 마침내 대문에 큼지막하게 붙어 있던 문신門神이 나서서 싸움을 말리며 말했다. "우리 모두는 남들의 문에 기대어 사는 존재 아닌가. 남에게 기대지 않으면 스스로 설 수조차 없는 허약한 것들끼리 서로 잘났다고 자리를 다투고 있으니 참으로 한심하기 그지없구나!"

가장 아픈 곳을 찔린 도부와 쑥 허수아비는 부끄러워져 급히 입을 다물고 말았다.

소동파蘇東坡가 쓴 《동파지림東坡志林》에 실린 이 동화 같은 이야기에서 나온 성어가 "남의 문에 기대어 산다"는 뜻의 '방인문호傍人門戶'이다. 여기서 인人은 남을 말한다. 스스로의 힘으로 살아가지 못하고 남에게 의지해 살아가는 나약한 모습을 가리키는 성어이다. 물질적이고 경제적인 의존만을 말하는 것이 아니다. 독립적인 자기만의 정신세계를 세우지 못한 채 남의 생각이나 주장에만 휘둘려 살아가는 것 역시 '방인문호'인 것이다.

남의 울타리를 거부했던 괴짜

위진남북조시대에 남제南齊의 시인이요, 서예가로 이름 높은 장융張融이란 사람이 있었다. 장융은 외모가 추하고 키도 작았다. 그런데 행동거지 또한 유별나서 항상 사람들의 곱지 않은 시선을 받았다. 그런데 황제는 희한하게 그를 좋아해서 "장융은 그야말로 유일무이한 사람이다. 그만의 특색이 있으니 가벼이 봐서는 안 된다"라며 그를 감쌌다. 늘 상의와 하의가 전혀 어울리지 않게 입고 다니는 장융을 위해 황제는 자신의 용포를 그의 몸에 맞게 만들어 입혀주기까지 했다.

한번은 황제가 장융의 거처를 물었다. 장융이 말했다. "신은 육지에서 살지만 집은 아니옵고, 배에서 살지만 물은 아니옵니다."

황제는 나중에야 그가 거처할 곳이 없어 작은 배 하나를 뭍에 올려놓고 거기서 산다는 것을 알았다. 이처럼 장융은 의식주 모든 면에서 남의 시선 따위는 전혀 의식하지 않고 그저 자신의 방식대로 유쾌하게 생활했다. 그는 시문에 뛰어났으며 서예에도 탁월한 성취를 보였다. 특히 그의 초서草書는 힘차고 분방해 구름이 날고 용이 춤추는 듯했다. 그가 쓴 글씨를 보고 황제가 아쉬워하면서 말했다. "그대의 글씨는 힘이 웅건하긴 하지만 이왕二王의 장법이 없는 게 아쉽구려!" 여기서 이왕은 서성書聖 왕희지王羲之와 그의 아들 왕헌지王獻之를 가리킨다.

그러자 장융이 대수롭지 않다는 듯 말했다. "저는 이왕의 글씨에 저 장융의 특색이 없는 게 오히려 아쉽습니다."

이토록 자신만의 세계에 강한 자부심으로 일관해온 장융은 〈문율자서門律自序〉라는 글에서 창작에 대한 자신의 생각을 다음과 같이 밝혔다.

나의 글은 세상 사람들을 깜짝 놀라게 할 것이다. 왜냐하면 나의 글은 전인前人이 만든 체례體例 안에 머물러 있지 않기 때문이다. 공자가 수많은 역사적 자료를 수집하고도 자신만의 창의적인 기준을 가지고 선별해 시·서·예·악을 편찬한 것처럼 대장부는 의당 자신만의 창조성으로 시를 짓고 글씨를 써야 한다. 어찌 옛날의 방식만을 따르며 남의 울타리 밑에서 깃들여 사는 참새처럼 살려 하는가.

이 장융의 글에서 비롯된 성어가 "남의 울타리 아래 깃들여 산다"는 뜻의 '기인리하寄人籬下'이다. 원래는 문학과 예술의 창작에서 자신만의 특색이 결여됨을 뜻하는 말이었지만, 지금은 남에게 의존해 자립하지 못하는 열등한 모습을 가리키는 것으로 확장되어 쓰이고 있다.

개인이든 국가든 자립하지 못하면 웃음거리가 될 수밖에 없다. 공자는 15년간의 학문 연마를 통해 30세에 비로소 자립할 수 있었다고 술회한다. 모쪼록 더 많은 투자와 노력을 통해 자립의 길을 열어가는 리더가 되기를 바란다.

함께 읽으면 좋은 성어	앙인비식仰人鼻息	자식기력自食其力

12

응성충

應聲蟲

소리를 따라 하는 벌레

높은 지위에 있는 사람이 어떤 말을 하면 그 옳고 그름을 따져 보지도 않고 부화뇌동하며 아첨하는 이들이 있다. 자신의 기준과 판단은 보류한 채 그저 말끝마다 "네, 맞습니다", "저도 그렇게 생각합니다" 하며 비굴한 자세로 아부하는 사람을 보면 속이 불편해진다. 이런 아첨꾼 때문에 리더는 자신의 생각을 교정할 기회를 잃는다. 결국 리더의 잘못된 판단으로 조직이 큰 해를 입는 것이다.

난쟁이의 공연 소감

송나라 철학자 주희朱熹의 《주자어류朱子語類》에 한 난쟁이 이야기가 나온다.

옛날 어느 작은 마을에 키가 아주 작은 난쟁이 한 명이 살았다. 그는 어느 날 거리를 어슬렁거리다 야단스러운 음악 소리를 들었다. 무슨 재미있는 볼거리가 있는 모양이다 싶어 부리나케 소리 나는 곳으로 찾아갔더니 많은 사람이 빙 둘러서서 연신 감탄하며 웃고 떠들고 있었다. 대체 무슨 일이 있는지 가까이 가서 보고 싶었지만, 사람이 너무 많아 도저히 뚫고 들어갈 수 없었다.

하는 수 없이 난쟁이는 옆에 있는 키 큰 사람에게 물었다. "안에서 무엇을 하기에 그렇게 재미있어하는 겁니까?" "연희단 배우들이 연극을 하고 곡예도 보여주는데, 아주 기가 막히는구려!"

연희단의 공연이라는 말에 난쟁이는 마음이 더욱 달아올라 어떻게든 보려고 애썼으나 방법이 없었다. 결국 관중들의 반응으로 안에서 벌어지는 상황을 짐작할 수밖에 없었다. 관중들이 아름다운 여배우의 빼어난 연기에 갈채를 보내면 난쟁이 역시 그들을 따라서 휘파람을 불며 환호성을 보냈다. 관중들이 희극 배우의 우스꽝스러운 연기에 웃음소리를 발하면 난쟁이 역시 배가 아플 정도로 자지러지게 웃어댔다.

지나가던 사람이 그런 난쟁이의 모습을 보고 기이한 생각이 들어 물었다. "여보시오! 공연이 그렇게 볼만합니까?"

난쟁이가 아주 진지하게 대답했다. "그럼요! 아주 볼만합니다."

"당신이 직접 본 것도 아니잖소! 어떻게 그리 확신할 수 있단 말이오?"

난쟁이는 조금도 주저하지 않고 말했다. "다른 사람들이 모두 갈채를 보내고 있으니 당연히 볼만한 것 아니겠소!"

이 이야기에서 나온 성어가 "난쟁이가 공연을 본다"는 뜻의 '왜자간희矮子看戱'이다. 자신만의 견해도, 생각도 없이 무조건 남의 말에 따르고 부화뇌동하는 사람을 가리키는 말이다. 옛날이나 지금이나 '왜자간희'의 '난쟁이'들 때문에 세상이 시끄럽다. 주목받고 싶은 욕심에 남들에게서 들은 이야기를 아무런 확신도 없이 한껏 부풀려서 자기 얘기처럼 함부로 떠들어대는 것이다.

소리를 따라 하는 벌레 이야기

당나라 때 장작張鷟이 쓴《조야첨재朝野僉載》에도 '난쟁이' 같은 선비가 등장한다.

옛날 중국 낙주성洛州城에 살던 한 선비는 유난히 남의 말에 부화뇌동하기를 좋아했다. 어떤 사람이 갑甲은 좋은 사람이라고 하면 그 갑에 대해 일면식도 없으면서 칭찬했고, 어떤 사람이 을乙을 나쁜 사람이라고 하면 역시 죽일 놈이라고 동조했다. 그 상대가 권세가일 경우 동조하는 버릇이 더욱 심했다.

어느 여름날 오후, 낮잠을 자던 그는 무슨 벌레 같은 것이 입으로 들어와 목구멍으로 넘어가는 걸 느끼고는 깜짝 놀라 잠에서 깼다. 여러 차례 토악질을 해도 목에 걸린 벌레는 넘어오지 않았다. 계속 답답하긴 했지만 통증이 있는 것은 아니어서 그냥 내버려두었는데, 얼마 후 희한한 일이 벌어졌다. 지인과 대화를 나누다가 그의 말에 동조하면서 "그렇고말고!"라고 했는데, 그 말이 떨어지기 무섭게 누군가가 자기와 똑같은 목소리와 억양으로 "그렇고말고!" 하는 것이었다. 혼비백산한 선비는 집으로 돌아와 다시 한번 똑같이 말해봤다. 그러자 바로 목이 간질간질해지면서 자신이 한 말과 똑같은 소리가 흘러나왔다. 지난번 입으로 들어가 목에 걸린 벌레의 짓이 분명했다.

그날 이후 말하길 좋아하던 선비는 돌연 벙어리가 되었다. 이상하게 여긴 주변 사람들이 그 사실을 알고는 큰 응성충 속에 작은 응성충이 들어간 셈이니 얼마나 재미있느냐며 놀려댔다. '응성충應聲蟲'은 '소리에 응해 똑같이 소리를 내는 벌레'라는 뜻이다.

선비는 결국 용한 도사를 찾아가 상담을 했다. 도사는 온갖 약초 이름이 적힌《본초강목本草綱目》이라는 의서를 들고 오더니 그 선비로 하여금 거기에 나오는 약초를 처음부터 빠짐없이 읽게 했다. 약초 목록을 한참 읽어 내려가던 선비가 뇌환雷丸이라는 대목에 이르자 줄곧 따라 읽던 응성충이 아무런 소리도 내지 않았다. 여러 번 그 약초 이름을 읽어도 아무런 대꾸가 없자 비로소 도사가 말했다. "지금 당신의 목에 있는 응성충이 가장 두려워하는 것이 바로 이 뇌환인 게 분명하니, 이 약초를 먹으면 치료할 수 있을 것이오."

선비는 뇌환을 먹고 병이 나았으며, 그 후로는 부화뇌동하던 버릇을 완전히 고쳤다고 한다.

응성충 치료를 거부한 걸인

송나라 때 진정민陳正敏이 쓴《둔재한람遁齋閑覽》에도 응성충에 대한 기록이 있다.

장정長汀이란 곳에 갔다가 한 걸인을 만났는데, 사람들이 그의 몸에서 나는 응성충의 목소리를 듣기 위해 몰려들었다. 나는 그 걸인에게 뇌환이란 약을 먹으면 치료할 수 있다고 알려주었다. 그러자 걸인이 사양하면서 말했다. "나 같은 가난뱅이한테 무슨 재주가 있겠소. 내가 사람들에게 구걸해 연명하는 것도 다 이 희한한 병 때문이 아니겠소?"

응성충을 고치는 명약이 있다는 걸 알면서도 오직 먹고살기 위해 약을 거절하는 것이 어찌 이 걸인뿐이겠는가?

안락하고 부유한 삶의 조건을 얻기 위해 권력과 금력에 굴복해 아무런 주관도 견해도 없이 그저 부화뇌동만 일삼는 현대판 응성충 환자들이 얼마나 많은가? 어쩌면 이들 응성충 환자에게 필요한 '뇌환'이라는 명약은 바로 자신이 '벌레'라는 것을 인식하는 그 자체가 아닐까?

함께 읽으면 좋은 성어	습인아혜拾人牙慧	앵무학설鸚鵡學舌

13

초목개병

草木皆兵

초목을 모두 적병으로 여기다

한자에는 재미난 글자가 많다. 그중 하나가 위 상上 밑에 마음 심心을 붙인 '탐忐'이라는 글자다. 이 글자는 무슨 뜻일까? 마음이 중심에 자리하지 못하고 위쪽으로 올라간다는 것이다. 그래서 "마음이 허하다, 마음이 들끓다"는 뜻으로 풀이한다. 이와 유사한 글자가 또 있다. 아래 하下 밑에 마음 심心을 붙인 글자 '특忑'이다. "마음이 아래로 내려간다, 마음이 꺾인다, 풀이 죽는다"는 뜻이다.

그리고 이 두 글자를 붙여 만든 '탐특忐忑'은 "심신이 불안하다, 두려워하다"라는 뜻으로 쓰인다. 마음이 정중앙에 바로 자리하지 않고 올라갔다 내려갔다 하는 상태, 불안해서 어쩔 줄 모르는 상태, 바로 두려움에 사로잡힌 모습을 형용하는 말이다. '불안不安'이라는 말에 덧붙여 '탐특불안忐忑不安'이라고 쓰기도 한다. 이번엔 우리가 가장 경계해야 할 이 두려움이라는 감정에 대해 이야기해보자.

빈 활에 맞고 떨어진 기러기

두려움과 관련해 가장 많이 알려진 고사는 《전국책戰國策》에 나오는 '경궁지조驚弓之鳥' 이야기이다.

옛날 경리更羸라는 명궁이 위魏나라 왕과 함께 높은 누대에 올랐다. 그때 멀리서 새 한 마리가 날아오는 것이 보였다. 갑자기 경리가 위왕에게 말했다. "제가 화살을 쏘지 않고 저 새를 맞혀 떨어뜨려보겠습니다."

잠시 뒤, 누대에서 가까운 하늘로 그 새가 날아왔는데, 큰 기러기였다. 경리가 활시위를 잔뜩 당겨서는 소리를 힘차게 울리며 빈 활을 하늘로 쏘았다. 그러자 신기하게도 기러기가 마치 화살에 맞은 듯 하늘로 치솟았다가 아래로 떨어져 내리는 것 아닌가!

깜짝 놀라 감탄하고 있는 위왕에게 경리가 설명했다. "제가 무슨 특별한 신공이 있어 빈 활로 새를 떨어뜨린 것이 아닙니다. 저 새가 천천히 날며 슬피 우는 걸 보고 이전에 입은 화살의 상처가 아직 낫지 않았다는 것을 알 수 있었습니다. 상처도 아물지 않았고 두려움도 아직 가시지 않았습니다. 그러다가 갑자기 활시위를 당기는 소리를 듣자 격한 두려움에 휩싸인 겁니다. 그래서 우선 화살을 피하겠다는 생각에 무리하게 서둘러 높이 하늘로 날아올랐고, 결국 아물지 않은 옛 상처가 터져 날개에 힘을 잃고 땅으로 추락한 것입니다."

이 이야기에서 비롯된 성어가 '활에 놀란 새'라는 뜻의 '경궁지조'이다. 이전에 경험한 실패로 인해 큰 상처를 입어 일상의 사소한 충격에도 심하게 위축되거나 격한 두려움에 휩싸이는 사람을 가리키는 말이다.

이 이야기가 전하는 교훈은 빈 활에 속지 말라는 것이다. 빈 활이 노리는 것은 다름 아닌 '두려움'이다. 두려움이라는 이 치명적인 독화살을 맞고 역사에 치욕적인 이름을 남긴 한 사람이 있다. 바로 중국 남북조시대의 전진前秦 왕 부견苻堅이다.

두려움이라는 독화살에 패한 군대

위진남북조시대에 소수 민족인 저족氐族이 세운 전진은 강력한 군대를 바탕으로 북중국을 신속하게 통일했다. 전진 왕 부견은 여세를 몰아 남조 동진東晉까지 멸망시켜 전 중국을 통일하려는 야심이 비등했다.

마침내 전진의 80만 대군과 동진의 8만 군대가 맞붙었다. 두 나라의 군사력 차이는 현격했지만 동진에는 사안謝安이라는 걸출한 재상이 있었다. 그는 5,000명의 날래고 용감한 선봉대를 보내 부견의 군대를 급습하게 했다. 이 첫 전투에서 전진은 1만 5,000명의 병사를 잃고 군대의 사기는 땅에 떨어지고 말았다.

기세등등하던 부견은 두려움에 휩싸였다. 어느 날 부견이 성루 높은 곳에 올라가 동진의 진영 쪽을 바라보다가 깜짝 놀라서 옆에 있는 동생에게 말했다. "저기 서북쪽 팔공산을 가득 채우고 있는 것이 바로 동진의 군대가 아니냐? 누가 동진의 군대가 적다고 했단 말이냐!"

하지만 그것은 동진의 군대가 아니었다. 두려움에 빠진 부견이 팔공산에 빼곡하게 자란 초목을 동진의 대군으로 오인한 것이다. 극한 두려움에 사로잡힌 부견과 그의 군대는 결국 비수淝水 전투에서 힘 한번 제대로 써보지 못하고 대패했다. 도망가던 병사들도 한밤중 불어오는 바람 소리와 새 울음소리를 동진 군사들이 추격해오는 것으로 오인해 큰길을 버리고 숲으로 도망했다가 굶어 죽거나 얼어 죽고 말았다. 이 전투로 부견은 많은 병사를 잃고 자신 역시 큰 부상을 입은 채 가까스로 도망했지만 나라의 명운은 급속하게 기울게 된다.

중국 역사에서 가장 유명한 전쟁 중 하나인 이 '비수의 전투淝水之戰'에서 전진의 80만 대군을 패하게 만든 것은 바로 '두려움'이라는 독화살이었다. 이 이야기에서 나온 성어가 "초목을 보고 모두 군대로 여기다"라는 뜻의 '초목개병草木皆兵', "바람 소리와 학 울음소리를 적군이 추격하는 소리로 여기다"라는 뜻의 '풍성학려風聲鶴唳'이다. 모두 극한 두려움에 빠져서 주변의 작은 움직임에도 잔뜩 겁을 집어먹고 긴장하는 모습을 형용하는 말이다.

포위망 속에서 거문고를 타다

공자가 광匡이라는 곳을 지나다가 그 지역 사람들의 오해를 받아 포위당하는 곤욕을 치른 적이 있었다. 스승의 안위를 걱정한 용감한 제자 자로가 포위망을 뚫고 공자를 찾아왔다. 그런데 와서 보니 공자는 태평하게 거문고를 타고 있었다.

자로가 물었다. "선생님께서는 이런 상황에서도 거문고를 탈 흥이 나십니까?"

공자가 대답했다. "물속을 왕래하며 용조차 무서워하지 않는 것은 어부의 용기요, 산야를 왕래하며 호랑이와 표범을 무서워하지 않는 것은 사냥꾼의 용기요, 번쩍이는 칼끝을 향해 죽음을 두려워하지 않고 나아가는 것은 전사의 용기요, 자신의 운명을 알고 눈앞의 형세를 파악해 큰 어려움 앞에서도 두려워하지 않는 것은 성인의 용기이다."

여기서 비롯된 성어가 바로 '임난불구臨難不懼'이다. "큰 어려움 앞에서도 두려워하지 않는다"라는 뜻이다.

어떤 일을 추진하다 보면 더러 실패할 수도 있다. 그 실패의 여파가 여러 형태로 나타날 수 있다. 하지만 가장 경계해야 할 것은 바로 그 실패가 만든 두려움이라는 독이다. 이 두려움이 다시 시작하고 다시 일어설 힘, 용기를 꺾기 때문이다. 공자가 전하는 임난불구의 씩씩한 용기를 본받아 설사 눈앞에 큰 곤경이 닥친다 할지라도 두려움에 굴복하지 않는 큰 용기, 대용大勇을 발휘하는 리더가 되기를 바란다.

함께 읽으면 좋은 성어	육신무주六神無主	태연자약泰然自若

14

춘풍취우생

春風吹又生

봄바람이 불면 다시 살아난다

당나라 중기에 활동한 시인 백거이白居易가 열대여섯 살 때의 일이다. 그는 과거시험을 준비하기 위해 경사京師로 가서 당시 유명한 문인이던 고황顧況을 찾아 인사했다.

고황이 백거이의 이름을 가지고 놀리며 말했다. "살 거居에 쉬울 이易라! 장안은 쌀값이 비싸서 사는 게 쉽지는 않을 걸세!"

백거이가 얼굴을 붉히며 자신이 지은 시 한 편을 보여줬다. 시를 읽어 내려가던 고황이 크게 감탄하면서 말했다. "이런 시를 써낼 수 있다면 자네 이름대로 쉽게 살 수 있겠구먼!"

이번 이야기는 백거이의 입신지작立身之作 〈부득고원초송별賦得古原草送別〉로부터 시작한다.

봄바람에 다시 살아나는 초원

무성하고 무성한 초원의 풀이여,
해마다 성쇠를 반복하는구나.
들불이 다 태우지 못하나니,
봄바람 불면 풀은 다시 살아난다네.

離離原上草, 一歲一枯榮.
野火燒不盡, 春風吹又生.

옛 초원의 풀을 빌려 이별의 정을 노래한 시 〈부득고원초송별〉의 전반부이다. 광대한 초원은 해마다 성쇠를 반복한다. 여름날의 무성한 초원은 계절이 바뀌면 누렇게 시들어버린다. 그리고 그 메마른 초원 위로 들불이 훑고 지나간다. 다 타버린 초원 위로 차가운 바람이 불고 얼음과 눈이 쌓여간다. 영화로웠던 푸르른 날들은 이제 추억 속으로 사라진다. 혹한의 겨울 속에서 모든 풀은 생명이 다한 것처럼 보인다. 하지만 아무리 매서운 추위도 풀의 희망까지 얼리지는 못한다. 아무리 강렬한 들불이 지나가도 풀은 자신의 뿌리를 믿고 인내하며 기다린다. 그리고 이러한 희망과 인내에 화답하듯 마침내 봄바람이 불어와 풀의 얼어붙은 손을 따뜻하게 잡아 일으켜준다. 초원은 다시 영화로운 시절로 가는 아침을 맞이한다.

'야화소부진野火燒不盡, 춘풍취우생春風吹又生.' 이 시구는 혹독한 어려움 속에 있을지라도 결코 희망을 잃지 말고 인내할 것을 주문하는 말이다.

오늘날 세계는 참으로 혹독한 겨울을 지나고 있다. 코로나19의 눈보라가 불고 그 위로 전쟁의 들불이 훑고 지나간다. 찬 바람 속에 들리는 말이라곤 고물가와 경기 부진의 우울한 전망뿐이다. 하지만 끝없을 것 같은 겨울도 언젠가 끝이 있기 마련이다. 봄바람이 불어오면 바로 겨울은 끝이다.

봄바람을 불러온 제갈량의 기도

기다리고 기다리는 이 봄바람은 언제 불어올까? 이 봄바람을 간절히 기다린 사람들이 있었다. 바로 《삼국연의》에 나오는 적벽대전의 영웅 주유周瑜와 제갈량이다.

20만이 넘는 조조曹操의 대군과 5만의 유비劉備와 손권孫權의 연합군이 맞붙어 싸운 적벽대전에서 훨씬 불리했던 연합군이 승리할 수 있었던 것은 다름 아닌 화공 덕분이었다. 수전에 익숙하지 않은 조조의 군대가 자신들의 배를 서로 묶어놓자, 연합군이 그 취약점을 알고는 화공으로 불을 질러 대승을 거둔 것이다.

처음 화공 전략을 세운 손권의 사령관 주유는 거기에 필요한 화약, 기름, 건초 등 모든 준비를 다 마쳤다. 그런데 가장 중요한 요소 하나가 빠졌다. 바로 동남풍이다. 동남풍이 불어야 불이 조조의 군대로 번져갈 수 있기 때문이다. 하지만 지금은 겨울이어서 서북풍이 불고 있으니 잘못했다가는 불길이 외려 연합군의 배로 옮겨붙어 낭패를 볼 수도 있는 것이다.

전전긍긍하던 주유는 급기야 병이 나서 자리에 드러누웠다. 그때 제갈량이 찾아와 주유의 의중을 정확하게 지적하며 말한다. "화공으로 적의 군대를 격파하고자 만 가지 일을 다 갖추었으나 오직 동남풍이 불어오지 않으니 소용이 없어 병이 나신 거로군요."

깜짝 놀라서 말을 잃은 주유에게 제갈량은 자신이 동남풍을 불러올 테니 화공을 준비하라고 이른다. 그리고 칠성단을 쌓게 한 다음 그 단 위에 올라 머리를 풀고 바람을 구하는 주문을 외우며 기도를 드린다. 제갈량의 정성에 하늘이 감동했는지 마침내 한밤중에 이르자 바람의 방향이 바뀌어 동남풍이 불어왔다. 바람을 기다리던 주유의 군대는 마침내 화공으로 조조의 대군을 대파하고 찬란한 승리를 거둔다.

승리에 절대적으로 필요한 동남풍을 불어오게 한 것은 제갈량의 정성과 간절함이었다. 그 간절함에 하늘이 동남풍을 보내준 것이다. 단을 쌓아 기도하고 주문을 외우는 제갈량을 사람들은 아마 비웃었을 것이다. 하지만 하늘은 모든 순간에 최선을 다하는 사람의 편이다. 우리 역시 겨울의 서북풍 가운데서도 동남풍을 부르는 희망의 단을 쌓고 인내의 주문을 외워야 한다. 봄바람은 끝내 불어올 것이다.

회오리바람을 일으키는 붕새

다음은《장자》〈소요유逍遙遊〉에 나오는 거대한 붕새 일화이다.

북녘 아득히 먼 바다에 한 물고기가 살고 있다. 그것의 이름은 곤鯤이다. 곤의 크기는 몇천 리나 되는지 알지 못한다. 이 곤이 변화해 새가 되는데, 그 이름이 붕鵬이다. 붕의 등도 몇천 리나 되는지 모른다. 떨쳐 일어나 날면 그 날개가 마치 하늘에 드리운 구름과 같다. 이 새는 바다가 움직이면 장차 남쪽 바다로 옮겨가려고 한다. 붕새가 남쪽 바다로 옮겨갈 때에는 삼천리 바다의 물결을 치고, 회오리바람을 타고 빙글빙글 구만리를 오르고, 떠나서 여섯 달 만에 휴식을 취한다.

이 거대한 붕새가 구만리 높은 하늘로 날아오를 때 필요한 것이 바로 거대한 회오리바람이다. 이 바람 없이는 그 큰 몸집을 띄울 수 없기 때문이다. 그런데 붕새는 이 바람이 불어올 때까지 기다리지 않는다. 스스로 거대한 날개를 들어 바다를 친다. '수격삼천리水擊三千里', 3,000리 바다 물결을 날개를 들어 친다. 거대한 회오리바람이 일어날 때까지 거듭거듭 날개로 바닷물을 치는 것이다. 그렇게 스스로 바람을 만들어, 그 바람을 타고 하늘을 날아간다.

봄바람은 무작정 기다리는 것이 아니다. 간절한 염원과 굳은 신념의 날갯짓으로 거듭거듭 얼어붙은 바닷물을 치면서 회오리바람을, 봄바람을 만들어내는 것이다.

지난날 고생스러웠던 것 말할 것 무에랴,
오늘 아침 이 자유로움 끝이 없구나.
봄바람에 득의양양 말발굽 경쾌하니,
하루 만에 장안의 온갖 꽃들 다 보겠네.
昔日齷齪不足誇, 今朝放蕩思無涯.
春風得意馬蹄疾, 一日看盡長安花.

위의 시는 오랫동안 거듭 과거시험에서 낙방한 끝에 마침내 합격해 그 기쁨을 노래한 맹교孟郊의 〈등과후登科後〉이다. 봄바람에 득의양양, 의기양양, 말을 달리며 기쁨을 누리는 이 시인처럼 '춘풍득의春風得意'의 기쁨을 누릴 봄날, 그 봄날을 불러낼 여러분의 봄바람을 기대한다.

함께 읽으면 좋은 성어	**지흠동풍**只欠東風	호풍환우呼風喚雨

15

퇴피삼사

退避三舍

군대를 90리 물리다

춘추오패春秋五霸 중 한 명인 진문공晉文公은 전설적인 색채로 가득한 파란만장한 삶을 산 인물이다. 제후의 아들로 태어나 유복한 생활을 누릴 당시 그의 이름은 중이重耳였다. 후에 태자 승계를 둘러싸고 일어난 싸움으로 인해 살해 위협을 받은 중이는 황급히 진나라를 떠나야 했다. 적지 않은 신하들이 그를 따라 망명길에 나섰다. 모두 중이의 인격과 능력에 기대를 건 현신들이었다.

19년이나 이어진 긴 망명 생활 동안 이들이 겪은 신고는 이루 말할 수 없었다. 하지만 중이는 그 신고의 세월 속에서 살아남았고, 고국으로 돌아와 단시일 내에 진나라를 최강의 국가로 만들어 춘추오패라는 영예로운 이름을 얻었다. 그 진문공이 들려주는 성공의 이유를 들어보자.

19년의 망명과 9년의 치세

오랜 망명 세월 동안 위衛나라를 비롯한 여러 나라 임금은 도움을 청하는 진문공을 외면하고 모욕했다. 심지어 한 농부는 그가 길을 떠돌다 굶주려 먹을 것을 청하자 진흙 더미를 던져주었다. 먹지 못해 죽어가는 중이를 살리기 위해 그의 현신 개자추介子推가 자신의 허벅지 살을 도려내 국을 끓여 먹였다는 이야기가 전해질 만큼 그들의 고생은 형언이 불가할 정도였다.

다행히 제, 초, 진 같은 대국의 임금들이 중이를 정중히 맞이해 도와주었다. 마침내 진秦나라 목공穆公의 도움으로 귀국해 임금 자리에 오른 중이는 단기간 내에 진나라를 최고의 국가로 만들었다. 그는 재능 있는 인재를 대거 발탁해 국정을 혁신했다. 각종 세금을 감면하고 복잡한 금령을 폐지해 백성들의 삶을 개선했다. 관문의 통과세를 경감하는 동시에 도로를 넓히고 수리해 상인들이 수월하게 왕래할 수 있도록 만들어 상업을 크게 일으켰다. 농민들의 각종 부역 의무를 폐지해 농사에만 전념하게 함으로써 생산력을 크게 향상시켰다. 군대 역시 2군 체제에서 3군 체제로 확대 개편하는 등 부단한 혁신을 통해 더욱 강력한 군대로 거듭나게 했다. 그가 집정한 기간은 9년에 불과했지만, 이러한 그의 정치적 노력으로 인해 진나라는 열국을 이끌어가는 패자의 자리에 오를 수 있었다.

이처럼 특출난 성과가 가능했던 것은 진문공의 뛰어난 리더십에서 비롯되었는데, 그 리더십에서 가장 주목받는 것이 바로 신의信義다. 약속한 것은 어떻게 해서라도 지키는 진문공의 신의에 그의 신하·병사·백성이 무한한 신뢰로 응답했다. 그 결과로 나타난 것이 일등 국가였던 것이다.

군대를 90리 물리다

망명 생활 중에 진문공이 초나라에 있을 때의 일이다.

초성왕楚成王이 그를 융숭하게 대접하며 농담조로 물었다.

"훗날 그대가 진나라의 왕이 된다면 어떻게 보답하겠습니까?"

중이가 대답했다. "천하의 미녀는 대왕의 궁전에 가득하고, 천하의 금은보화는 대왕의 창고에 넘치니, 저희 진나라에서 무에 드릴 것이 있겠습니까? 훗날 혹시라도 저희 진나라와 대왕의 초나라 사이에 불가피한 전쟁이 일어나 대군이 맞붙는 상황에 처한다면 저희 진나라 군대가 90리 밖으로 물러가도록 조처하겠습니다."

4년 후 중이는 진나라로 귀국해 임금 자리에 올랐다. 그리고 다시 몇 년이 흐른 기원전 633년, 진나라와 초나라 사이에 전쟁이 일어났다. 그때 진문공은 초나라 임금과 한 자신의 약속을 지켜 군대를 90리 밖으로 퇴각하도록 명령했다. 갑작스러운 퇴각 명령에 의아해하며 반발하는 장졸들에게 대부大夫 자범子犯은 진문공이 초왕과 한 약속을 들려주며 힘주어 말했다. "우리 주군은 자신의 약속을 끝까지 지키는 신의의 군주이시니, 이런 주군이 이끄는 진나라 군대 역시 정의로운 군대 아니겠는가. 정의로운 군대는 반드시 승리할 것이다!"

진문공의 신의에 감동한 군사들은 사기충천, 용기백배했다. 그리고 진나라 군대가 겁을 먹고 도망친 것으로 여겨 무모하게 추격해온 초나라 군대를 맞아 일당백의 용기로 싸워 결국 대승을 거두었다. 이른바 춘추시대의 유명한 싸움인 '성복대전城濮大戰'이다. 이 한 번의 싸움으로 진나라는 강력한 초나라를 누르고 춘추시대 열국을 지휘하는 패자의 자리에 올랐다. 전쟁이라는 급박한 상황에서조차 자신의 약속을 지키는 리더의 신의가 이끌어낸 승리요, 성공인 것이다.

이 전쟁에서 비롯된 성어가 "군대를 90리 뒤로 물리다"라는 뜻의 '퇴피삼사退避三舍'이다. 상대와의 충돌을 피하기 위해 자발적으로 양보하고 물러서는 경우를 가리키는 말로 쓰인다.

여기서 사舍는 거리를 나타내는 단위로 1사는 30리이다. 이외에 진문공의 신의가 얻어낸 또 하나의 극적인 성공 사례가 있다.

원나라를 포기하고 군사들과의 약속을 지키다

진문공이 원原이라는 소국을 공격하기로 했다. 그는 지휘관들에게 열흘 안에 원나라와의 싸움을 끝내고 돌아오겠다고 약속했다. 군사들은 그 약속을 믿고 열흘 치 식량만 휴대하고 전쟁을 떠났다. 그런데 약속한 열흘이 다 지나도록 원을 정복하지 못했다. 진문공은 자신의 약속대로 군대를 퇴각시켜 본국으로 철수할 준비를 했다.

그때 원나라에서 투항한 병사 하나가 찾아와 말했다. "원나라는 3일 후면 필히 무너질 겁니다. 이미 식량이 바닥났습니다." 이 말에 좌우 장수들이 진문공에게 철군 보류를 요청했다.

그러자 진문공이 말했다. "나는 군사들에게 열흘을 약속했다. 지금 돌아가지 않으면 나는 약속을 어긴 게 될 것이다. 원나라를 얻고 대신 백성의 신뢰를 잃는 일을 나는 결단코 하지 않을 것이다." 진문공은 군대를 이끌고 전장을 떠났다.

얼마 후, 원나라 사람들이 진문공의 이 이야기를 듣고 너도

나도 말했다. "이토록 신의 있는 임금이라면 어찌 섬기지 못하랴!" 원나라는 자발적으로 진나라에 투항했다.

원나라와 비슷한 처지에 있던 위衛나라 백성들 역시 똑같은 반응을 보였다. "이토록 신의 있는 임금이라면 어찌 섬기지 못하랴!" 위나라 역시 자발적으로 진나라에 투항했다.

이 이야기에서 나온 성어가 "원나라를 정벌함에 신의를 보여주다"라는 뜻의 '벌원시신伐原示信'이다. 리더의 신의에 화답한 백성들의 신뢰가 만든 극적인 성공 사례를 보여주는 고사이다.

공자가 밝힌 정치의 요체

《논어》〈안연顔淵〉에 나오는 공자와 그의 제자 자공의 대화이다.

자공이 공자에게 물었다. "선생님, 정치를 함에 있어 가장 중요한 요소는 무엇입니까?"

공자가 답했다. "양식을 풍족하게 하는 족식足食, 나라를 지켜줄 강력한 족병足兵, 그러한 경제와 국방을 이끄는 조정에 대한 민신民信, 이 세 가지이다."

자공이 다시 물었다. "부득이 이 셋 중에서 하나를 버려야 한다면 무엇을 먼저 버려야 합니까?"

"거병去兵, 즉 군대를 버려야 한다."

자공이 끈질기게 다시 물었다. "부득이 이 둘 중에서 다시 하나를 버려야 한다면요?"

"거식去食. 양식을 버리고, 신뢰를 남겨야 한다. 백성의 신뢰가 없으면 그 나라는 한순간도 존립할 수 없다!"

공자와 자공의 이 대화에서 나온 성어가 "양식을 버리고 신뢰를 남긴다"는 뜻의 '거식존신去食存信'이다. 설사 양식이 없어 배가 고파 죽는 한이 있더라도 약속은 지킨다는 것이다. 위정자에 대한 백성들의 신뢰야말로 어떤 상황에서도 최후까지 양보할 수 없는 가장 값진 가치요 덕목이라는 말이다. 이렇게 소중한 백성들의 신뢰는 다름 아닌 위정자의 신의, 곧 백성들과 한 약속은 무슨 일이 있어도 지키는 리더의 신의에서 비롯된다는 것이 진문공 이야기의 최종 결론이다.

어찌 정치에서만 그러하겠는가? 우리 인생살이 모든 부분에서 신의는 필수 불가결한 덕목이다. 공자는 신의를 수레의 끌채와 소를 연결해주는 고리에 비유했다. 이 고리가 빠지면 수레를 굴릴 방도가 없듯 신의 없는 사람 역시 아무리 용을 쓴다

해도 사람 노릇을 제대로 할 수 없다는 뜻이다. 진문공의 시대로부터, 공자의 시대로부터 수천 년의 세월이 흘렀지만 여전히 우리 삶은 이 신뢰라는 불변의 가치에 기대어 있다.

함께 읽으면 좋은 성어	언이유신言而有信	일언구정一言九鼎

16

할석분좌

割席分坐

자리를 갈라 나누어 앉다

우리는 살아가면서 수많은 칭찬과 수많은 비난을 동시에 경험한다. 자연히 원하는 것은 칭찬이요, 싫어하는 것은 비난이다. 나를 칭찬하는 사람과 어울리기를 좋아하고, 비난하는 사람을 멀리하기 마련이다. 나보다 잘난 사람들로 가득한 세상에서 잔뜩 주눅 들어 있는 우리로서는 칭찬의 격려가 더 필요한 것도 사실이다.

하지만 비난이라고 해서 무턱대고 외면하고, 비난하는 사람이라고 해서 무조건 멀리해서는 안 된다. 친구의 비난과 적의 비난은 엄연히 다른 것이니 말이다. 적의 비난은 나를 쓰러뜨리기 위한 것이지만 친구의 비난은 나를 더욱 강하고 바로 서도록 하는 데 뜻이 있다. 옛 현자들은 말한다. "너를 비난하는 친구와 가까이 지내도록 할 것이요, 너를 칭찬하는 친구는 더욱 멀리하라!"

친한 벗의 절교 선언

다음은 친구로부터 충격적인 비난을 받았던 한 사람의 이야기이다.

동한東漢 말년 산동성 북해군北海郡 출신의 관녕管寧이라는 인물이 있었다. 관녕은 제나라의 명재상이던 관중管仲의 후예로, 어려서부터 배움에 힘써 학식과 인품을 두루 갖춘 훌륭한 젊은이로 자랐다. 그에게는 함께 학문에 힘쓰며 절차탁마하는 산동성 평원平原 출신의 화흠華歆이라는 벗이 있었다.

두 사람이 함께 기거하며 학문에 힘쓰던 어느 여름날, 집 앞 채소밭에 잡초가 무성하게 자랐다. 둘은 잠시 책을 물리고는 호미를 들고 나가서 김을 맸다. 잠시 뒤 앞서가며 김을 매던 관녕의 호미질에 딸깍하는 소리가 들리더니 흙 속에서 금 조각 하나가 삐죽하니 모습을 드러냈다. 그런데 관녕은 마치 무슨 돌멩이 하나를 본 양 아무런 반응도 보이지 않은 채 계속 김을 매며 지나갔다.

얼마 후 화흠도 그 지점에 이르러 금 조각을 보았다. 화흠의 반응은 관녕과 달랐다. 그는 호미를 내려놓고 금 조각을 주워 흙을 털어낸 다음 한참을 들여다보았다. 그러곤 갑자기 벌떡 일어나더니 그 금 조각을 멀리 던져버리고 계속 김을 맸다.

두 사람은 김을 다 맨 후 돌아와 함께 돗자리를 펴고 책을 읽기 시작했다. 얼마나 지났을까. 고요하던 뜰 밖에서 시끌벅적한 소리가 들려왔다. 아마도 권세 있는 고위직 관리 하나가 요란스럽게 행차한 모양이었다. 관녕은 마치 아무 소리도 듣지 못한 양 독서에만 전념했다.

하지만 이번에도 화흠은 달랐다. 그는 책을 덮고 밖으로 나가 관리의 행렬을 구경했다. 크고 화려한 수레에 좌정한 관리는 위엄이 넘치고 앞뒤에서 시위하는 시종들은 늠름했다. 길 양옆으로 늘어선 백성들은 하나같이 부러운 탄성을 보냈다. 화흠은 행렬이 멀어질 때까지 꼼짝하지 않고 서서 바라보다가 한숨을 크게 한 번 쉬고는 관녕이 있는 곳으로 돌아왔다.

그런데 방 안에 들어섰을 때 펼쳐진 기이한 광경에 화흠은 그만 그 자리에 얼어붙고 말았다. 함께 앉아 책을 읽던 돗자리가 예리한 칼로 잘린 채 둘로 나뉘어 있고, 한쪽 돗자리에서는 여전히 관녕이 독서에 열중하고 있었다. 얼이 빠져 아무 말도 못 하고 있는 화흠을 향해 관녕이 고개도 돌리지 않은 채 단호하게 말했다. "너는 더 이상 나의 벗이 아니다!"

중국 위진남북조시대 유의경劉義慶이 쓴 《세설신어世說新語》에 나오는 이야기이다. 여기에서 비롯된 성어가 "돗자리를 갈라서 나누어 앉다"라는 뜻의 '할석분좌割席分坐'인데, 친구 간에 지향이 너무 달라서 절교하고 더 이상 왕래하지 않는 경우를 이르는 말이다. 김을 매다 발견한 금 조각과 집 밖으로 지나가는 관리의 행차는 세상이 모두 원하고 바라는 부와 권세를 상징한다. 금 조각을 쥔 채 망설이고, 관리의 행차를 보기 위해 책을 덮고 나간 화흠의 모습에서 부귀에 대한 강한 열망을 엿볼 수 있다. 부귀를 탐하지 않고 오로지 성현의 도를 실천하기를 평생의 소임으로 여기는 관녕에게 화흠의 이러한 모습은 참을 수 없는 것이기에 단호하게 절교를 선언한 것이다.

어떤 청백리 이야기

옛날 한 관리가 있었다. 효도와 청렴의 덕목으로 여러 사람의 추천을 받아 관직에 오른 사람이었다. 그는 예장豫章의 태수가 되어 뛰어난 능력과 청렴한 덕망으로 휘하 관리들과 백성들의 존경을 한 몸에 받았다. 그 소문이 원근에 퍼져 다른 지역 백성들이 모두 그가 자신들을 다스리는 관리로 와주기를 간절히 바랄 정도였다.

그가 황제의 부름을 받아 경사로 가게 되자 친구와 동료 관리들이 모두 와서 적지 않은 전별금을 주었다. 그는 거절하지 않고 다 받아서는 일일이 그 돈의 액수와 사람 이름을 함께 적었다. 그리고 떠나는 날 돈을 모두 꺼내 본래 주인에게 돌려주며 말했다. "본래부터 전별금을 거절할 생각은 아니었소. 하지만 홀로 먼 길을 가는데 이렇게 많은 재물을 품고 있다가는 경사에 도착하기도 전에 황천길로 가게 될 것이오. 날 좀 살려주시오."

모든 사람이 겸손과 유머를 겸한 그의 고상한 인격에 감탄했다. 그는 높은 관직을 두루 겸했음에도 항상 검소했다. 녹봉으로 받은 쌀과 황제가 하사한 물건을 늘 가난한 친척과 이웃에게 보내서 집에는 양식이 쌓여 있을 새가 없었다.

황제가 그를 칭찬하며 말했다. "이분은 참으로 얻기 어려운 국가의 어른이시다. 그가 하는 일은 천지의 도에 절로 합하며, 백성의 신망을 깊이 얻었다. 고관대작들의 집에는 맛나고 기름진 음식이 넘쳐나는데, 이분의 집에는 그저 푸성귀 반찬뿐이다."

황제는 자신의 의복을 하사하고 그의 가족들을 위해 옷을 지어 보냈다. 노년에 병을 핑계로 벼슬에서 물러나려 하자 황제는 조서를 내려 조정에 남아줄 것을 간곡하게 부탁하기도 했다. 심지어 별도의 의자를 만들어 그가 조회에 참여하지 않으면 올 때까지 황제와 대신들이 모두 서서 기다리겠다고 협박 아닌 협박을 하기까지 했다. 황제와 온 백성의 존경을 한 몸에 받은 이 관리는 75세까지 천수를 누리고 평안히 영면했다.

이 관리가 누구일까? 바로 관녕이 돗자리를 잘라 나누어 앉으면서 "너는 내 친구가 아니다"라며 비난한 화흠이다. 금 조각을 보며 망설이고, 관리의 행차에 마음을 빼앗기던 화흠이었다. 그는 말년에 전쟁을 준비하는 황제를 만류하며 "치국의 근본은 백성이요, 백성의 근본은 의식주입니다"라고 말할 만큼 그의 관심과 지향은 백성뿐이었으며, 평생 재물에 마음을 두지 않고 권력에도 초연했다.

화흠의 이런 훌륭한 삶은 어쩌면 관녕의 충격적인 비난에서 비롯된 것인지도 모른다. 높은 관직에 올라 재물과 권력을 누릴 수 있는 모든 기회마다 화흠은 친구의 단호한 모습과 통렬한 음성을 새기며 자신을 바로잡았을 것이다.

공자가 말했다. "나보다 나은 친구를 사귈 것이요, 그 친구가 허물을 지적하면 망설이지 말고 바로 고쳐라." 증자曾子도 이

렇게 말을 보탰다. "선비에게 허물을 나무라는 친구가 있다면 평생 명예를 잃지 않을 것이다." 훌륭한 벗의 비난, 그것은 내 삶의 명예를 지키는 방패요 산성이다.

함께 읽으면 좋은 성어 | 양사익우良師益友 | 양사쟁우良師諍友

거인의 옥편

제3장

역경을 뚫고 다시 일어서는 힘

돌파력

17

고산유수

高山流水

높은 산과 흐르는 강물

우리는 일생을 살면서 좋은 친구 하나 두었으면 성공한 것이라는 말을 많이 듣는다. 친구라는 범주에 들어 있는 무수히 많은 이름을 되뇌면서 그중 정말 내가 진실한 친구라고 여길 만한 사람이 있을까 자문하기도 한다.

나를 가장 잘 이해해주고 어떤 상황에서도 나를 응원해줄 진실한 벗, 풍랑이 험한 바닷길을 가는 듯 인생이 위태롭게 흔들릴 때, 끝없는 사막을 가는 듯 지치고 목마를 때 물결 잔잔한 포구처럼 또 시원한 오아시스의 그늘처럼 평안과 즐거움을 주는 그런 벗이 있다면 얼마나 든든하고 행복할까?

공자의 벗 이야기

《논어》〈학이學而〉 첫 장은 다음과 같은 세 구절로 이루어져 있다.

배우고 시시로 그것을 익히면, 또한 기쁘지 않은가!
벗이 먼 곳에서 찾아오면, 또한 즐겁지 않은가!
남들이 알아주지 않아도 성내지 않으니, 또한 군자가 아닌가!
學而時習之, 不亦悅乎!
有朋自遠方來, 不亦樂乎!
人不知而不慍, 不亦君子乎!

공자의 일생을 압축해 표현한 이 구절에서 우리가 알 수 있는 것은 공자가 매우 행복한 삶을 살았다는 것이다. 그러나 사실 공자의 생애를 살펴보면 그다지 성공적인 삶을 살았다고 보기 힘든 면이 있다. 무려 14년 동안 자신의 꿈을 실현하기 위해 천하 열국을 두루 돌아다녔지만, 아무도 알아주지 않았기 때문이다.

위 문장 중 마지막 구절 "남들이 알아주지 않다"는 뜻의 '인부지人不知'는 바로 실패로 끝난 공자의 정치 인생을 보여준다. 그런데 희한한 것은 그렇게 남들로부터 외면당했으면서도

"성내지 않았다不慍"는 것이다. 불평하거나 원망하지 않았다는 얘기이다. 그 이유가 뭘까? 아마도 바로 위의 구절, 즉 "유붕자원방래有朋自遠方來, 불역락호不亦樂乎!"에서 그 까닭을 찾을 수 있을 것이다. 즐거움을 주는 진실한 벗이 있어 남들의 평가에 초연할 수 있었다는 말이다.

공자에게 벗은 바로 제자들이었다. 공자를 가장 잘 이해해 주고 꿈을 공유하는 제자들은 그에게 가장 소중한 벗이었다. 이러한 벗들이 있었기에 공자는 공부하며 교유하는 즐거움으로 행복한 삶을 살 수 있었던 것이다.

백아와 종자기의 거문고 교유

중국 춘추시대 초나라 궁정 악사 백아伯牙의 이야기이다.

백아는 거문고 연주에 탁월한 실력을 갖추고 있었다. 그가 어느 해 장강을 타고 여행하는데, 배가 무한武漢 근처에 이르렀을 때 큰 폭풍을 만났다. 급히 강 포구에 배를 대고 폭풍이 지나가길 기다리며 한동안 그곳에서 머물렀다. 날이 좋아져 배가 다시 출항할 무렵 백아는 근처의 풍경 좋은 곳을 두루 구경했다.

폭풍우가 지나간 후의 무한의 풍경은 아름답기 그지없었

다. 멀리 구름 사이로 수려한 산이 우뚝 다가오고, 거친 파도로 몸을 들썩이며 장강이 거세게 흘러가고 있었다. 이 황홀한 풍경에 백아의 창작 욕구가 꿈틀댔다. 그는 거문고를 무릎에 올려놓고 아름다운 산봉우리를 바라보며 연주를 시작했다. 빼어난 봉우리와 영롱한 구름, 신비한 계곡과 새들의 노래를 담아 무아지경으로 연주에 몰입했다. 연주가 끝나고 거문고 소리가 잦아들자 갑자기 누군가 외쳤다. "절묘하고 절묘하도다! 마치 높이 솟은 태산의 수려한 산봉우리들이 끝없이 펼쳐지는 것 같구나!"

백아가 깜짝 놀라서 바라보니 웬 촌부 하나가 서 있는 것 아닌가! '설마 저런 촌부가 내 음악을 이해했을라고. 어디서 들은 풍월을 그냥 읊어본 것이겠지!' 백아는 다시 호흡을 고르며 연주를 시작했다. 이번에 택한 주제는 거세게 흘러가는 장강이었다. 거문고 소리는 마치 강물처럼 휘몰아치기도 하고 맑은 여울처럼 영롱하게 잦아들기도 하면서 유장하게 펼쳐졌다. 연주가 끝나자 아까 그 촌부가 감탄하면서 말했다. "절묘하도다! 절묘하도다! 마치 장강이 하늘로부터 흘러 내려오는 듯 거침이 없구나!"

연주곡의 주제를 정확하게 읽어낸 촌부의 평가에 깜짝 놀란 백아가 일어나서 인사하며 물었다. "노형은 뉘시길래 이토록 정확하게 저의 음악을 이해하실 수 있단 말입니까? 평생 연주를 해왔지만 노형 같은 귀 명창은 처음 봅니다."

촌부가 답례하면서 말했다. "저는 종자기鍾子期라고 합니다. 저 역시 평생 거문고 연주를 들었지만 노형의 이 곡처럼 훌륭한 것은 처음입니다. 허허허!"

두 사람은 곧 둘도 없는 친구가 되었다. 백아는 즉시 출발하려던 계획을 접고 한동안 그곳에 머물며 종자기와 거문고 교유를 즐겼다. 이윽고 헤어질 때가 되자 두 사람은 1년 후 다시 만날 것을 약속했다. 하지만 1년 후 백아가 찾아갔을 때 종자기는 이미 병으로 세상을 떠난 뒤였다. 슬픔을 이기지 못한 백아는 그의 무덤을 찾아가 처음 만났을 때 지은 곡을 다시 연주했다. 애잔함과 장엄함으로 가득한 연주를 끝낸 백아는 자신의 거문고를 부숴버리고 무덤을 떠났다.

《열자列子》에 나오는 백아와 종자기의 이 고사에서 비롯된 낱말이 '지음知音'이다. "음을 안다"는 뜻으로 자신을 가장 잘 이해해주는 진실한 벗을 가리킨다. 그리고 백아가 창작했던 곡 '고산유수高山流水'는 높은 수준의 악곡을 가리키기도 하고, 지음을 만나기가 어렵다는 걸 비유하기도 한다.

◇ ◇

백아가 만난 종자기와 같은 지음이 부러운가? 우리는 평생 동안 지음 한 명을 얻기가 쉽지 않다. 그런데 종자기가 백아의 지음이 될 수 있었던 것은 바로 그가 백아의 연주를 집중해서 들었기 때문이다. 우리도 누군가의 말을 경청한다면 그의 지음이 될 수 있지 않을까? 곡을 마칠 때까지 집중해서 듣고 자신의 의견을 피력한 종자기처럼 상대의 말이 끝날 때까지 조용히 경청하는 것이 바로 지음으로 가는 출발 아닐까? 남의 말은 건성건성, 자신 얘기에만 열을 올려서야 지음과는 거리가 멀어질 수밖에 없다.

"벗이 멀리에서 찾아오니 또한 즐겁지 않은가!"

진실한 벗들과 함께하는 즐거운 인생을 위해서라도 우리는 먼저 누군가의 지음이 되어야 한다.

함께 읽으면 좋은 성어	경개여고 傾蓋如故	문경지교 刎頸之交
	의결금란 義結金蘭	

18

군명신직

君明臣直

임금이 밝으면 신하는 직언한다

당태종 이세민李世民은 중국의 수많은 황제 중에서 훌륭한 명군으로 이름이 높은 사람이다. 당태종이 이처럼 명군으로까지 나아갈 수 있었던 것은 위징魏徵을 비롯한 여러 신하의 비판적 간언을 겸허하게 수용한 데 그 이유가 있다. 황제의 높은 지위나 막강한 권력도 그들의 간언을 막지 못했다.

당태종은 신하들의 적극적인 간언을 통해 자신의 정책적 판단 오류를 바로잡을 수 있었고, 백성들의 삶을 살찌우는 좋은 정책을 펼칠 수 있었다. 당태종이 다스리던 때를 그의 연호를 따서 정관貞觀 시절이라 부르는데, 놀라운 태평성세가 이루어져 역사가들은 이 시기를 '정관의 치세'라는 뜻의 '정관지치貞觀之治'라는 말로 높이 평가한다.

당태종을 명군으로 이끈 사람 중에는 그의 부인 장손황후長孫皇后도 있다. 장손황후는 뛰어난 지혜와 용기로 당태종이 주변의 도전을 물리치고 황제로 등극하는 데 크게 일조했으며, 황제가 된 뒤에는 신하들의 간언을 적극 수용할 것을 종용해 명군의 길로 나아가도록 이끌었다. 그렇다면 장손황후는 어떻게 당태종을 명군으로 만들었을까?

불같은 성미의 당태종을 어진 임금으로 인도하다

전장을 떠돌며 오랜 세월을 보낸 당태종은 성미가 불과도 같았다. 이 급한 성격 때문에 생긴 여러 사건을 잘 알고 있던 장손황후는 침착하고 온화하게 남편의 화를 잠재워 그를 어진 임금으로 이끌었다.

어느 날 당태종이 몹시 아끼던 말이 돌연 죽었다. 분노한 당태종은 말을 돌보던 사람에게 책임을 물어 당장 죽이라고 명령을 내렸다. 이 소식을 들은 장손황후가 당태종을 찾아가 말했다. "폐하께서는 이전에 저와 함께 읽었던 제나라 경공景公의 이야기를 아직 기억하고 계십니까?"

다음은 장손황후가 들려준 제나라 경공의 이야기이다.

제나라 경공이 자기가 아끼던 말이 죽자 그 말을 돌보던 사람을 죽이려 했다. 그러자 당시 재상을 맡고 있던 안자晏子가 나서서 말했다. "말을 돌보던 사람은 자신이 죽어야 할 이유가 분명치 않으면 억울해서 죽어도 눈을 감지 못할 것입니다. 그러니 제가 그에게 죽어야 할 이유를 분명하게 일러주도록 하겠습니다."

그러곤 말을 돌보던 사람을 경공 앞으로 불러와서는 엄중히 문책했다. "너는 임금이 아끼던 말을 잘 돌보지 않아서 죽게 하였으니, 이것이 네가 죽어야 할 첫 번째 이유이다. 또한 너는 일국의 군주로 하여금 말 한 마리 때문에 사람을 죽이게 만들어, 임금이 백성보다는 말을 더욱 귀하게 여기는 사람이라는 비난을 받게 할 것이니, 이것이 네가 죽어야 할 두 번째 이유이다. 또한 너는 천하 열국의 제후들이 이 소식을 듣고 우리 제나라를 멸시하도록 만들 것이니, 이것이 네가 죽어야 할 세 번째 이유이다. 이렇게 네가 죽어야 할 이유는 명백하다. 그러니 억울해할 것 없다."

경공은 안자의 말을 듣고 크게 부끄러워하며 바로 그 사람을 풀어주었다.

장손황후가 말했다. "소첩이 생각하기에 폐하께서는 이 이야기를 아마도 잊으신 듯합니다."

당태종은 비로소 자신의 잘못을 깨닫게 되었고 말을 관리하던 사람은 목숨을 건지게 되었다. 당태종은 현신 방현령房玄齡에게 종종 이렇게 말하곤 했다. "황후는 나랏일과 관련해 나에게 늘 깨우침을 주는 사람이오. 한없이 고마운 사람입니다."

황제에게 직언하는 위징의 든든한 후견인

당태종은 특히 장손황후에게서 낳은 장락공주長樂公主를 사랑했다. 그래서 장락공주가 시집갈 때 혼수를 후하게 내리고 싶어 했다. 대신들이 황제의 뜻을 받들어 다른 공주보다 갑절로 준비하겠다고 했다. 그런데 위징이 나서서 이를 결사반대했다. 앞서 시집간 공주들보다 더 낮은 서열인 공주에게 더 많은 예물을 내린다는 것은 예법에 맞지 않는다는 주장이었다.

불쾌해진 당태종이 이 일을 장손황후에게 말했다. 그러자 장손황후는 화를 내기는커녕 오히려 크게 칭찬하면서 위징에게 적지 않은 비단과 돈을 하사품으로 내렸다. 그러고는 이런 말을 전했다. "경께서 정직하다는 소문을 진즉 들었습니다만, 오늘 비로소 확실히 알았습니다. 바라옵기는 경께서 앞으로도 변함없이 직언으로 폐하를 보좌해주시길 바랍니다."

불같은 성격의 황제 앞에서도 위징이 거침없는 직언을 거듭거듭 올릴 수 있었던 것은 바로 이러한 장손황후의 전폭적인 지원이 있었기에 가능한 일이었다.

장손황후가 밝힌 군왕의 도

어느 날 조회에 나간 황제가 급히 조회를 폐하고 내전으로 돌아왔다. 장손황후가 황급히 나아가 맞이하는데, 황제의 얼굴이 벌겋게 달아올라 있었다. 당태종이 거칠게 숨을 몰아쉬며 말했다. “내가 이 촌놈을 죽이고야 말겠다!”

깜짝 놀란 장손황후가 물었다. “아니, 누구를 죽이시겠다는 말입니까?”

“누구겠소? 위징이지! 위징, 이 촌놈을 이번에는 반드시 죽이고야 말겠소. 그동안에도 수없이 나에게 모욕을 안겨주었지만, 내가 참고 또 참았던 것은 그래도 그의 말이 나라를 다스림에 유익하다 여겨서 그랬던 것이오. 그런데 오늘처럼 군신들 앞에서 대대적으로 나를 모욕한다면 도대체 내 영이 어찌 서겠소? 그러면 어떻게 백관들을 통솔하며, 어떻게 나라를 다스릴 수 있겠냔 말이오! 이번에는 반드시 죽여버리겠소, 이 촌놈을!”

평소에도 위징의 직언이 있을 때마다 황제가 분노하고 괴로워하는 모습을 옆에서 많이 봐온 터였다. 그런데 이번에는 정도가 달랐다. 분노가 극에 이르렀으니 이대로 두었다가는 아까운 신하 하나 잃게 될지도 모른다는 생각이 들었다.

잠시 생각에 잠겨 있던 장손황후가 아무런 대꾸도 없이 밖으로 나갔다가 금방 되돌아왔는데, 그새 복장이 달라져 있었다. 방금 전 입었던 평상복을 벗어버리고 거창한 예복을 입고 나타난 것이다. 나라에 큰일이 있을 때나 입는 전례복을 갖추어 입고는 어리둥절 쳐다보는 황제를 향해 큰절을 올리며 장손황후는 이렇게 말했다. "폐하, 감축드리옵니다!"

느닷없는 축하 인사에 당태종이 불같이 화를 내며 언성을 높였다. "내가 지금 위징 때문에 머리가 돌 지경인데, 갑자기 뜬금없이 이런 인사는 무엇이오!"

황제의 분노에도 아랑곳하지 않고 장손황후는 침착한 어조로 말했다. "소첩은 어려서부터 임금이라면 반드시 알아야 할 군왕의 도는 '군명신직君明臣直'이라 배웠습니다. 임금이 밝으면 신하는 직언한다는 도리 말입니다. 지금 위징은 폐하의 수많은 신료 가운데 직언을 맡은 직신直臣입니다. 그런 직신이 폐하의 조정에 있다는 것은 폐하께서 이미 명군이라는 확실한 증거가 아니겠습니까? 명군이 되신 것을 감축드립니다!"

그러자 당태종이 갑자기 파안대소하며 말했다. "맞소! 위징

이야말로 나를 명군으로 만들어줄 나의 직신이오. 내가 잠시 화가 나서 그랬지 설마 죽이려고까지 했겠소! 허허허!"

당태종은 이후로 위징의 직언에 더욱 귀를 기울이고, 조정 신료들에게도 위징을 본받을 것을 당부했다. 황제와 의견이 다를 때 침묵하지 말고 본인의 의견을 개진해줄 것을 청한 것이다. 몇몇 신하가 용기를 내어 황제와 다른 의견을 적극 피력하면서 조회 모습이 크게 달라져 활발한 논의의 장으로 바뀐 것은 물론이다. 그런 조회에서 창의적인 정책이 입안되고, 활발한 토론을 거쳐 잘 다듬은 후 비로소 백성에게 베푸니, 나라가 아주 빠르게 안정되고 번영을 이뤘다.

장손황후가 말한 '군명신직'의 도리는 지금도 적용 가능한 얘기이다. 어떤 단체의 리더가 밝은 리더인지, 아니면 어리석은 리더인지는 바로 '신직'이라는 요소, 그 리더를 둘러싼 임원 중에 직언하는 사람이 있는지를 보면 알 수 있다는 말이다. 아무도 직언하지 않는 조직에서 리더가 밝은 판단, 바른 판단을 내리기는 어렵다. 지위가 높고 권력이 커질수록 리더의 주변에는 달콤한 말들이 많이 들리기 마련이다. 혹시라도 주변에서 들리는 이야기가 갈수록 달콤해진다면 한 번쯤 '군명신직'의 이야기를 떠올려보길 바란다.

함께 읽으면 좋은 성어	명봉조양鳴鳳朝陽	애민여자愛民如子
	풍호운룡風虎雲龍	

19

문과즉희

聞過則喜

허물을 듣게 되면 기뻐하다

어떤 사람을 잘 모를 때는 그의 친구를 보면 알 수 있다고 한다. 친구는 '나'를 비추는 거울이기 때문이다. 좋은 친구를 둔 사람은 밝은 거울을 곁에 두는 것과 마찬가지여서 거울을 보며 의관을 바로 하듯 친구를 보며 자신의 행실을 항상 반듯하게 할 수 있다. 일생에 좋은 친구 한 명을 사귀면 성공한 것이라고 말하는 이유가 바로 여기에 있다.

《중용中庸》에 다음과 같은 구절이 있다.

윗사람에게 인정받는 방법이 있으니, 벗에게 신뢰받지 못하면, 윗사람에게 인정받을 수 없다.

獲乎上有道, 不信乎朋友, 不獲获乎上矣.

윗사람에게 인정받는 것은 성공으로 가는 지름길이다. 그런데 그 길로 가는 충실한 안내자가 바로 친구의 신뢰이다. 우리를 성공으로 이끄는 친구에 대해 이야기해보자.

친구의 날 선 비판에 대한 공자의 권면

《논어》〈학이〉에 벗과의 사귐에 대한 공자의 언설이 있다.

충신忠信을 위주로 하여 친구를 사귀되, 자기만 못한 사람을 벗으로 삼지 말라. 그 벗이 허물을 지적하거든 지체하지 말고 고쳐라.

主忠信, 毋友不如己者, 過則勿憚改.

친구를 사귐에 있어 가장 중점을 두어야 할 것이 충忠과 신信이라는 덕목이다. 재력 좋고 학벌 좋은 친구가 아니라 매사에 최선을 다하는 충실한 벗, 자신의 모든 말에 책임질 줄 아는 신실한 벗을 사귀라는 조언이다. 재력이나 학벌 면에서 자신보다 못한 친구라도 충실과 신의 면에서 나보다 더 낫다면, 그는 내가 적극적으로 사귀어야 할 좋은 친구이다.

그런데 그다음에 이어지는 말, 즉 "그 벗이 허물을 지적하거든 지체하지 말고 고쳐라"라는 말이 참으로 의미심장하다. 우리가 좋은 벗을 사귀어야 하는 이유를 분명하게 밝힌 것이기 때문이다. 성인군자가 아닌 이상, 아니 성인군자라 할지라도 허물過이 없을 수 없다. 이 허물을 고쳐서 보다 성숙한 인간이 되는 것, 그게 바로 벗이 필요한 이유라는 얘기이다.

공자는 "지체하지 말고, 꺼리지 말고 바로 고쳐라!"라고 말한다. 이는 남들이 허물을 지적할 때 대응하는 일반적인 태도인 미적거림을 전제로 한 말이다. 우리는 자신의 허물을 잘 인정하지 않는다. 여러 가지 변명과 이유를 들어 미적거리면서 고치려 들지 않는다. 세상에는 내세울 수 있는 이유나 변명이 차고 넘친다. 하지만 충신의 덕목으로 나보다 나은 친구라면 그렇게 미적거려서는 안 된다.

'물탄개勿憚改!', 꺼리지 말고 즉각 고쳐라! 원술袁術은 친구의 진실한 충고를 무시하고 끝내 고치지 않아 패망의 길로 들어섰다.

친구의 진실한 충고를 무시한 원술의 최후

동한 말기, 어리석은 임금을 둘러싸고 환관과 외척의 권력투쟁이 극한에 이르러 한나라 조정이 대혼란에 빠졌을 때의 일이다. 이 혼란을 틈타 곳곳에서 군웅들이 깃발을 높이 들고 권력욕을 드러냈는데, 원술도 그중 하나였다. 동탁董卓이 낙양 궁궐로 들어가 황제를 옆에 끼고 권력을 휘두를 때 원술은 그가 그릇된 야심과 욕망 때문에 결국에는 패망의 길로 가리라는 것을 예견했다. 그래서 자신을 중용重用하려는 동탁을 피해 멀리 남양南陽으로 도망했다.

하지만 오래가지 않아 원술 자신이 동탁의 전철을 밟기 시작했다. 지정학적 요충지인 회남淮南 지역을 점거한 후 이를 근거지로 삼아 천하를 차지할 야심에 사로잡힌 것이다. 자신이 거느린 군대의 장수들만 데리고서는 나라를 세울 수도, 황제가 될 수도 없다고 판단한 원술은 명문 사족士族 출신의 오랜 친구인 진규陳珪에게 편지를 써서 자신의 원대한 뜻을 알리고 도움을 청했다.

편지를 받은 진규는 친구의 과분한 욕심을 크게 염려하며 즉각 답장을 보내 충고했다. "그대가 이런 일을 도모하는 것은 바르지 않으니 스스로 화를 불러오게 될 것이오. 길을 잃었다면 돌아가면 되는 법, 그리하면 재앙을 면할 수 있을 것이오. 그대를 걱정하는 오랜 친구로서 거듭 충고하니 절대로 되지 않을 일에서 손을 떼길 바라오."

하지만 손책孫策으로부터 진시황秦始皇의 옥새까지 손에 넣은 원술은 황제가 되겠다는 욕심에 단단히 눈이 멀어서 진규의 충심 어린 충고를 듣지 않았다. 그는 기원 197년 성국成國이라는 나라를 세우고 스스로 황제 자리에 올랐다.

황제가 되어 다스린 2년 동안 원술은 백성들에게 막중한 세금을 부과해 그 재물로 사치와 일락逸樂을 일삼으니 온 나라의 백성이 이반했다. 여포呂布, 조조 등과의 싸움에서도 패해 고립무원에 빠졌다. 황제로서 꿀 한 병조차 구할 수 없는 지경에 이르자 원술의 절망은 극에 이르렀다. 결국 원술은 "나 원술이 어찌 이런 지경까지 이르게 되었단 말이냐!"라고 크게 울부짖으며 피를 토하고 죽었다.

혁혁한 원술이 어쩌다가 그렇게 됐을까? 바로 자신의 잘못을 지적한 친구 진규의 충고를 듣지 않았기 때문이다. 이 원술의 이야기에서 진규가 충고하며 한 말, 즉 "길을 잃었더라도 돌아갈 줄 알면 화를 면할 수 있다"는 것에서 비롯된 성어가 바로 '미도지반迷途知返'이다.

우리는 누구나 길을 잃을 수 있다. 길을 잃었다고 판단할 경우 돌아갈 줄 알면 된다. 처음 출발했던 그곳으로, 처음 먹었던 그 마음으로 돌아가면 큰 화를 면할 수 있다. 우리가 길을 잃었을 때 그 사실을 일러주는 사람, 다시 처음으로 돌아갈 것을 권하는 사람이 바로 우리 곁에서 우리의 참모습을 비춰주는 거울 같은 충실하고 신의 있는 벗인 것이다.

잘못을 지적하면 기뻐했던 특별한 제자 자로

공자에게는 자로라는 특별한 제자가 있었다. 자로는 가끔 엉뚱한 질문과 행동으로 스승으로부터 꾸중을 들어서 다른 제자들에게 무시를 당하기도 했다. 하지만 자로는 용기와 결단력이 있어 스승 공자로부터 "입실까지는 아니지만 승당升堂은 했다"는 높은 평가를 받았다. 사실 자로를 제자로 삼은 뒤부터 아무도 공자를 함부로 대하지 않았다는 말을 공자 스스로 한 적도 있다. 이 자로의 용기에 대해 맹자도 다음과 같이 높이 평가했다.

자로는 남들이 그에게 허물이 있다고 일러주면 기뻐했다. 우禹임금은 자신의 잘못을 지적하는 말을 들으면 일어나 절을 했다. 순舜임금은 자신의 입장을 고집하지 않고 남에게서 의견을 취하는 일을 즐겨 했다.

자신의 허물을 지적하는 말을 듣고도 화를 내기는커녕 오히려 기뻐하는 모습은 그토록 허점과 허물이 많던 자로로 하여금 위대한 성인으로 추앙받는 우임금, 순임금과 어깨를 나란히 할 수 있게 한 요인이다.

이런 위대한 자로의 모습을 설명한 말이 바로 "허물을 들으면 즐거워한다"는 뜻의 '문과즉희聞過則喜'이다.

여러분은 어떤 친구를 두었는가? 또 어떻게 친구의 역할을 다 하고 있는가? 《효경孝經》 〈간쟁諫諍〉에서 증자가 말했다.

선비가 자신의 잘못을 비판하는 친구 한 명이 있으면, 아름다운 이름을 잃는 법이 없다.

士有爭友, 則身不離於令名.

잘못을 비판하는 친구를 한문으로는 '쟁우爭友'라고 한다. 나의 잘못을 따지는 친구, 내게 다투듯 신랄하게 잘못을 지적하는 친구다. 이 '쟁우'야말로 우리의 삶을 아름답게 만드는 필수요소라는 말이다. 쟁우의 가치를 알고 쟁우의 비판을 소중히 여기는 리더가 되길 바란다.

함께 읽으면 좋은 성어	집미불오 執迷不悟	현애륵마 懸崖勒馬

20

우맹의관

優孟衣冠

배우 맹씨의 의관

역대 제왕 중 훌륭한 치적을 남긴 명군에겐 한결같이 곁에 충언하는 신하들이 있었다. 이들은 제왕의 정치적 행위뿐만 아니라 일상생활에 대해서도 가차 없이 비판을 가해 제왕을 명군으로 이끌었다. 간언 방식도 다양해서 당태종의 현신 위징 같은 경우는 거칠 것 없는 직간으로 제왕의 면전에서 잘못을 지적했고, 장손황후 같은 경우는 아주 교묘한 방식의 휼간譎諫으로 제왕의 자존심을 지켜주면서 바로잡기도 했다.

춘추전국시대의 사어史魚 같은 신하는 죽어서도 임금께 간언을 올려 "주검으로 간언한다"는 '시간尸諫'이란 말이 생겨나기도 했다. 모두 제왕을 명군으로 만들어 창생을 이롭게 하기 위한 현신들의 목숨을 건 노력이었다.

초나라의 궁정 배우 우맹

간언의 역사에 한 페이지를 장식한 인물이 있다. 그는 대신도 아니고 황후도 아니었다. 그저 미천한 궁중 배우에 불과했다.

춘추시대 초나라 장왕莊王의 궁중 배우 우맹優孟의 이야기이다. 우맹은 만담과 노래를 하는 배우였으나 언변에 능하고 생각이 깊어 왕과 대신들의 총애를 받았다. 궁중 행사에 초대되면 우맹은 종종 재미난 이야기로 좌중을 압도했는데, 그중에는 초나라의 정치를 꼬집는 풍자적인 내용이 적잖았다.

당시 장왕이 특별히 아끼고 애지중지하는 말 한 마리가 있었다. 그 말에게 수놓은 비단옷을 입히고 침상까지 갖춘 화려한 집을 마련해주고, 꿀에 재어 만든 대추를 먹이며 온갖 정성을 다했다. 하지만 왕의 보살핌이 과했던지 지나치게 살이 찌는 바람에 말은 병을 얻어 죽고 말았다. 슬픔에 빠진 장왕은 대부大夫가 죽었을 때와 똑같은 예로 말의 장례를 치르려 했다. 왕의 지나친 행동에 여러 신하가 그런 예는 불가하다며 반대했으나 장왕은 "나의 애마에 대해 이러쿵저러쿵 간언하는 자에게는 죽음으로 죄를 묻겠다"라고 명령을 내렸다.

군신들이 숨죽이고 있을 때 우맹이 나섰다. 그는 궁전 문을 들어서면서부터 머리를 땅에 찧어대며 대성통곡했다. 장왕이 깜짝 놀라 그 까닭을 묻자 우맹이 대답했다. "대왕께서 참으로 아끼시던 말이 죽었는데, 위풍당당한 초나라의 대왕께서 못 할 것이 무에 있다고 기껏 대부의 예로 장례를 치른단 말입니까? 너무 박한 처사이옵니다. 청하옵건대 아예 임금의 예로 장례하심이 옳은 줄로 아룁니다."

임금의 예로 장례하라는 우맹의 말에 장왕은 순간 멍해졌다. 잠시 침묵에 잠겨 있던 장왕이 마치 정신이 돌아온 듯 말했다. "내 잘못이 어쩌다 이 정도까지 이르렀단 말인가!" 장왕은 즉시 죽은 말을 궁중 연회를 관장하는 태관太官에게 넘겨버리고 다시는 관여하지 않았다.

우맹 같은 신하를 두었기에 초나라 장왕은 자신의 실수를 바로잡을 수 있었다. 춘추시대에 초나라는 중원 지역에 속한 대국들에 비해 여러 면에서 후진성을 면할 수 없었다. 하지만 장왕 때에 이르러 비약적 발전을 이루며 중원의 대국인 진晉나라를 제압하기에 이르니, 마침내 장왕은 춘추오패의 반열에 들었다. 장왕의 이러한 성공 배경에는 항상 군주의 잘못을 바로잡아주는 현신들의 간언이 있었다. 이어지는 우맹 이야기는 간언의 당위를 넘어 우정의 감동까지 전해준다.

명연기로 죽은 자를 부활시키다

당시 장왕의 조정에는 손숙오孫叔敖라는 명재상이 있었다. 행정의 달인이요, 군사 전략에도 뛰어난 손숙오 덕분에 초나라의 국력은 빠르게 신장되었다. 손숙오는 특히 청렴한 관리여서 훌륭한 치적을 쌓았음에도 왕이 하사하는 상은 절대로 받지 않았다. 그래서 그의 집은 씻은 듯이 가난했다. 손숙오는 우맹이 지혜로운 현자임을 알고 그를 특히 선대善待했다.

어느 해 손숙오가 병들어 죽게 되었다. 그는 아들을 불러놓고 말했다. "내가 죽게 되면 너는 필시 더욱 가난해질 것이다. 너무 힘들거든 우맹을 찾아가서 네가 손숙오의 아들이라 말하거라."

몇 년이 흐른 뒤, 손숙오의 아들은 아버지의 예상대로 지독한 가난에 시달렸다. 나무를 해서 팔아 연명하던 아들이 마침내 우맹을 찾아가 말했다. "저는 손숙오의 아들입니다. 아버지께서 돌아가시기 직전에 저에게 너무 힘들면 우맹 어르신을 찾아가라 말씀하셨습니다."

이야기를 들은 우맹은 잠시 생각에 잠기더니 말했다. "우선 돌아가 있거라. 절대 멀리 이사하지 말고 내가 다시 찾을 때까지 기다려라." 그날부터 우맹은 옷감을 사서 손숙오가 평소 입던 옷을 만들어 입고, 손숙오의 행동거지와 말투를 익히기 시작했다.

1년 후 장왕의 생일이 되었다. 온 성안이 화려한 등불을 밝히고, 군신들은 각각 예물을 들고 왕의 생일잔치에 모여들었다. 장왕이 군신들의 축하 인사를 받으며 한창 즐기고 있을 때 궁중 내관이 한 신하를 모시고 들어왔다. 그 신하가 장왕에게 인사를 올렸다. "대왕! 생신을 축하드리옵니다. 왕은 만세수萬歲壽를 하옵소서!"

장왕이 깜짝 놀라 자리에서 벌떡 일어나 소리쳤다. "아니, 그대는 손숙오가 아닌가! 몇 년 전에 세상을 떠난 손숙오 대감이 아니신가!" 모여 있던 군신들도 놀라기는 마찬가지였다. 모두 손숙오가 환생이라도 한 듯 두려움에 떨었다.

그러자 그 신하가 왕 앞으로 나가 머리를 조아리며 말했다. "대왕이시여, 저는 우맹입니다. 대왕의 생신을 맞아 왕께서 그토록 아끼시던 손 대감의 모습으로 분장하여 왕께 축하 인사를 드리고자 왔습니다."

말투며 행동거지가 영락없는 손숙오인지라 장왕은 죽은 손숙오가 살아 돌아온 듯 우맹의 손을 꼭 잡고 눈물을 흘리며 반가워했다. 손숙오를 너무나 아꼈던 장왕은 그를 닮은 우맹을 재상에 임명하려고 했다. 그러자 우맹이 먼저 아내와 상의한 후 3일 안에 말씀드리겠다며 집으로 돌아갔다. 3일 후 다시 궁전을 찾은 우맹에게 왕이 물었다. "그래 부인께서는 뭐라 합디까?"

우맹이 말했다. "제 마누라가 이렇게 말하더군요. '초나라의 재상은 할 것이 못 됩니다. 손숙오는 초나라의 재상이 되어 왕께 충성을 다해 나라를 부강하게 하고 왕을 패자로 만들었습니다. 그럼에도 그가 죽자 그 아들은 송곳을 꽂을 만한 땅 한 뙈기 없어 나무를 해다 팔아 연명하고 있습니다. 그런 재상이 되어야 한다면 차라리 자살하는 게 낫습니다.'"

장왕은 비로소 우맹이 손숙오처럼 행동한 이유를 깨달았다. 손숙오가 살아생전 그토록 충성했건만, 그 가족을 극한 가난에 방치한 자신이 너무나 부끄러웠다. 장왕은 손숙오의 아들에게 자그마한 식읍을 하사해 가문 대대로 평안하게 살아갈 수 있도록 조처했다.

《사기史記》〈골계열전滑稽列傳〉에 수록된 이 이야기에서 비롯된 성어가 "우맹이 의관을 갖추다"라는 뜻의 '우맹의관優孟衣冠'이다. 옛사람이나 다른 사람의 모습을 흉내 내고 따라 하는 행위를 가리키는 말이다. 이 우맹의 손숙오 연기를 중국 희곡의 출발로 보기까지 한다.

역사 속 명군의 성공 스토리에는 어김없이 우맹 같은 간언하는 신하가 등장한다. 명군의 역사는 바로 간언의 역사인 것이다. 성공 대열에 합류하고 싶은가? 그럼 언제라도 여러분의 잘못을 지적해줄 사람을 곁에 두어야 한다. 그리고 누군가 잘못을 지적해주면 기뻐할 줄 알아야 한다. "나는 참으로 행복하다. 잘못이 있으면 남이 반드시 가르쳐주는구나." 이는 2,500년 전 인류의 큰 스승 공자가 자신의 잘못을 일깨워준 사람에게 고마워하며 했던 말이다.

함께 읽으면 좋은 성어	비방지목誹謗之木	진선지정進善之旌

21

죽두목설

竹頭木屑

대나무 밑동과 톱밥

우리는 지나친 소비문화로 인해 발생한 각종 문제를 안고 살고 있다. 아무리 소비가 미덕인 시대라지만 이대로라면 우리의 건강도, 우리의 환경도 견디지 못할 것이 자명하다. 비만을 부르는 과식을 삼가고, 일회성 용기 사용을 줄이고, 쓰레기를 재활용하는 등 우리의 건강과 환경을 파괴하는 과소비 문화를 심각하게 반성하고 행동해야 할 때이다. 다음은 아주 먼 옛날 어떤 사람의 재활용 이야기이다.

이삭 한 줄기 뽑았다가 곤장 30대

중국 동진東晉 시기 강서 지역에 도간陶侃이라는 관리가 있었다. 이 사람은 중국의 전원시인田園詩人 도연명陶淵明의 증조부이다. 도간은 인자하고 청렴한 관리여서 강서 일대 백성들의 존경을 한 몸에 받았다. 그가 무창武昌 태수로 있을 때의 일이다.

어느 날 휘하 병사 하나가 벼 이삭 한 줄기를 손에 들고 있는 모습을 보고는 물었다. "자네는 그것을 가지고 무얼 하려고 그러는가?"

병사가 우물거리며 대답했다. "논둑길을 가다가 그냥 손에 잡혀서 뜯은 것일 뿐 딱히 무얼 하려던 것은 아니었습니다."

이 말을 들은 도간이 버럭 화를 내면서 말했다. "네 이놈, 네가 아무리 농사를 짓지 않는다 해도 벼농사가 얼마나 힘든 일인지 모른단 말이냐! 백성들이 고생하며 길러서 이제 막 패기 시작한 벼 이삭을 아무런 생각 없이 잡아채 뽑아버렸으니 남의 물건을 훔치는 도적놈과 다를 게 무엇이란 말이냐!"

도간은 즉각 병사에게 곤장 30대의 벌을 내렸다. 이처럼 도간은 사소한 일 하나에도 생각과 자세가 조금도 흐트러짐이 없는 반듯한 사람이었다.

재활용의 고수 도간

한번은 도간이 임금의 명을 받아 배 만드는 일을 감독하게 되었다. 배를 만드는 과정에서 엄청난 분량의 나무 톱밥과 대나무 밑동이 부산물로 나왔다. 병사들이 이것들을 모조리 쓰레기장에다 버리는 모습을 본 도간이 말했다. "이것들을 함부로 버리지 말고 모두 주워서 한곳에 잘 보관해라. 후에 반드시 쓸 데가 있을 것이다." 병사들은 이런 쓰레기를 어디에다 쓰겠느냐고 불평하면서 도간을 쩨쩨한 사람이라고 비웃었다.

얼마 지나지 않아 큰 명절인 정월 보름 원소절元宵節이 돌아왔다. 관청이건 민가건 명절 준비로 한창인데 한바탕 큰 눈이 내렸다. 이어 날이 푹해지면서 쌓인 눈이 녹아버리는 바람에 관청 앞 큰길은 사람이 다닐 수 없을 정도로 푹푹 빠지는 진창길이 되었다. 관청의 관리들이 하나같이 속수무책으로 걱정만 하고 있을 때 도간이 말했다. "배를 만들 때 나온 톱밥을 쌓아두지 않았더냐. 그것을 가져다 길에 깔면 될 것이다!" 관청의 대소 관리들이 태수의 주도면밀함에 탄복했고, 그 길을 편하게 오가는 백성들은 지혜로운 태수에게 감사했다.

얼마 후 전쟁이 벌어져 전함을 만들게 되었는데, 전시라서 필요한 대나무 못을 충분히 구하지 못해 큰 차질이 빚어졌다. 담당 관리가 고충을 토로하자 도간이 대수롭지 않게 얘기했다. "이전에 쌓아둔 대나무 밑동이 있지 않느냐. 대못으로 만들어 쓰기에는 아주 적당할 것이다."

《세설신어》에 수록된 이 도간의 이야기에서 나온 말이 '대나무 밑동과 나무 톱밥'이란 뜻의 '죽두목설竹頭木屑'이다. 죽두는 대나무 줄기와 뿌리가 이어지는 밑동 부분을 가리키고, 목설은 나무 찌꺼기라는 뜻으로 톱밥을 말한다. 그래서 '죽두목설'은 재활용이 가능한 쓰레기를 말하기도 하고, 작고 하찮은 물건일지라도 아낄 줄 아는 근검절약의 모습을 가리키는 말이기도 하다.

도간이 보여준 '죽두목설'의 검약 정신은 지금 우리 시대에 가장 필요한 미덕이 아닐까 싶다. 이제 '죽두목설'의 재활용이란 주제에서 한 걸음 더 나아가보자.

천 번의 생각 끝에 얻은 어리석은 자의 지혜

항우와 유방이 천하를 놓고 싸우던 초한 전쟁 때의 일로, 하잘것없어 보이는 '어리석은 사람의 지혜'에 대한 이야기이다.

유방의 대장 한신이 당시 항우 편에 속한 조趙나라를 공격해 승리를 거두었다. 조나라 총사령관 진여陳余는 전사했고, 그의 참모 이좌거李左車는 포로가 되었다. 한신은 이좌거의 지혜가 출중한 것을 알고 예를 갖추어 대하며 앞으로 있을 연나라, 제나라와의 전투에 대해 의견을 구했다.

이좌거가 사양하며 말했다. "저는 전투에서 패배한 장수입니다. 승자 앞에서 어찌 감히 전략을 논하겠습니까?"

그러자 한신이 말했다. "우리 군대와 조나라 군대가 대치하고 있을 때 만약 조왕이 선생이 제시한 전략을 채택했더라면 오히려 우리 군대가 패했을 겁니다. 저를 위해 한 수 지도해주시기를 간청합니다."

이좌거는 한신의 겸손하고 진실한 모습에 감동받았는지 잠시 생각에 잠기더니 다음과 같이 말했다. "지금 장군의 군대는 파죽지세로 승승장구하고 있지만, 제가 보기에는 두 가지 면에서 큰 문제가 있습니다. 첫째는 군대가 먼 길을 달려와 극히 피로하다는 점이요, 둘째는 군수물자가 제대로 공급되지 않는다는 점입니다. 군수품이 제대로 공급되지 않으면 군심軍心이 크게 동요할 것이니 군대를 부리기가 더욱 어려워질 것입니다. 이런 상태로 만반의 준비를 마친 연나라와 제나라를 상대로 싸워봤자 패할 것은 분명합니다."

한신이 물었다. "그러니 제가 어찌하면 되겠습니까?"

이좌거가 말했다. "이곳에서 군대를 정돈해 쉬게 해야 합니다. 그리고 연나라, 제나라에 대해서는 우선 사람을 보내 투항을 권고하도록 하십시오. 그런 연후에 손을 써도 늦지 않을 것입니다."

망설이는 한신에게 이좌거가 다시 말을 이었다. "지혜로운 사람일지라도 천 번 생각함에 한 번은 반드시 잃는 것이 있는 법이요, 어리석은 사람일지라도 천 번 생각에 한 번은 얻는 바가 있다고 했습니다. 저의 말이 혹시라도 어리석은 사람이 천 번의 생각 끝에 얻어낸 괜찮은 지혜일지 모르니 장군께서 깊이 고려해보시길 바랍니다."

한신은 한참을 고민한 끝에 이좌거의 말을 따르기로 했다. 그리고 결국 승리를 거두었다.

《사기》〈회음후열전淮陰侯列傳〉에 기록된 이 일화에서 나온 성어가 "지혜로운 사람이 천 번을 생각하다"라는 뜻의 '지자천려智者千慮'이다. 한신과의 대화에서 이좌거가 말한 "지혜로운 사람일지라도 천 번 생각함에 한 번은 반드시 잃는 것이 있는 법이요, 어리석은 사람일지라도 천 번 생각에 한 번은 얻는 바가 있다"는 "지자천려智者千慮, 필유일실必有一失. 우자천려愚者千慮, 필유일득必有一得"이란 긴 문장을 줄여서 한 말이다. 아무리 총명하고 지혜로운 사람일지라도 지나치게 믿지 말고, 아무리 어리석고 하찮아 보이는 사람의 의견일지라도 주의를 기울여야 한다는 뜻이다.

우리는 어떤 사람의 지위가 낮으면 그의 말도 하찮게 여기는 경향이 있다. 이른바 '인미언경人微言輕'이다. 리더가 가장 경계해야 할 부분이다. 태산이 그토록 높은 이유는 하찮은 돌멩이 하나라도 사양하지 않았기 때문이요, 강과 바다가 그렇게 깊은 까닭은 작은 물줄기 하나라도 가리지 않았기 때문이라 했다. 지혜롭되 자만하지 않으며, 주변 구성원들의 사소한 의견에도 주의를 기울이는 리더가 되길 바란다.

함께 읽으면 좋은 성어	검존사실儉存奢失	수구리폐修舊利廢

22

지족상락

知足常樂

족함을 알면 늘 즐겁다

우리는 참 분주한 삶을 살아간다. 누구나 여유롭고 생기 넘치는 삶을 원하지만 늘 허둥대면서 이 일 저 일에 휘둘리다 지친 채로 하루를 마감하기 일쑤이다. 그렇게 하루하루가 이어지다 보면 만성적인 피곤에 시달리게 된다. 피곤하니 여력이 없고, 여력이 없으니 일상을 넘어설 창의적인 생각이나 미래를 위한 건설적인 투자도 어렵다. 어떻게 하면 이런 고단함에서 벗어나 생기 넘치는 날들을 만들 수 있을까?

피곤을 모르는 황제 유수

후한의 개국 군주인 광무제光武帝 유수劉秀의 이야기이다.

왕망王莽의 신新나라를 멸망시키고 전쟁을 끝낸 광무제에게는 오랜 전란으로 피폐해진 국가 경제를 살려내는 것이 가장 시급한 일이었다. 경제를 회복하고 권력을 공고히 하기 위해 광무제는 각고의 노력을 기울였다.

광무제는 매우 지혜롭고 능력 있는 황제였다. 황권을 확고히 세운 이후에는 군대를 함부로 쓰지 않았으며, 오로지 백성들의 생활을 안정시키기 위해 모든 역량을 쏟아부었다. 부득이한 경우가 아니면 군대와 관련한 이야기조차 꺼려 했다.

한번은 태자가 황제에게 병법에 대해 가르침을 청했다. 그러자 광무제는 태자를 나무라면서 말했다. "옛날 위나라 군주 영공靈公이 군대의 진법에 대해 질문하자, 공자가 '군대는 자신이 알 바 아니다'라고 말하고는 바로 위나라를 떠났던 일을 모르느냐. 그쪽 일은 네가 관여할 바가 아니다."

황제 유수의 관심은 오직 백성들의 안정된 생활이었다. 아울러 정사를 돌보는 일에 대단히 근실했다. 매일 아침 일찍 조정에 나아가 신하들과 국정을 논의하고, 아주 늦은 시각에야 비로소 정무를 마치고 내전으로 돌아왔다. 내전에 돌아와서도 대신과 장군·학자들을 불러 국가 대사를 상의하고, 제가諸家의 사상이나 유가儒家의 학설에 관해 토론했다.

그러다 보니 늘 깊은 밤이 돼서야 잠자리에 들곤 했다. 곁에서 그런 모습을 지켜보던 태자가 황제의 건강을 염려해 기회를 보아 얘기했다. "폐하께서는 옛날 우임금이나 탕湯임금 같은 지혜로운 분이십니다. 그런데 어째서 옛날 황제나 노자와 같이 몸을 잘 보양해 복을 구하시는 일은 소홀히 하시는 겁니까? 쉬지 않고 일하시다 옥체가 상하실까 심히 염려됩니다."

그러자 유수가 말했다. "나는 원래부터 이러한 일이 즐겁다. 그래서 도무지 피곤을 느끼지 않는다."

피곤을 모르는 황제의 근실하고 지혜로운 국정 수행으로 후한은 아주 빠르게 경제력을 회복하고, 백성들의 생활은 날로 풍요로워졌다.

이 유수의 이야기에서 비롯된 성어가 "이 일을 즐기니 피곤하지 않다"라는 뜻의 '낙차불피樂此不疲'이다. 자신이 현재 하는 일이 즐거워서 전혀 피곤을 느끼지 않는다는 것이다. 유수가 그렇게 많은 일을 하면서도 피곤하지 않았던 이유는 바로 '즐김', 즉 낙樂에 있었다. 현대사회를 살아가는 우리가 이토록 피곤해하는 이유도 어쩌면 바로 이 낙의 부재 때문은 아닐까?

공자의 낙, 노자의 낙

《논어》를 살펴보면 곳곳에 이 '즐거움'에 대해 언급한다.

벗이 멀리에서 찾아오면, 또한 즐겁지 않은가!

有朋自遠方來, 不亦樂乎!

분발하여 식사를 잊고, 즐거움으로 근심을 잊는다.

發憤忘食, 樂以忘憂.

아는 것보다는 좋아하는 것이 낫고,

좋아하는 것보다는 즐기는 것이 낫다.

知之者不如好之者, 好之者不如樂之者.

이로써 유추해보건대 공자 역시 자신이 당면한 현실을 즐거워하며 피곤한 줄 몰랐던 사람이라는 생각이 든다. "배우는 일에 싫증을 낸 적이 없고, 가르치는 일에 피곤을 느껴본 적이 없다學而不厭, 誨而不倦"라는 말을 통해서도 피곤과는 상관없이 늘 즐겁게 배우고 가르쳤던 공자의 생기 넘치는 모습을 상상할 수 있다.

광무제나 공자에게서 볼 수 있듯 피곤을 극복하는 방법은 바로 즐거움을 회복하는 데 있다. 문제는 이 즐거움을 어떻게 얻느냐는 것인데, 노자의 《도덕경》 44장에 이런 말이 있다.

만족할 줄 안다면 곤욕을 당하지 않을 것이고,
그칠 줄 안다면 위태로움에 빠지지 않을 것이니,
오랫동안 평안함과 즐거움을 누리게 될 것이다.
知足不辱, 知止不殆, 可以長久.

이 노자의 철학에 기초해 나온 성어가 바로 "만족할 줄 알면 항상 즐겁다"라는 뜻의 '지족상락知足常樂'이다. 즐거움의 전제 조건이 바로 '만족할 줄 아는 것', 곧 지족知足임을 알 수 있다. 적당한 선에서 만족하며 더 욕심내지 말라는 것이다. 그래서 무리하지 않고 일에 집중해 즐기면 조금도 피곤을 느끼지 않게 된다.

참 바쁘게 돌아가는 세상에서 피곤을 모르고 달려가고 있는가? 그렇다면 그건 아마도 즐겁게 일하기 때문일 것이다. 후한의 광무제가 그랬듯 '낙차불피'의 원기가 왕성한 상태일 것

이다. 혹여 너무 피곤하다면 그건 즐거움이 사라진 탓이다. 그러니 서둘러 즐거움을 회복하길 바란다. 그 즐거움을 회복하는 방법은 바로 '지족'에 있다. 지족하는 자는 늘 즐겁다!

함께 읽으면 좋은 성어	부재지족 富在知足	삼평이만 三平二滿
	지지불태 知止不殆	

23

폐문사과

閉門思過

문을 닫아걸고 허물을 생각하다

우리는 실패의 원인을 밖에서 찾는 경우가 많다. 실제로 외부 요인 때문일 수도 있겠지만, 근본적으로는 일의 실패에 따른 책임이나 비난으로부터 자유로워지길 바라는 마음에서 그러는 것이다. 그래서 외부 요인에 대한 분석이나 평가에는 대단히 엄격하고 냉정한 태도를 유지하지만, 자신에 대한 분석이나 비판에는 얼버무리거나 관대하게 눈을 감아버리는 경향이 많다. 하지만 지혜로운 자들은 말한다. "먼저 자신에게서 원인을 구하고, 그런 연후에 남에게서 찾아라."

갑작스럽게 시선과 화제를 바꾸는 임금

맹자는 일찍이 제나라 선왕宣王의 객경客卿으로 지낸 적이 있었다. 선왕은 맹자에게 아주 호의적이어서 국가 대사와 관련한 문제에 대해 자주 자문을 구하곤 했다. 맹자는 선왕과 대화할 때마다 다양한 주제로 왕이 어질고 의로운 인의仁義의 정치로 나아갈 수 있도록 힘껏 이끌었다. 때론 봄바람처럼 부드럽게 권면하고, 때론 가을 서리처럼 통렬하게 잘못을 지적하기도 했다.

하지만 맹자의 노력은 별반 무소득이어서 선왕의 행동거지는 여전히 인의의 정치와는 거리가 멀었다. 이러한 결과에 대해 맹자는 이렇게 탄식했다. "왕이 어질지 못함이 이상할 게 없다. 아무리 잘 자라는 식물이 있다고 해도 겨우 하루 따뜻한 햇볕을 쬐게 하고는 열흘 동안 햇볕을 가려 춥게 한다면 능히 생장할 수 있겠는가. 내가 임금을 만나는 일은 드물고, 내가 물러 나오면 아부하는 자들이 수없이 이르러 임금의 마음을 차갑게 하니 어진 마음의 싹이 난다 한들 어떻게 자라날 수 있겠는가!"

어느 날 맹자가 왕을 만나 이야기를 나누었다. "어떤 사람이 멀리 남쪽 초나라로 가면서 처자를 잘 돌봐달라고 친구에게 부탁했습니다. 그런데 돌아와서 보니 처자가 줄곧 추위에 떨며 굶주리고 있었다면 어떻게 해야 하겠습니까?"

왕이 분개하며 말했다. "그런 자를 어찌 친구라 할 수 있겠습니까? 즉각 절교해야지요."

맹자가 다시 물었다. "만일 감옥의 책임을 맡은 옥관獄官이 그 하속 관원들을 단속하지 못해 그들이 멋대로 법을 어기며 사리를 취하는데도 그대로 방임한다면 그 옥관을 어떻게 해야 하겠습니까?"

"두말하면 잔소리, 바로 파직입니다!" 왕이 단호히 말했다.

맹자는 왕의 대답에 동의한다는 뜻으로 고개를 끄덕이며 다시 물었다. "왕이시여, 마지막으로 한 가지만 더 묻겠습니다. 만일 어떤 왕이 나라를 제대로 다스리지 못하여 온 나라 백성이 고통에 처하게 된다면 그땐 어떻게 하시겠습니까?"

전혀 예상치 못한 질문이었는지, 앞의 두 문제에는 그토록 확신에 찬 답을 신속하게 내놓던 선왕이 한동안 눈만 껌벅거렸다. 그러다가 갑자기 좌우를 돌아보더니 딴 얘기를 시작했다. "그건 그렇고… 참, 초나라에 갔던 사신 일행은 언제 돌아오는 겁니까? 아니, 초나라가 아니라 진나라였나?"

《맹자孟子》에 수록된 이 이야기에서 "왕이 좌우를 돌아보며 딴 이야기를 하다"라는 뜻의 '왕고좌우이언타王顧左右而言他'라는 긴 성어가 나왔다. 상대방의 질문에 대한 답을 회피하기 위해 일부러 화제를 돌리는 궁색한 모습을 가리키는 말이다.

맹자의 세 번째 질문에 선왕이 답을 회피한 이유는 자신의 책임을 묻는 것이었기 때문이다. 처자를 맡겼건만 굶주리게 만든 친구에 대해 절교하라는 답을 내리고, 부하들의 부정을 방치한 옥관에 대해 파직으로 책임을 물어야 한다고 답한 것처럼, 왕이 되어 나라를 바르게 다스리지 못한 것에 대해서도 명백하게 답을 해야 했다. "다 제가 게으르고 무능한 탓입니다. 선생께서 치국의 좋은 방도를 들려주시길 바랍니다." 이렇게 말이다. 하지만 왕은 자신에게 향해야 했을 시선을 좌우로 돌리고 말을 돌렸다.

주자朱子는《맹자》의 이 대목에 다음과 같은 주석을 붙였다. "왕이 이처럼 자책하기를 꺼리고 아랫사람에게 묻기를 부끄러워하였으니, 함께 더불어 훌륭한 정치를 도모할 수 없었다."

문을 닫고 자신에게로 시선을 돌린 태수

한나라 때 훌륭한 관리로 이름을 떨친 한연수韓延壽라는 인물이 있었다. 한연수는 여러 지역의 태수를 지내면서 재주와 덕망 있는 인재를 대거 발탁하는 등 어진 정치를 펼쳐 백성들에게 신망이 높았다. 백성들 간의 다툼과 송사 또한 현저하게 줄었다.

그가 좌풍익左馮翊의 태수로 있을 때의 일이다. 고릉현高陵縣을 시찰하던 중 형제 두 사람이 찾아와 서로를 고소했다. 형이 먼저 말했다. "동생 녀석이 제 토지를 무단으로 차지하고 돌려주지 않습니다."

그러자 동생이 맞섰다. "본래 그 땅은 부모님께서 살아 계실 때 제게 나눠주신 것입니다. 그런데 형님은 그럴 리 없다면서 자신의 것이라며 생떼를 쓰고 있습니다."

골육상쟁의 현장을 목도한 한연수는 미풍양속을 이루기 위해 학교를 세우고, 예의염치를 가르친 그간의 노력이 모두 헛수고였다는 참담한 생각을 떨칠 수 없었다.

"내가 좌풍익의 가장 큰 어른인 태수가 되었건만 자식 같은 백성을 제대로 교화하지 못해 골육끼리 서로를 고소하는 상황에 이르렀다. 이 일로 말미암아 이 고장이 불명예스러운 이름을 얻게 되었으니, 책임은 모두 나에게 있다. 태수의 직책에서 물러나 어질고 능력 있는 이에게 자리를 넘겨줘야 하지 않겠는가!"

그날부터 한연수는 병을 핑계로 출근하지 않고 방문을 닫아건 채 자신의 과오를 깊이 반성했다. 태수가 갑작스럽게 출근하지 않는 이유를 알게 된 하속 관리들 역시 전전긍긍 근신하며 처분을 기다렸다.

이 일이 맞고소한 형제의 문중에까지 전해졌다. 급기야 문중의 어른들이 나서서 형제를 책망하고, 서로 양보할 것을 권했다. 자신들의 일로 인해 태수가 문을 닫아건 채 스스로를 책망하고 있다는 이야기를 전해 들은 형제는 부끄러운 마음에 눈물을 흘리며 잘못을 깊이 뉘우쳤다. 형제는 웃통을 벗고 태수의 관저로 찾아가 문 앞에 꿇어앉아 죄를 청했다.

형제가 다시 화목하게 되었다는 소식을 들은 한연수는 크게 기뻐하며 굳게 닫았던 방문을 열었다. 그러고는 맛난 음식을 한 상 가득 차리고 좋은 술을 한 잔 가득 부어 형제를 격려했다. 이 일이 알려지면서 좌풍익에 속한 24개 현에서 백성 간의 다툼이 현저하게 줄어들었으며, 골육 간에 소송을 벌이는 일이 다시는 생기지 않았다고 한다.

이 명신 한연수의 이야기에서 나온 성어가 "문을 닫아걸고 허물을 생각하다"라는 뜻의 '폐문사과閉門思過'이다. 문門 대신 누각을 뜻하는 각閣을 쓰기도 한다. 문을 닫아건다는 것은 일의 책임을 외부에 묻지 않고 오로지 자신에게만 묻겠다는 뜻이다.

형제의 소송에 대해 그 집안의 가풍을 문제 삼아 그 집안을 비난할 수도 있었고, 그 고을의 기강에 문제가 있다고 여겨 고을 현령을 비난할 수도 있었다. 하지만 한연수는 밖으로 나가는 비난의 시선을 철저히 차단하고 오직 안으로, 자신에게로만 향하게 했다. 그리고 이러한 방식으로 결국 성공을 거두었다.

노자는《도덕경》에서 "남을 아는 것을 지혜롭다 하고, 자신을 아는 것을 밝다고 한다知人者智, 自知者明"고 했다. 실패에 대한 책임과 원인을 규명하면서 남을 분석하고 비난하기 전에 자기 자신을 반성하고 책임지는 사람, 밖을 보기 전에 안을 들여다보는 사람이 지혜를 넘어서는 '밝음'을 지닌 사람이다. 여러분 모두 밝음을 지닌 리더가 되기를 바란다.

함께 읽으면 좋은 성어	반궁자성反躬自省	청야문심清夜捫心

24

호문즉유

好問則裕

질문을 좋아하면 넉넉해진다

대화 중에 질문을 자주 하는 편인가? 적절한 질문은 대화에 집중하고 있다는 증거이기 때문에 상대로 하여금 자신이 존중받는다는 느낌을 갖게 한다. 그래서 대화는 한층 깊어지고 내용은 더욱 알차진다. 어떤 질문은 상대방을 빛나게 만들고, 어떤 질문은 상대방을 곤혹스럽게 만든다. 그런데 바로 이런 곤혹스러운 질문이 실제로는 유익한 질문이다. 왜냐하면 그런 질문으로 상대는 자신의 한계를 깨닫고 더욱 정진해 새로운 단계로 나아갈 수 있기 때문이다.

쉬지 않고 질문하는 제자 자공

공자의 언행을 수록한《논어》에는 많은 제자와의 대화가 실려 있다. 공자의 뛰어난 제자들은 끊임없이 질문을 던져서 스승으로부터 심오한 가르침을 이끌어냈다. 특히 언변에 뛰어났던 자공은 스승에게 자주 질문을 던졌다.

"스승님, 인仁이라는 것은 대체 무엇입니까?"

"스승님, 군자는 대체 어떤 사람을 두고 하는 말입니까?"

"스승님, 도대체 말을 듣지 않는 벗에게는 어찌 충고해야 합니까?"

끝도 없는 질문에 넌더리가 날 법 한데 공자는 정성을 다해 답했다. 그야말로 자공 입장에서는 '학이불염學而不厭', 즉 배움에 만족하지 않고, 공자 입장에서는 '교이불권敎而不倦', 즉 가르침에 싫증 내지 않는 모습이다. 우리가 많이 쓰는 '과유불급過猶不及'이란 말도 바로 자공의 질문에서 비롯되었다.

한번은 자공이 제자들에 대한 공자의 생각을 물었다. "스승님, 자장子張과 자하子夏 중에서 누가 더 뛰어납니까?"

"자장은 과하고, 자하는 모자라다."

"그렇다면 과한 자장이 낫다는 말씀이십니까?"

"과유불급!"

과함이나 모자람이나 똑같다는 말이다. 정확히는, 모자란 것보다야 과한 것이 낫지 않느냐는 일반적 통념을 깨고, 과한 것이나 모자란 것이나 똑같이 좋지 않음을 일깨워준 말이다.

자공의 질문법이 뛰어난 점은 2장의 '퇴피삼사' 편에서 소개한 정치의 요체를 묻는 대화에서 알 수 있는 것처럼 지속적으로 질문을 심화시켜간다는 데 있다. 이로 인해 족병足兵, 족식足食, 민신民信이라는 정치의 3대 요소 가운데 백성의 신뢰, '민신'이 가장 우선시해야 할 요소라는 것이 명백히 드러나게 되었다.

스승을 깨우치는 제자 자하

이번에는 다른 제자 자하의 질문을 보자.

학문에 뛰어났던 자하가 시구절을 하나 가져와서는 공자에게 물었다. "스승님, 이 시에서 '곱게 웃는 아름다운 모습이여, 아리따운 검은 눈동자여, 흰 분으로 더욱 빛나누나'라고 했는데, 흰 분으로 더욱 빛난다는 게 무슨 뜻입니까?"

공자가 대답했다. "그림을 그릴 때 채색을 마치고 흰 가루로 바탕을 칠하는 격이다."

그러자 자하가 눈을 반짝이면서 물었다. "예를 더하여 인격을 완성한다는 뜻입니까?"

전혀 생각하지 못했던 제자의 해석에 공자는 감탄하면서

칭찬했다. "나를 계발시켜주는 사람이 너로구나. 이제 비로소 같이 시를 말할 수 있겠다!"

공자의 이 한마디 칭찬으로 자하는 위대한 스승 공자를 가르친 제자로 역사에 남게 되었다. 공자는 이렇게 제자들의 질문 속에서 얻는 새로운 깨달음으로 자신의 학문과 사상을 더욱 심화시켜나갔다.

공자를 도와주지 않은 나쁜 제자 안회

안회顔回는 공자가 가장 사랑한 애제자였다. 안회에 대한 공자의 평가는 최고 수준이었다. 제자 중 누가 가장 학문을 좋아하는지 묻는 노나라 임금에게 공자는 말했다. "안회라는 자가 있어 화를 남에게 옮기지 않고, 같은 허물을 두 번 범하지 않았습니다. 불행히도 일찍 죽었으나 그처럼 학문을 좋아한 자는 더 이상 없습니다."

그런 안회에 대해 공자는 이런 서운한 말도 했다. "안회는 나를 도와주는 제자가 아니다. 내가 한 말에 기뻐하지 않은 적이 없다." 안회가 스승의 가르침에 토를 단 적이 없다는 뜻이다. 곤혹스러운 질문을 던진 적이 없다는 것이다. 안회는 스승으로부터 가르침을 받으면 아무런 질문 없이 싱글벙글 기뻐하며 받아들일 뿐이었다. 그래서 공자는 한때 안회가 좀 멍청한 것은 아닐까 생각한 적도 있었다고 했다.

하지만 안회의 행동거지를 보면 공자의 가르침을 그 누구보다도 잘 이해하고 있음이 드러났다. 그래서 공자는 안회가 절대로 어리석지 않으며, 누구보다 총명하다고 확신했다. 총명하다고 자타 공인하는 자공조차 안회가 하나를 들으면 열을 아는 일문지십一聞知十의 인재라는 걸 인정했다.

그러므로 안회에 대해 나를 도와주는 자가 아니라고 말한 공자의 탄식은 아마도 그토록 총명한 안회가 자공이나 자하같이 예리한 질문으로 다가왔다면, 그래서 공자를 더욱 곤혹스럽게 만들었다면 훨씬 큰 깨달음으로 나아갈 수 있었을 거라는 아쉬움을 드러낸 것이리라.

교학상장을 이끄는 질문의 힘

《예기禮記》〈학기學記〉에 이런 구절이 있다.

배운 후에야 비로소 부족함을 알게 되고,
가르쳐본 후에야 비로소 곤혹스러움을 알게 된다.
부족함을 알게 되면 자신을 반성할 수 있고,

곤혹스러움을 알게 되면 스스로를 더욱 강하게 만들 수 있다. 그래서 가르치는 자와 배우는 자가 서로 자라게 한다.

學然後知不足, 教然後知困. 知不足, 然後能自反也. 知困, 然後能自強也. 故曰, 教學相長也.

스승은 제자에게 학문을 베풀어 그의 부족함을 채워주고, 제자는 스승에게 곤혹스러운 질문을 던져 그를 더욱 강하게 만든다는 것이다. 이것이 바로 교학상장教學相長이다. 공자가 제자들에게 바랐던 것이 바로 이런 교학상장의 곤혹스러운 질문이었다. 학문學問이란 말 자체가 배우고 묻는 것 아닌가. 학學은 스승으로부터 배우는 것이고, 문問은 그 배움에 대해 질문하는 것이다. 이 질문이 빠졌을 때 학문은 절름발이가 된다.

질문하기를 좋아하는 자는 넉넉해진다

은나라 때 성군 탕왕을 보좌한 중훼仲虺라는 재상이 있었다. 그가 전하는 교훈이 《서경書經》에 남아 있다.

스승을 얻은 자는 왕이 될 것이요,
남들을 자기만 못하다고 여기는 자는 망하게 될 것이다.

질문하기를 좋아하는 자는 넉넉해질 것이요,

스스로만 옳다 여기는 자는 빈약해질 것이다.

能自得師者王, 謂人莫己若者亡.

好問則裕, 自用則小.

여기서 비롯된 성어가 "질문하기를 좋아하는 자는 넉넉해진다"는 '호문즉유好問則裕'이다. 유裕는 "넉넉하다, 풍요롭다"는 뜻이다. 질문을 자주 하면 얻는 게 많아진다, 또는 남는 게 많아진다는 것이다. 자신의 생각만이 옳다고 여기고 질문을 통해 그 생각을 교정하거나 심화하지 않으면, 결국 그릇되거나 빈약한 자기만의 세계에 머물게 될 뿐이다.

질문은 자신의 부족함을 채우면서 상대방을 계발시키는 강력한 도구이다. '호문즉유', 즉 좋은 질문으로 자신도 넉넉해지고, 상대도 풍요롭게 이끄는 지혜로운 리더가 되길 바란다.

함께 읽으면 좋은 성어	근학호문勤學好問	불괴하학不愧下學
	호위인사好爲人師	

제4장

거인의 삶을 향해 나아가라

| 숙명 |

25

군수국비

君瘦國肥

임금이 마르면 나라는 살찐다

한 조직을 책임지는 리더가 된다는 것은 참으로 어렵고 불편한 일이다. 조직 안팎에서 발생하는 온갖 문제에 대해 누구보다 더 고민해야 하니 말이다. 특히 어떤 문제를 해결해가는 상황에서 구성원과 의견이 다를 때 리더의 고심은 더욱 깊어지기 마련이다. 오랜 경험과 연륜에서 나온 자신의 생각을 내려놓자니 권위가 떨어지는 것 같고, 그냥 밀어붙이자니 독단적이라는 비난을 받을까 걱정스럽기 때문이다.

당현종의 두 재상 소숭과 한휴

당나라 황제 현종玄宗 이융기李隆基는 명군과 혼군昏君의 상반

된 역사적 평가를 받는 인물이다. 사람들은 그가 미인 양귀비의 치마폭에 빠져서 나라와 백성을 잊고 국운을 기울게 만든 어리석은 군주로 평가하는 경우가 많다. 하지만 그가 일군 개원開元 성세盛世 30년은 당나라의 극성기요 황금기였다. 이 시절 현종은 정무에 근실하고 도량이 넓은 명군이었다. 당시 현종에게는 함께 국사를 논의하는 소숭蕭嵩과 한휴韓休라는 두 재상이 있었다.

그런데 이 두 재상의 업무 스타일은 사뭇 달랐다. 소숭은 황제가 하자는 대로 하는 전형적인 예스맨이었다. 황제의 의견을 교정하거나 다른 의견을 제시한 적이 없었다. 항상 자신의 얘기가 옳다며 맞장구쳐주는 소숭과 함께 국사를 논의할 때면 현종은 늘 즐거웠다.

한편 한휴는 전혀 달랐다. 그는 늘 황제와 맞서 다른 의견을 제시하고 황제가 하려는 일에 어김없이 제동을 걸었다. 이런 한휴와 함께 국사를 논의할 때면 현종은 항상 불쾌하고 불편했다. 한번은 이런 일이 있었다.

만년현萬年縣의 현위縣尉로 있는 이미옥李美玉이라는 관리가 죄를 지었다. 현종은 그를 먼 영남 땅으로 유배 보내도록 특별 조치를 내렸다. 그러자 한휴가 반대하며 나섰다. "폐하, 이미옥은 그저 지방의 미관말직에 불과하고 그가 범한 죄도 사소한 것입니다. 지금 조정에서는 중대한 범죄를 저지른 대신이 처벌도 받지 않은 채 버젓이 조회에 참석하고 있습니다. 큰 죄는 눈감아주어 모른 척하면서 작은 죄는 따져서 중하게 처벌하는 것은 옳지 않습니다!"

현종이 물었다. "조정에 있는 큰 죄인이 누구란 말이오?"

한휴가 격한 음성으로 말했다. "금오대장군金吾大將軍 정백헌程伯獻은 폐하의 은총에 기대어 막대한 재물을 축적하였으니, 그가 누리는 가옥과 거마車馬의 화려함이 황제와 맞먹을 정도입니다. 먼저 정백헌을 치죄하신 연후에 이미옥의 죄를 물으시기를 청하옵니다."

대장군 정백헌은 현종의 총애를 받던 대신으로 당시 현종의 측근인 환관 고력사高力士와 연대해 권력의 실세로 군림하던 자이다. 그런 인물을 비난하는 한휴의 의견에 현종이 동의할 리 없었다. 그건 말도 안 된다며 손사래를 치는 황제에게 한휴가 결연하게 외쳤다. "폐하께서 정백헌을 징치하지 않으시면 저 또한 결단코 이미옥을 유배 보낼 수 없습니다!"

완강한 한휴의 태도에 기가 질린 현종은 이미옥을 치죄하려던 당초의 계획을 포기할 수밖에 없었다. 여러 신하가 이렇듯 매사 황제를 곤욕스럽게 하는 한휴를 내치라고 주청하자 현종은 이렇게 말했다. "항상 내 말이 옳다고 인정해주는 소승과 하루 종일 국사를 논의한 연후에 퇴청해 내전에서 쉴 때면 이상하게도 점점 불안이 몰려온다. 소숭은 내 말이 항상 맞다고 하는데, 이렇게 넓은 천하, 수많은 백성이 저마다 다른 입장이 있을 터인데 어떻게 내 말이 항상 한결같이 옳을 수 있단 말이냐. 소숭이 무언가를 놓치고 있는 것은 아닌지, 아니면 나를 속이고 있는 것은 아닌지 나는 불안해서 잠도 제대로 이루지 못한다. 하지만 한휴와 함께 국사를 논의한 날은 다르다. 그의 거칠고 신랄한 언사는 나를 불편하고 불쾌하게 만들지만, 그렇게 일을 마치고 돌아온 날에는 아주 편하게 잠들 수 있다."

임금이 수척하면 나라 백성은 살찐다

어느 날 현종이 궁중 화원에서 잔치를 열었다. 모처럼 갖는 잔치 자리여서 현종은 맘껏 먹고 마시며 춤추고 노래를 불렀다. 그런데 한창 잔치를 즐기던 현종이 갑자기 어두운 얼굴을 하더니 옆에 있는 신하에게 조용히 물었다. "우리가 이렇게 잔치를 즐기고 있는 것을 재상 한휴가 아는가?"

한휴가 어지간히 두려웠던 모양이다. 공교롭게도 이 질문이 떨어지기가 무섭게 한휴로부터 상소문이 도착했다. 결국

올 것이 오고야 말았다며 현종이 상소문을 펼쳤다. 과연 예상한 대로 상소문은 황제의 일락을 비난하는 온갖 언사로 가득했다.

"지금 백성은 고통 속에서 신음하고 있는데, 그 고통 소리에는 귀를 막아버리고 노래가 나옵니까, 춤이 추어집니까? 만백성의 어버이가 맞습니까?"

기분이 극도로 상한 현종은 즉시 잔치를 파하고 퇴청해 내전으로 돌아왔다. 내전에 있는 커다란 거울 앞에서 한참 분을 삭이던 현종이 갑자기 큰 소리로 외쳤다. "저 거울 속에 있는 파리한 사내가 누구냐? 저 수척한 얼굴이 설마 내 얼굴이란 말이냐? 내 복스러운 얼굴은 어디 가고 저 깡마른 얼굴의 사내가 흉물스럽게 서 있단 말이냐!" 그러더니 갑자기 한숨을 내쉬면서 말했다. "이게 모두 한휴 그자 때문이다. 끝없는 요구로 나를 이토록 괴롭히니 내가 어찌 쉴 수 있으며, 어찌 살이 찔 수 있겠는가!"

주변에 있던 신하들이 득달같이 한휴를 성토하기 시작했다. "폐하! 한휴가 재상이 된 이후 폐하께서는 하루도 제대로 쉬신 날이 없습니다. 수척해지신 폐하의 용안龍顔을 보십시오. 그자를 당장 재상 자리에서 파직하시기를 청하옵니다!"

그러자 현종이 씁쓸하게 웃으면서 말했다. "맞다. 나는 한휴의 끝도 없는 요구에 지쳐 이렇게 수척해졌다. 걸핏하면 여러 신하와 함께 논의해 결정한 정책을 들고 와서는 문제가 있다며 들이밀지 않는가. 그런데 자세히 들여다보면 과연 그의 말대로 문제가 없지 않으니 나는 다시 그 문제를 해결하기 위해 고민하고 고심하면서 몇 날 밤을 보내곤 했다. 그러니 어찌 내 얼굴이 수척해지지 않을 수 있겠는가! 하지만 이렇듯 꼼꼼하게 살펴서 다듬어 만든 좋은 정책이 천하에 쓰이니 백성은 살이 찌지 않겠는가! 임금이 존재하는 이유는 백성을 살찌우는 것. 그렇다면 나로 하여금 임금 노릇을 제대로 하게 만든 자가 누군가? 바로 한휴가 아니겠는가! 내가 어찌 한휴를 버리랴. 그를 더욱 중용할 것이다!"

이 이야기에서 비롯된 성어가 "임금이 마르면 나라는 살찐다"라는 뜻의 '군수국비君瘦國肥'이다. 나라 대신 천하天下를 써서 '군수천하비君瘦天下肥'로 쓰기도 한다. 임금이 수척할 정도로 고심하고 고민하면서 자신의 뜻과 다른 신하들의 의견을 받아들여 존중할 때 필경 좋은 정책이 만들어지고, 그로 인해 천하를 잘 다스릴 수 있다는 말이다. 이를 거꾸로 뒤집어 '군비국수'라는 말도 가능할 것이다. "임금이 뚱뚱해지면 나라 백성은 수척해진다!"

임금이 자신의 뜻과 다른 신하들의 의견을 일고의 가치도 없는 것으로 여겨 쉽게 버리면 고민할 일도 고심할 일도 없어 살이 찌게 된다. 대신 다듬지 않은 엉터리 정책은 백성의 삶을 피폐하게 만들지 않겠는가? 그렇게 '군수국비'의 정신으로 국정에 임했던 현종은 '개원의 치세'라는 최고의 황금기를 이끈 명군이 되었다.

나와 다른 남의 의견을 받아들이는 것은 결코 쉽지 않다. 특히 자신의 지위가 상대보다 월등히 높은 상황에서라면 더욱 어려울 것이다. 하지만 역사 속에 등장하는 명군들, 훌륭한 리더들은 한결같이 자신과는 다른 의견을 받아들이기 위해 얼굴이 수척해질 정도로 고심했다. 훌륭한 리더에게 고민과 고심은 숙명이다.

함께 읽으면 좋은 성어	건건비궁 蹇蹇匪躬	유의답조 劉毅答詔

26

극기봉공

克己奉公

사적 욕망을 이기고 공적 의무를 행하다

사회 각계의 공인들 중에서 탁월한 능력에도 불구하고 종종 비리에 연루되어 사회적으로 비난받는 경우가 더러 있다. 업무를 성공적으로 이끌자면 그 업무와 관련된 능력이 중요한 것이야 말할 것도 없을 것이다. 문제는 그 공적 업무와는 상관없는 엉뚱한 사적 공간에서 시작된다. 사적 공간에서 은밀히 이루어진 비리들이 하나둘 밝혀지면서 여론의 뭇매를 맞고 중도 하차하게 된다.

무엇이 문제일까? '극기봉공克己奉公'이라는 사자성어에 그 답이 있는 것은 아닐까? 공적인 일을 성공적으로 수행하는 것이 바로 봉공奉公이다. 그런데 이 봉공 앞에 극기克己가 전제되어 있다. 자신의 사욕을 이기지 못하면 공적인 업무를 성공적으로 수행할 수 없는 것이다. 공직자에게 요구되는 청렴함은 바로 이 점에 있다.

'극기봉공'은 한나라 때 청백리로 이름난 제준祭遵이라는 인물에서 비롯된 사자성어다.

권세도 아랑곳하지 않는 공정한 법 집행

제준은 한나라 영양穎陽 사람이다. 훗날 황제(광무제)가 되어 후한을 크게 부흥시킨 유수劉秀가 군대를 이끌고 영양에 이르렀을 때 제준도 그 대열에 합류했다. 제준을 만나본 유수는 그의 신중함과 성실함에 매료되어 군법을 관장하는 '군시령軍市令'에 임명했다.

어느 날 유수의 집안 하인이 군법을 어기자 제준은 법에 따라 그를 참수했다. 이 소식을 듣고 대로한 유수가 제준을 체포해 구금하라고 명했다. 그때 측근 참모 중에 진부陳副라는 사람이 유수에게 충언을 했다. "공께서는 항상 엄정한 군법으로 군기를 바로잡으라고 명하지 않으셨습니까? 군시령 제준은 공의 그러한 명령에 따라 군법을 어긴 자를 엄정하게 처벌한 것입니다. 공정한 법 집행을 위해 권세도 아랑곳하지 않는 제준 같은 인물이 있어야 비로소 군대의 군기가 바로잡히는 법입니다."

유수는 자신의 판단이 잘못되었음을 인정하고 즉각 제준을 풀어주었다. 그리고 관리들의 비위를 사찰하는 자간장군刺奸將軍에 제준을 임명했다. 그를 임명하는 자리에서 여러 장수에게 유수가 말했다. "경들은 모두 이 자간장군을 조심하시기 바랍니다. 이 사람의 군법은 조금의 사정도 봐주지 않으니 말입니다. 저의 집안 하인조차도 군령을 어겨 참수당했습니다."

개국공신 운대이십팔장에 뽑히다

이후 제준은 광무제를 따라 전장을 누비며 큰 공을 세웠다.

유수가 황제 자리에 오른 이듬해에 제준은 정로장군征虜將軍이 되어 대군을 이끌고 전투에 나섰다가 입에 화살을 맞아 얼굴이 피범벅이 되었다. 대장이 중상을 입은 것을 알고는 휘하 장수와 군사들이 모두 놀라서 후퇴하려 했다. 그러자 제준이 화살을 뽑아 들고 "한 발짝도 물러서지 말라, 돌격하라!" 큰 소리를 외치며 적진을 향해 말을 타고 달려갔다. 그런 제준의 모습에 군사들은 용기백배해 결국 대승을 거두었다.

수많은 전투에서 승리한 제준은 마침내 운대이십팔장雲臺二十八將 중 아홉 번째 장수로 뽑히는 큰 영예를 누렸다. 운대이십팔장은 후한 개국에 가장 큰 공을 세운 장수 28명으로, 후한 제2대 황제인 명제明帝 때 그들의 초상화를 낙양 운대각에 그려서 세세에 전하도록 한 것이다.

청렴과 검약의 '극기'로 '봉공'을 완성하다

젊은 시절 제준은 부유한 집안의 자제였다. 하지만 늘 근실하고 검소했으며 매사에 신중해서 고을 사람들의 존경을 받았다. 훗날 군대에 몸담은 뒤에도 상부로부터 받은 크고 작은 상을 모두 부하 사졸들에게 나누어주었으므로 집안에 재물이 쌓이질 않았다. 그는 항상 값싼 가죽 바지를 입고, 값싼 무명 이불을 덮었다. 부인조차도 비단 치마를 입을 수 없었다. 그의 형이 자식이 없는 그에게 첩을 보내주었으나 제준은 거절하며 이렇게 말했다. "저는 나라에 몸을 바친 사람입니다. 후사를 고려할 겨를이 없습니다." 군중에서 병을 얻어 임종에 이르렀을 때도 자신이 죽으면 소달구지에 영구를 싣고 낙양으로 가서 장례를 간소하게 치르라고 유언할 정도였다.

《후한서後漢書》〈제준전祭遵傳〉은 이렇게 적고 있다.

제준은 사람이 청렴하고 검약하며 매사에 신중하여 '극기봉공',

즉 자신을 이기고 공을 받들 수 있었다.

제준의 성공은 장수로서 뛰어난 자질이나 훌륭한 집안 배경 때문이 아니다. 청렴과 검약으로 표현되는 '극기' 덕분이다. 안으로 자신의 사욕과 싸워 승리함으로써 마침내 외부의 수많은 적을 물리치고 '봉공'을 완성할 수 있었던 것이다.

실명한 청백리 서부의 감동적인 귀향

명나라 중기 예부상서禮部尙書 겸 문연각文淵閣 대학사로 조정을 이끌었던 명신 서부徐溥의 이야기이다.

서부는 출중한 실력으로 경연을 주관해 황제의 스승이 되었고, 대학사로서 내각에 참여하여 제도를 개혁하는 일에 앞장섰다. 과거 시험을 정비해서 수많은 뛰어난 인재를 발탁했으며 관대한 정치를 펼쳐 인재들이 소소한 잘못으로 배제되는 일이 없도록 했다. 그가 관리로서 이토록 훌륭한 업적을 쌓을 수 있었던 비결은 바로 청렴함과 검소함에 있었다.

다음은 그의 청렴과 검소를 보여주는 일화이다.

서부가 안질이 심해서 관직을 내려놓게 되었다. 그런데 오랜 관료 생활에도 불구하고 북경에 집 한 채가 없었다. 그는 아들에게 거처할 집 한 채를 고향에 지으라고 부탁했다.

실명한 채로 고향에 돌아간 그는 가장 먼저 하인의 부축을 받아 집 안 곳곳을 다니며 두 손으로 담벽과 기둥을 일일이 쓰다듬었다. 사람들이 그 이유를 물으니 서부가 말했다. "아들놈이 집을 너무 화려하게 지은 것은 아닌지 확인하는 걸세. 늙은 몸 그저 누일 곳만 있으면 되지."

하루는 집안사람의 부축을 받으며 문밖으로 산책을 나간 서부가 의아해하며 물었다. "우리 집 문밖은 큰 성으로 가는 대로인데 어째서 수레 소리가 나지 않는 것인가?"

집안사람이 말했다. "대감께서 조용히 쉬실 수 있도록 이쪽 길을 막고 건너편 쪽으로 길을 냈습니다."

이 얘길 듣고 서부가 불같이 화를 내며 말했다. "누가 이런 생각을 했단 말이냐? 어떻게 내 개인의 안일을 위해 고을 사람들로 하여금 먼 길을 돌아서 가게 할 수 있단 말이냐!" 서부는 즉각 원래 있던 대로 길을 내게 했다.

이런 청렴과 검소를 통해 극기를 실천한 서부였기에 조정의 공적인 업무를 처리하는 데도 놀라운 성공을 거둔 것이다.

검정콩과 노랑콩으로 극기 훈련에 성공하다

젊은 시절 서부는 자신을 다스릴 특별한 훈련을 스스로 고안해 실행한 적이 있다. 매번 마음속에 착한 생각이 떠오르거나 착한 일을 했을 때 병 속에 노랑콩을 넣었다. 그리고 좋지 않은 생각이 떠오르거나 언행에 잘못이 있을 때에는 검은콩을 넣었다.

처음에는 검은콩이 많고 노랑콩은 적었다. 그는 부단히 잘못을 반성하며 선한 곳으로 나아가도록 자신을 격려했다. 시간이 흐를수록 점점 노랑콩이 많아지고 검은콩은 적어졌다. 서부는 이렇게 인격 수양을 쌓아 마침내 덕망 높은 명신이 될 수 있었다.

서부의 이 일화에서 "콩을 쌓아 자기를 엄격히 관리한다"는 뜻의 '저두율기儲豆律己'라는 성어가 만들어졌다.

'인仁'에 대해 묻는 안회에게 공자가 말했다.

자신을 이기고 예로 돌아가는 것, 즉 극기복례克己復禮가 바로 인이다. 하루라도 자신을 이기고 예로 돌아간다면 천하는 인으로 돌아가게 될 것이다.

자신의 사욕을 이기고 남을 배려하는 예로 돌아갈 때 비로소 천하가 바르게 될 것이란 말이다. 욕망을 끝없이 부채질하는 자본주의사회에서 온갖 욕망의 충돌로 인한 사회 혼란은 불가피하다. 이 혼란을 통제하고 수습하려면 공적인 제도나 법이 꼭 필요하다. 그런데 그 법과 제도를 운영해야 할 주체가 자신의 사욕에 지배된다면 이는 고양이에게 생선을 맡기는 꼴이 될 것이다. 국가와 사회를 받드는 봉공奉公이 아니라 자기 자신의 욕망을 받드는 봉사奉私가 되는 것이다. 극기는 봉공을 해보겠다고 나서는 모든 정치인, 모든 공인의 선수 과목先修科目, 필수 과목이다.

함께 읽으면 좋은 성어	가공제사假公濟私	공이망사公而忘私

27

노당익장

老當益壯

늙으면 더욱 씩씩해져야 한다

'영원히 썩지 않는 세 가지 일'이라는 뜻의 '삼불후三不朽'라는 말이 있다. 명운이 다해 몸은 비록 죽었어도 그 이름은 영원히 남아서 사람들의 존경을 받는 일이다. 덕을 세우는 '입덕立德', 공을 세우는 '입공立功', 말을 세우는 '입언立言'이 바로 그 세 가지 일이다.

널리 재물을 베풀어 많은 사람을 살리는 일이 입덕이요, 전쟁 같은 큰 어려움이 있을 때 목숨 걸고 나가 싸워 사람들을 평안하게 하는 것이 입공이요, 훌륭한 이치가 담긴 좋은 말을 남겨 사람들을 바르게 인도하는 것이 입언이다. 옛사람들은 가장 훌륭한 것이 입덕이요, 그다음이 입공, 마지막이 입언이라고 했다. 덕, 공, 언 셋 중 어느 한 가지만이라도 세울 수 있다면 대단한 인물일 것이다.

이번에 소개하려는 인물은 이 셋을 모두 다 아울렀으니 얼마나 대단한 사람인가. 바로 중국 부풍扶風 마씨 가문의 자랑스러운 조상 복파장군伏波將軍 마원馬援이다.

삼불후 1: 마원의 입덕

마원은 동한의 명장으로 광무제 유수를 도와 천하를 평정한, 동한 개국공신 중 한 사람이다. 개국 초기 변경 지역 곳곳에서 일어난 반란을 신속하게 제압해 복파장군에 임명되었으므로 역사에서는 흔히 마복파馬伏波라고 부른다. 청淸나라의 역대 제왕을 모시는 종묘에서 함께 제사할 정도로 대단한 평가를 받고 있다.

마원이 젊은 시절 군의 독우督郵 직책을 맡을 때의 일이다. 죄수 한 사람을 상급 관부로 호송하는 일이 있었는데, 그 죄수의 사정을 들어보니 너무 억울하고 딱했다. 마원은 즉시로 죄수를 풀어주고 자신도 관을 피해 멀리 북방 변경 지역으로 도망쳤다. 얼마 후 천하 죄인들의 죄를 사면하는 대사면령이 내려와 범죄자 신세를 면했지만, 마원은 고향으로 돌아가지 않고 그곳에 남아 양과 소를 기르는 목축업을 시작했다.

세월이 흐르는 동안 그의 인품과 도량을 흠모하는 사람들이 하나둘 도처에서 모여와 수백 호에 달하는 백성이 그를 따르며 목축과 농사에 종사하기에 이르렀다. 마원은 타향살이의 고달픈 노동 중에서도 사람들을 격려하며 늘 이렇게 말했다. "대장부가 뜻을 세웠으니 가난할수록 더욱 뜻을 굳세게 할 것이요, 늙을수록 더욱 씩씩해야 할 것이다!"

마원의 이 말에서 나온 성어가 우리가 익히 알고 있는 '노익장老益壯'이다. 나이가 들었어도 씩씩해 청장년 같은 노인을 표현할 때 쓰는 이 단어는 원래 "늙을수록 더욱 씩씩해야 한다"는 마원의 '노당익장老當益壯'을 줄인 것이다.

마침내 마원은 목축에 성공해 수천 마리의 말, 양, 소를 기르는 거부가 되었다. 주변의 많은 사람이 그의 성공을 축하하며 부러워하자 마원은 이렇게 말했다. "본시 재물을 크게 불리려는 까닭은 널리 베풀어 사람들을 어려움에서 구제하고자 함이 아닌가. 재물만 껴안고 있다면 이는 수전노일 뿐이다!"

마원은 그 많은 재물을 다 흩어서 가난한 형제들과 친구들에게 나누어주었다. 그리고 자신은 예전과 다름없이 양털로 만든 목동 옷을 입고 청빈하게 생활했다.

삼불후 2: 마원의 입공

왕망의 신나라 말기, 마원은 천하를 둘러싼 영웅들의 싸움에 몸을 던졌다. 당시 광무제 유수가 동한 정권을 세웠지만 서북방의 군벌 외효隗囂와 서남쪽 군벌 공손술公孫述이 여전히 지역을 할거하고 있었다. 마원은 처음에는 외효 밑에 있었으나, 후에 광무제 유수를 만나 그의 능력과 인품에 감화를 받고 결국 그의 신하가 되었다. 이후 마원은 유수의 오른팔로서 천하 곳곳을 다니며 반란군의 봉기를 진압하고, 이민족의 침입을 격퇴해 백성들을 지켰다.

중국 서북쪽 농서隴西 지역은 이민족인 강족羌族의 잦은 침입으로 백성들이 위태롭고 불안한 삶을 이어가야 했다. 하지만 마원이 태수로 부임해 강족을 격퇴하고 성곽을 높이 수축하니 백성들은 평안하게 거하며 생업에 전념할 수 있었다.

지금의 베트남과 접경지대인 교지交阯에서 반란이 일어나 여러 성이 함락되고, 수많은 관리와 백성이 죽음을 당했을 때도 마원은 군대를 이끌고 수천 리 길을 달려가 신속하게 반란을 진압했다. 동시에 도로를 뚫어 교통을 편리하게 하고, 관개수리 시설을 만들어 농사를 도우니 그 지역 백성들이 그를 어버이처럼 따르고 존경했다. 청나라의 한 여행 작가가 "촉(지금의 사천)에서 제갈량에게 제사하듯이 월粵(지금의 광동, 광서) 사람들은 마원에게 제사한다"고 적었을 만큼 마원에 대한 이 지역 백성들의 신망은 두터웠다.

후에 마원은 태중대부太中大夫에 올라 조정의 가장 높은 관직인 구경九卿에 이른다. 높은 벼슬을 받게 된 걸 축하하러 온 조정 관리들이 이제는 전쟁터를 떠도는 수고를 그만하고 편히 쉬면서 부귀영화를 누리라고 하자 마원은 이렇게 말했다.

"아직도 흉노匈奴와 오환烏桓이 북방에서 난을 일으키고 있는데, 내 어찌 편히 이곳에 머물러 쉬겠는가! 남아라면 마땅히 변경의 광활한 들판에서 싸우다 죽어, 그 시신이 말가죽으로 둘둘 싸인 채 고향으로 돌아가야 할 것이다. 어찌 침대에 누워 따뜻한 아녀자의 품에 안겨 숨을 거두겠는가!"

이 말에서 비롯된 성어가 "말가죽으로 시신을 싸다"라는 뜻의 '마혁과시馬革裹尸'이다. 조국을 위해, 대의를 위해 목숨을 초개와 같이 버리겠다는 굳은 결의를 표현할 때 쓰는 말이다.

몇 년 후 남방의 소수민족이 일으킨 반란을 진압하러 출동한 관군이 대패하는 사건이 벌어졌다. 당시 마원은 62세의 고령임에도 불구하고 소식을 듣자마자 황제에게 자신을 그곳으로 보내줄 것을 주청했다. 너무 연로하다는 이유로 황제가 허락하지 않자 마원이 말했다. "신은 늙지 않았습니다. 저는 젊은 시절과 똑같이 무거운 갑옷을 입고 날렵하게 말에 올라 군대를 지휘하여 적들을 멸할 수 있습니다!"

그러고는 곧바로 갑옷을 갖춘 다음 창을 들고 말에 올라 한바탕 현란한 무공을 선보였다. 황제는 마원의 노익장에 연신 감탄하며 그에게 4만의 군대를 주어 전선으로 보냈다. 그리고 마침내 마원은 자신이 말하고 원했던 대로 전쟁터에서 죽음을 맞이했다.

삼불후 3: 마원의 입언

중국의 부풍 마씨 가문은 2,000년 넘는 긴 세월 동안 수많은 명사를 배출했다. 동한의 대유大儒 마융馬融, 《삼국연의》의 영웅 마등馬騰과 마초馬超 부자 등등 문무에 걸쳐 훌륭한 인재가 많았다. 사람들은 부풍 마씨 가문의 이러한 성과는 마원이 말하고 실천했던 명언의 힘, 즉 입언에서 비롯됐다고 말한다.

자손들은 어려움을 만날 때마다 '궁당익견窮當益堅', 즉 "궁할수록 마음을 굳세게 할 것이다"라는 마원의 호령을 들었다. 그리고 나이가 들면 "늙을수록 더욱 씩씩해야 한다"는 마원의 '노당익장'을 새기며 굽은 허리를 불끈 폈다. 탐욕에 사로잡힐 때마다 재물을 얻는 이유는 널리 베풀기 위함이라는 마원의 말을 떠올리며 마음을 바로잡았다. 그리고 마원이 말하고 실천한 '마혁과시'의 기개로 대의를 위한 일에 당당하게 맞서 싸웠다. 이와 같이 후손을 깨우치고 일으킨 마원의 말은 말만이 아닌 실천의 힘이 그 안에 오롯이 담겨 있기에 입언으로 불후할 수 있었다.

불후, 불멸의 삶을 꿈꾸는가? 입덕, 입공, 입언에 그 방법이 있다. 노자는 말했다. "몸이 죽었어도 이름이 잊히지 않는 것이야말로 불로장생이다." 썩지 않을 불후의 삶을 위해 여러분은 지금 무엇을 세우고 있는가?

함께 읽으면 좋은 성어	궁차익견窮且益堅	노이미견老而彌堅
	삼불후三不朽	

28

배난해분

排難解紛

어려움을 물리치고 복잡한 일을 해결하다

요즘 세상 돌아가는 것을 보노라면 하도 복잡해서 갈피를 잡기가 힘들다. 사건을 둘러싼 여러 사람의 주의 주장에 휘둘리다 보면 해결은커녕 객관적 실상조차 파악하기 힘든 경우가 많다. 문제는 해결되지 않고 더욱 많은 문제를 야기하며, 각 개인과 집단 간의 갈등만 심화되어 사회 전체의 혼란은 가중된다. 이런 거대한 혼란 속에서 사람들은 남의 의견을 들으려 하지 않고 더욱 큰 소리로 자기 얘기만을 외쳐댄다.

이럴 때 어떤 지혜로운 현인이 나타나 시비곡직을 명쾌하게 정리해 우리 사회로 하여금 명징한 정신에 이르게 할 수는 없을까? 이러한 염원을 담아서 한 인물을 소개하고자 한다.

문제 해결사 노중련

천하의 어렵고 복잡한 일에 자발적으로 뛰어들어 해결사를 자임했던 전국시대 말기 제나라의 노중련魯仲連이라는 인물이 있다. 중국 속담에 "결혼하려거든 매파를 찾고, 복잡하고 어려운 문제를 해결하려거든 노중련을 찾으라"는 말이 있을 정도로 노중련은 대중에게 널리 알려진 문제 해결사이다.

노중련은 제나라 출신으로 재주와 학식이 출중했으나 희한하게도 벼슬길에 나아가지 않고 천하 열국을 떠돌며 남들을 위해 어려운 문제를 해결해주는 일을 자신의 소임으로 삼았던 사람이다. 그는 제나라 군대가 몇 달 동안 공격해도 함락시킬 수 없었던 견고한 성을 편지 한 통으로 적장을 자결하게 만들어 성이 절로 무너지도록 만든 대단한 사람이다.

노중련이 조趙나라에 머물 때의 일이다. 진晉나라가 쳐들어와 수도 한단邯鄲을 물샐틈없이 포위했다. 조왕이 급히 사신을 이웃한 위魏나라로 보내 원병을 청했다. 동맹국의 요청에 위왕은 군대를 파견하긴 했지만, 진나라의 보복이 두려워 접경 지역에 진을 친 채 사태의 추이만 살폈다. 그리고 신원연辛垣衍이라는 장군을 몰래 조나라 조정으로 보내 조왕을 설득하게 했다. "지금 진왕이 조나라를 쳐들어온 진짜 목적은 자신을 천자로 인정해달라는 것입니다. 왕께서 사신을 파견해 장차 진왕을 천자로 받들겠다고 약속하면 진나라 군대는 필시 포위를 풀고 회군할 것입니다."

위왕의 제안에 조나라 조정은 찬반으로 나뉘어 크게 술렁였고, 당시 재상을 맡고 있던 평원군平原君 조승趙勝 역시 고민에 빠졌다. 마침 조나라에 있던 노중련은 이 소식을 듣고 문제를 해결하기 위해 곧바로 평원군을 찾아갔다. 노중련이 평원군에게 물었다. "재상께서는 장차 어찌하실 작정입니까?"

평원군이 난처한 듯 말했다. "제가 감히 무어라 다른 말을 할 수 있겠습니까? 진나라의 100만 대군이 우리 한단을 둘러싸고 있고, 진을 천자의 나라로 섬기자고 주장하는 위나라 신원연 장군이 지금 와 있으니, 이런 상황에서 제가 어찌 다른 말을 할 수 있겠습니까?"

노중련은 실망한 듯 말했다. "저는 본시 재상을 천하의 현공자로 여겼거늘 지금 보니 허명이었구려. 제가 그 신원연이란 자를 만나 문제를 해결해보겠습니다."

이러지도 저러지도 못한 채 쩔쩔매던 평원군은 일말의 희망을 가지고 노중련과 신원연의 만남을 주선해주었다.

신원연을 만난 노중련은 단도직입적으로 말했다. "진나라는 적군의 목을 베는 공을 최고로 치는, 예의염치라는 것이 전혀 없는 나라요, 병사들을 속이고 백성을 학대하는 나라입니다. 그런 무도한 나라의 왕이 천자가 되어 천하를 다스린다고 하면 나부터 동해로 가서 빠져 죽을지언정 절대로 그 나라의 백성이 되지 않을 것이오."

그러면 어떻게 조나라의 위기를 구할 것인지를 묻는 신원연에게 노중련은 말했다. "위왕을 설득하면 됩니다. 위왕은 아직 진나라가 천자를 칭하게 될 경우 초래할 해악에 대해 모르고 있습니다. 그 해악을 알면 절대로 지금처럼 진나라를 천자로 인정하자고 하지 않을 것입니다. 진왕이 천자가 될 경우 위왕은 필경 죽음을 당해 육젓이 될 겁니다."

신원연이 소스라치게 놀라며 말했다. "말이 너무 심하십니다! 어찌 그런 일이 있을 수 있단 말입니까?"

노중련이 침착하게 답했다. "옛날 은나라의 마지막 폭군 주紂는 구후九侯, 악후鄂侯, 문왕文王 세 사람을 삼공으로 삼아 나라를 다스렸습니다. 구후가 아름다운 딸을 주에게 바쳤는데, 주는 그녀를 추하다고 여겨 이를 핑계로 구후를 잡아 육젓을 담갔습니다. 이 일을 비난하는 악후 역시 죽음을 당해 육젓이 되었지요. 문왕은 이 일을 듣고 한숨을 한 번 쉬며 탄식한 것이 빌미가 되어 100일 동안 감옥에 갇혔고요. 진왕이 그간 저지른 포악함으로 보건대 그가 천자가 되었을 때 악랄한 폭군 주와 같지 않을 거라는 보장이 있습니까? 설사 그렇게까지 되지 않는다 하더라도 진왕의 탐심은 끝이 없을 테니, 위나라 조정의 대신 중에서 자신을 싫어하는 자들은 모두 제거하고 자신에게 충성하는 자들로 채울 것입니다. 또한 자기 딸들과 첩들을 제후의 집으로 시집보내 위나라 궁정에 살게 할 것입니다. 그렇게 되면 위왕이 어떻게 지금과 같이 평안하게 살 것이며, 장군 역시 어떻게 지금과 같은 총애를 누릴 수 있겠습니까?"

신원연이 몸을 일으켜 세우더니 노중련을 향해 재배하며 말했다. "저는 비로소 선생께서 천하의 걸출한 고사高士이심을 알았습니다. 제 식견이 부족했습니다. 당장 돌아가 위왕을 설득해 진왕을 천자로 인정하려는 계획을 철회하도록 하겠습니다."

한단을 포위하고 있던 진나라 장군이 이 이야기를 듣고는 상황이 이전과 달라졌음을 깨닫고 군대를 50리 후방으로 물렸다. 그리고 때마침 위나라 조정에서 파견한 위공자魏公子 신릉군信陵君의 군대가 진나라 군대를 대파하고 한단을 구했다.

조왕과 평원군이 노중련에게 감사를 표하며 큰 벼슬과 많은 상금을 하사하려 했지만 그는 끝내 사양하면서 말했다. "천하의 선비가 가장 귀하게 여기는 것은 남들을 위해 어렵고 복잡한 일을 해결해주고 아무런 대가를 받지 않는 것입니다. 일을 해결하였다고 대가를 받는다면 이는 장사치가 아닙니까? 천하의 노중련은 그런 자가 아닙니다. 하하하."

노중련은 그 즉시 조나라를 떠나 다시는 나타나지 않았다.

노중련의 이 이야기에서 나온 말이 "어려움을 물리치고 복잡한 일을 해결한다"는 뜻의 '배난해분排難解紛'이다. 남들이 처한 복잡하고 난해한 문제를 객관적인 시각을 갖고 바르게 해결해주는 걸 일컫는 말이다.

노중련이 볼 때 조나라와 위나라의 문제는 병력의 부족에 있지 않았다. 바로 두려움에 있었다. 조나라는 과거 장평長平에서 진나라에 패해 40만 대군이 몰살당한 경험이 있었으므로 그 두려움에서 벗어날 수 없었다.

"열 명의 종이 한 주인을 섬기는 것은 힘이 부족하거나 지혜가 부족해서가 아니라 두려움 때문이다!"

노중련과의 대화 중에 신원연 스스로가 한 말이다. 이 말에서 알 수 있듯이 조나라는 자신이 가진 힘과 지혜를 다 잊을 정도의 커다란 두려움에 사로잡혀 있었던 것이다. 노중련은 그런 두려움이 판단을 흐리게 만든 것으로 보고, 정당한 명분과 합리적 근거를 가지고 그 두려움을 버리게 만든 것이다.

도저히 해결할 수 없을 것 같은 어려움에 봉착해 있는가? 노

중련 같은 현자가 도울 수 있다면야 얼마나 좋겠는가마는, 그럴 수 없다면 혹시라도 이런 어려움이 허깨비 같은 두려움 때문은 아닌지 한번 돌아보면 어떨까. 그 두려움 너머에 존재하는 진정한 용기로 다시 도전해보길 바란다.

함께 읽으면 좋은 성어	식사녕인息事寧人	추파조란推波助瀾

29

완물상지

玩物喪志

물건을 가지고 놀며 큰 뜻을 잃다

여러분은 어떤 취미를 즐기는가? 경제적·시간적 여유가 생기면 누구나 자신만의 취미 생활을 찾기 마련이다. 늘 정해져 있는 따분한 일상에서 벗어나 새로운 일에 몰두하는 취미 생활은 삶의 새로운 활력소가 된다. 식물을 가꾸고 반려동물을 기르고 그림을 그리고 음악을 연주하는 등 자신의 직업과는 관련 없는 일에 몰두하면서 작업 성과에 따른 긴장에서 벗어나 자유를 누리며 휴식할 수 있다.

매일 무한 경쟁하는 공간에서 전쟁 같은 시간을 보내는 리더들에게 취미 생활은 몸과 마음을 이완시켜준다는 면에서 더더욱 필수적이다. 다음 이야기는 바로 이런 리더의 취미 생활과 관련한 옛이야기이다.

성공한 왕을 향한 경고

《서경》〈주서周書〉에는 〈여오旅獒〉라는 특별한 제목의 글이 있다. '여오'는 여국旅國의 특산물인 맹견을 가리킨다. 주周나라 무왕이 천하를 차지한 뒤로 여러 나라에서 공물을 보내왔는데, 그중에 하나가 서역의 여국에서 보내온 여오였다. 여오는 총명해서 사람 말을 잘 알아들었으며 맹수를 잡을 만큼 크고 사나워 중원 지역의 개들과는 차원이 달랐다. 당시 태보太保를 맡고 있던 대신 소공석召公奭이 이 개한테 정신이 팔린 무왕이 정사에 소홀할 것을 염려해 쓴 글이 바로 이 〈여오〉이다. 소공석은 단호하게 말한다.

사람을 가지고 놀면 덕을 잃게 될 것이요,
물건을 가지고 놀면 뜻을 잃게 될 것이다.
玩人喪德, 玩物喪志.

신하를 존중하지 않고 함부로 대하면 임금의 덕을 잃게 될 것이요, 좋아하는 물건에 지나치게 탐닉하다 보면 천하를 바로 다스리겠다는 원대한 뜻을 잃게 될 것이라는 말이다. 여기에서 비롯된 '완물상지玩物喪志'는 위정자의 지나친 취미 생활을 경계하는 준칙이 되어 수많은 고사를 만들어냈다.

취미 생활로 나라를 잃은 임금

중국 하남성 북쪽에 학을 가두어 기르는 절벽이란 뜻이 담긴 학벽鶴壁이라는 명칭의 도시가 있다. 원래 조가朝歌라고 불리던 이 도시가 학벽이란 이름을 얻게 된 것은 위衛나라 18대 임금 의공懿公 때문이다.

의공은 사치와 일락을 일삼은 혼군이었는데 특히 학 기르는 걸 좋아해 학에게 벼슬을 내리고 녹봉을 주기까지 했다. 임금이 학을 좋아하니 벼슬아치들은 백성을 들볶아 학을 잡아 바치도록 했고, 이에 백성의 원성이 날로 높아갔다. 궁궐은 이미 학으로 넘쳐났으므로 아예 큰 절벽 아래에 가두어 길렀다. 학을 관리하는 데 드는 막대한 비용 때문에 국고가 비어감에도 의공은 전혀 개의치 않고 학을 자신의 수레에 태우고 다니며 백성한테 자랑하기에 바빴다.

의공 재위 9년 되던 해에 북방의 이민족 북적北狄이 쳐들어왔다. 의공은 급히 징집령을 내렸으나 백성들은 아무도 응하지 않은 채 이렇게 말했다. "대왕께서 애지중지 기르는 학들을 보내 싸우게 하십시오. 그들이 벼슬도 받고 녹봉도 받지 않습니까? 우리는 먹을 것이 없어 싸울 힘도 없습니다." 결국 의공은 적은 수의 군대만을 이끌고 나가 싸우다가 패해 죽고 말았다.

이 이야기에서 비롯된 성어가 '애학실중愛鶴失衆'이다. "학을 사랑하다 백성을 잃어버렸다"는 의미로, 소탐대실을 뜻하는 동시에 위정자들의 '완물상지'를 경계하는 말이다.

애꿎은 반려동물만 죽게 만든 황제

이번에는 명군 당태종과 그의 현신 위징의 이야기이다. 장소와 때를 가리지 않는 위징의 돌직구 같은 간언에 매번 곤혹스러워하면서도 자신의 잘못을 바로잡으며 당태종은 점차 명군의 길로 나아갔다.

다음은《자치통감資治通鑑》에 실린 한 편의 이야기이다.

어느 날 휴가를 떠났던 위징이 궁으로 돌아와서 황제에게 인사하고 물었다. "밖에서 들으니 주상께서 종남산으로 유람을 떠나신다 하여 그에 필요한 모든 준비를 마쳤는데, 돌연 유람을 취소하셨다고 하니 무슨 연유에서입니까?"

그러자 당태종이 겸연쩍게 웃으며 말했다. "왜 놀러 가고 싶지 않았겠는가. 그런데 경께서 돌아왔다는 말을 듣고 바로 취소했소. 내가 얼마나 경을 무서워하는지 아시면서 그러시오?"

한번은 당태종이 아주 진귀한 새매 한 마리를 얻었다. 그 아름다운 자태가 대단히 맘에 들었는지 당태종은 늘 새매를 팔에 올려놓고 감상하며 즐겼다.

어느 날 당태종이 한참 새매를 가지고 놀고 있는데 갑자기 위징이 찾아왔다. 당태종은 황급히 새매를 가슴속에 숨기고 아무렇지도 않은 듯 위징과 대화를 나누었다. 그런데 그날따라 위징의 보고는 끝도 없이 이어졌다. 마침내 위징이 보고를 마치고 돌아가자 당태종은 황급히 옷깃을 열어 새매를 꺼냈다. 하지만 새매는 이미 질식해서 죽은 뒤였다. 황제의 완물상지를 염려한 위징이 고의로 긴 시간 대화를 이어갔던 것이다.

위정자의 취미 생활의 절제를 일깨우는 '완물상지'의 가르침이 당태종으로 하여금 명군의 길로 나아가게 만들었다는 이야기이다.

멋진 취미 생활은 일과 휴식의 균형을 잘 맞추도록 돕는 삶의 활력소인 게 분명하다. 하지만 리더라면 취미 생활 역시 '완물상지'가 되지 않도록 절제라는 틀 안에서 즐겨야 함을 잊지 말길 바란다.

함께 읽으면 좋은 성어	불무정업 不務正業	호일오로 好逸惡勞

30

위현지패

韋弦之佩

부드러운 가죽과 팽팽한 활시위를 차고 다니다

노자《도덕경》에 다음과 같은 구절이 있다.

남을 아는 것을 지혜롭다 하고,
자신을 아는 것을 밝다고 한다.
知人者智也, 自知者明也.

남을 아는 '지혜'가 비록 훌륭하기는 하나, 자신을 아는 '밝음'만은 못하다는 말이다. 자신을 알기가 그만큼 어렵다는 뜻이다.《한비자》는 스스로를 잘 알지 못하는 사람에게 다음과 같은 교훈을 준다.

정작 자신의 눈썹은 보지 못하는 눈

초나라 장왕이 월나라를 정벌하려 하자 장자가 반대하면서 말했다. "왕께서는 무슨 근거로 월을 정벌하면 승산이 있다고 생각하십니까?"

장왕이 말했다. "월나라의 정치가 어지럽고 군대 또한 약하기 때문이오."

이에 장자가 말했다. "지금 왕의 지혜는 마치 눈으로 보는 것과 같습니다. 눈은 100보 밖의 물건까지 볼 수는 있지만, 정작 자신의 눈썹은 보지 못합니다. 대왕의 군대는 서쪽의 진秦나라, 중원의 진晉나라에 패해 수백 리의 영토를 빼앗겼습니다. 또한 지금 장교莊蹻라는 도적이 나라를 혼란스럽게 하고 있는데도 관리들이 이를 제압하지 못하고 있는 상황입니다. 우리의 약함과 어지러움이 결코 월나라보다 못하지 않음에도 월을 치고자 하시니, 왕의 지혜가 자신의 눈썹을 보지 못하는 눈과 어찌 다르다 하겠습니까?"

이 말을 들은 장왕은 결국 월나라 정벌을 포기했다. 한비자韓非子는 이 이야기를 끝내면서 다음과 같이 말했다. "안다는 것의 어려움은 남을 보는 데 있지 않고 자신을 보는 데 있다. 그래서 자신을 분명하게 볼 수 있는 것을 '밝음'이라 한다."

"자신을 분명하게 본다"는 것은 자신이 지닌 장점에 대해 말하는 게 아니다. 자신의 약점과 결점을 철저하게 알고 있어야 '밝다'고 할 수 있다는 것이다.

《한비자》에는 다음과 같은 글도 실려 있다.

예부터 사람들은 자신의 눈으로 스스로를 볼 수 없어 거울로 얼굴을 비춰보았으며, 자신의 지혜로는 스스로를 알기 어려워 성현의 도로써 스스로를 바로잡았다. 눈이 거울을 잃어버리면 눈썹과 수염을 바르게 할 방도가 없고, 몸이 성현의 도를 잃으면 미혹을 깨치기 어려운 것이다. 서문표西門豹는 성미가 너무 급했으므로 부드러운 가죽을 허리에 차서 스스로를 느긋하게 했고, 동안우董安于는 마음이 너무 느긋하였기 때문에 팽팽한 활시위를 허리에 차서 스스로를 재촉했다.

서문표와 동안우는 자신의 결함을 바르게 인식했고, 그 결함을 고칠 수 있도록 자신만의 거울을 갖고 있었던 대표적 인물이다.

무녀를 황하에 던져버린 위나라의 관리 서문표

서문표는 전국시대 위魏나라의 이름난 관리로, 그가 업현鄴縣

현령에 부임했을 때 백성들이 찾아와 하소연하기를, 황하의 신 하백河伯에게 처녀를 바치지 않으면 홍수가 일어난다는 황당무계한 무녀의 주장을 빌미로 지역 관리들이 온갖 패악을 저지른다고 했다. 처녀를 시집보내는 의식을 명목으로 막대한 세금을 거두고, 무녀들을 시켜 아리따운 처녀를 신부로 지목해 강제로 강물에 빠뜨려 죽게 하니, 백성들의 인심은 흉흉하기 이를 데 없고, 지역을 떠나는 사람이 점점 늘고 있다는 것이었다.

서문표가 무녀의 의식을 보려고 강가로 갔더니 늙은 대무녀와 수많은 젊은 무녀가 처녀를 강물에 던지려 하고 있었다.

서문표가 급히 나서서 말했다. "내가 보기에 이 처녀는 미모가 하백의 아내가 되기에는 부족하니 다른 처녀를 구해 바치는 것이 좋을 듯하오. 그런데 하백의 뜻이 어떤지 알 수 없으니 먼저 저 늙은 대무녀를 강물 속으로 보내어 하백의 뜻을 물어보는 것이 좋겠소." 그리고 병사들을 시켜 늙은 대무녀를 강물에 던져버렸다.

한참이 지난 후 서문표가 말했다. "어째 아무 소식이 없는 건지 모르겠소. 다른 무녀들을 보내어 사정을 알아봅시다." 그는 무녀를 3명이나 차례로 물속에 던져버렸다.

이 일로 무녀가 사라지고 악습이 없어지자 백성들은 오랜 괴롭힘에서 벗어날 수 있었다. 또 서문표는 농사를 위해 강물을 관개용 수로로 만들었다. 강물이 수로로 바뀌자 백성들은 농사에 큰 도움을 받아 풍족해지고, 창고에는 곡식이 넘쳤다. 그제야 백성들의 삶을 옥죄던 강물에 대한 두려움이 완전히 사라졌다.

서문표와 동안우의 거울

하지만 이토록 훌륭한 서문표에게도 흠결이 있었다. 급한 성격 때문에 불도저같이 일을 추진하다 곧잘 그르치는 경우가 많았던 것이다. 그러나 그는 자신의 성격적 결함을 누구보다 잘 알았다. 이를 교정하기 위해 부드럽게 무두질한 가죽을 허리춤에 차고 다니면서 조급증이 들 때마다 그 가죽을 어루만지곤 했다. 자신의 급한 성격을 달랜 후에 차분하고 찬찬하게 일을 처리하기 위함이었다. 그 부드러운 가죽이 자신을 비추는 거울이 된 것이다.

반대로 춘추시대 진晉나라의 대부였던 동안우는 성격이 너무나 부드럽고 느긋해서 탈이었다. 그는 자신의 느긋한 성격을 바로잡고자 팽팽하게 맨 활시위를 허리춤에 차고 다녔다. 그러곤 일이 있을 때마다 그 팽팽한 활시위를 어루만지면서 부드럽기만 하고 물러터져 결단력이 없는 자신을 바로잡기 위해 노력했다.

서문표의 부드러운 가죽과 동안우의 팽팽한 활시위에서 비롯된 성어가 '위현지패韋弦之佩'이다. 위韋는 부드럽게 무두질한 가죽이란 뜻이고, 현弦은 팽팽하게 당겨진 활시위, 패佩는 허리춤에 차는 패물이란 뜻이다. 그래서 '위현지패'는 "수시로 자신을 살펴 조심한다"는 의미로 쓰이기도 하고, '좋은 벗의 충고'라는 의미로도 활용된다.

남을 알고 자신을 알면 어떤 싸움에서도 위태롭지 않다고 했다. 여러분은 자신의 모습을 비추고 그 모습을 바르게 인식하게끔 도와주는 여러분만의 거울을 갖고 있는가?

함께 읽으면 좋은 성어	목불견첩目不見睫	부자량력不自量力
	자지지명自知之明	

31

유치차격

有恥且格

부끄러움을 알아 선에 이르다

죽는 날까지 하늘을 우러러 한 점 부끄럼이 없기를,
잎새에 이는 바람에도 나는 괴로워했다.
별을 노래하는 마음으로 모든 죽어가는 것을 사랑해야지.
그리고 나한테 주어진 길을 걸어가야겠다.
오늘 밤에도 별이 바람에 스치운다.

너무나 유명한 윤동주 시집 《하늘과 바람과 별과 시》의 서문에 실린 〈서시〉이다. 일제 식민의 질곡 속에서 민족의 광명을 위한 불굴의 신념을 노래한 시인이 가장 먼저 언급한 것이 '부끄러움'이다. "한 점 부끄러움이 없기를" 위해 시인은 "잎새에 이는 바람에도 괴로워했"을 만큼 예민하게 깨어 있었다. 자신의 말과 실천에, 사상과 이상에 부끄러움은 없었는지 끝없이 묻고 또 물었다. 모든 죽어가는 것에 대한 사랑과 자신이 걸어가야 할 길에 대한 신념의 출발은 바로 이 부끄러움이었다.

임금을 매질한 신하

중국 춘추전국시대 남방의 대국 초나라의 이야기이다.

장강 유역에 속한 초나라는 춘추시대 초기까지만 해도 중원 지역의 여러 나라에 비해 문명적인 후진성을 면치 못한 야만의 나라였다. 하지만 역대 왕들의 끝없는 노력에 점차 대국의 면모를 갖추기 시작하더니, 마침내 기원전 6세기경 22대 장왕에 이르러서는 중원의 여러 대국을 제압하고 열국의 패자 자리에 올랐다. 이른바 '춘추오패' 중 한 사람이 바로 초장왕이다. 그 뒤로 초나라는 서쪽의 진秦나라, 중원의 진晉나라, 동쪽의 제나라와 함께 각축을 벌이면서 춘추전국시대를 이끌어갔다. 이런 강대국 초나라의 기초를 놓은 인물이 바로 문왕文王이다.

초문왕은 안으로는 현신들을 등용해 국정을 바르게 이끌고, 밖으로는 강력한 군대로 주변의 여러 제후국을 병탄해 나라의 강역을 크게 넓혔다. 그야말로 행정과 군사 양면에서 모두 합격점을 받은 훌륭한 군주였다. 그러나 그가 처음부터 훌륭한 군주는 아니었다. 역사서는 본시 성격이 거칠고 변덕이 심했다고 적고 있다. 이런 저열한 인물이 훌륭한 군주가 된 데에는 '부끄러움'을 알게 하는 교육이 있었다.

무왕武王의 뒤를 이어 임금이 된 문왕은 어느 해에 '여황茹黃'이라는 좋은 품종의 사냥개 한 마리와 '완로宛路'라는 뛰어난 성능의 사냥용 화살을 얻었다. 왕은 이 개와 화살을 가지고 당시 사냥터로 유명한 운몽택雲夢澤으로 떠나서 3개월 동안 돌아오지 않았다. 그리고 단丹 지방 출신의 미녀를 얻은 뒤에는 환락에 빠져서 자그마치 1년 동안이나 조회에 나타나지 않았다.

보다 못한 대신 보신葆申이 왕을 찾아가 꾸짖었다. 보신은 무왕의 부탁으로 어려서부터 문왕을 지도해온 선생이었다. "선왕께서 저를 대왕의 스승으로 세운 것은 대왕을 훌륭한 임금으로 바르게 이끌라는 지엄한 뜻이었습니다. 그런데 지금 대왕께서는 사냥에 빠져 3개월 동안 국도를 비웠으며, 여색에 이끌려 1년이 넘도록 조회를 폐하였습니다. 이러한 대왕의 죄는 결코 작다 할 수 없으니 응당 엄한 태형으로 다스려야 할 것입니다."

스승으로부터 야단을 맞아 의기소침해진 문왕이 불만스러운 목소리로 말했다. "명색이 제가 임금인데 어찌 신하로부터 태형을 받으란 말입니까? 앞으로 조심하겠으니 태형만은 면해주십시오!"

그러자 보신이 엄히 말했다. "대왕께서 태형을 받지 않으시면 이는 저로 하여금 선왕의 명을 저버리게 하는 것입니다. 차라리 대왕께 죄를 지을지언정 결단코 선왕의 명을 저버릴 수는 없습니다."

한 치도 물러서지 않는 보신의 태도에 문왕은 어쩔 수 없이 태형을 맞기로 하고 바닥에 납작 엎드렸다. 그러자 보신은 가느다란 회초리 50개를 들고 와서는 무릎을 꿇고 왕의 등 위에 올려놓았다. 잠시 뒤, 다시 회초리를 들어 올려 똑같은 방식으로 등 위에 올려놓았다가 내려놓은 후 왕에게 말했다. "대왕께서는 이제 그만 일어나십시오. 태형 집행을 마쳤습니다."

싱겁게 태형이 끝나자 문왕이 말했다. "이렇게 해도 어차피 왕이 태형을 당했다는 소문이 날 터인데, 차라리 확실하게 매질해주십시오!"

그러자 보신이 얘기했다. "형벌을 당하면 소인은 아파할 줄만 알지만, 군자는 부끄러워할 줄 안다고 했습니다. 지금 대왕께서는 심한 부끄러움을 느끼셨을 겁니다. 만약 그런 부끄러움에도 그간의 잘못된 행실을 바꾸지 못한다면 설사 아프게 매질한다 해서 달라질 수 있겠습니까?" 말을 마친 보신은 즉각 물러나 집에 칩거했다. 그러곤 신하로서 임금에게 매질한 죄를 받겠다며 임금의 명을 기다렸다.

문왕이 말했다. "이것은 나의 잘못이니 보신에게 무슨 죄가 있겠는가!" 왕은 즉각 보신을 원래 직책에 복귀시킨 후 그토록 애지중지하던 사냥개를 죽이고, 사냥용 화살을 꺾어버렸으며, 단 땅의 미녀도 돌려보냈다.

이후 전심전력으로 근실하게 국정에 임해 놀라운 치적을 일구었으니, 수년 만에 39개 제후국을 병합해 초나라의 강역을 크게 확장함으로써 강대국으로 가는 문을 활짝 열었다.

부끄러움을 알아야 바른길로 간다

위의 고사는 징계의 목적이 부끄러움을 알게 하는 데 있고, 부끄러움을 알 때 사람이 근본적으로 달라짐을 확실하게 보여주는 사례라고 하겠다.

《논어》〈위정爲政〉에 다음과 같은 공자의 말씀이 있다.

법률과 형벌로만 다스리면 백성은 법망을 빠져나가되 부끄러움을 모른다.

덕으로 이끌고 예로써 다스려야 백성은 부끄러움을 느끼고 바르게 된다.

道之以政, 齊之以刑, 民免而無恥.

道之以德, 齊之以禮, 有恥且格.

부끄러움을 모르면 법망이 아무리 치밀하고 형벌이 아무리 엄중해도 범법자들은 이리저리 피해가며 온갖 나쁜 짓을 다 저지르니, 부끄러움을 느낄 수 있도록 만들어야 한다는 것이다. 마지막 구절 '유치차격有恥且格'은 "부끄러움이 있고 또한 선에 도달한다"는 뜻이다. 격格은 도달한다는 뜻으로 높은 수준의 도덕을 갖추게 된다는 의미이다.

우리 모두가 기대하는 도덕적이고 윤리적인 사회는 바로 이 부끄러움을 아는 데 달려 있다. 그리고 그런 성과는 법이나 형벌이라는 제도가 아닌, 덕과 예라는 수준 높은 도덕적 문화에 달려 있다는 통찰이다. 사회와 조직을 이끌어가는 리더들이 왜 도덕적이고 윤리적이어야 하는지를 보여준다.

잎새에 이는 바람에도 괴로워했던 시인처럼 우리는 삶의 세밀한 부분까지도 '부끄러움'이라는 촉수로 깨어 있어야 한다.

그래야 일상적인 과오를 발견해 자신을 바꿀 수 있으며, 지속적으로 주변에 선한 영향력을 끼칠 수 있다. '부끄러움'에 대해 한번 깊이 생각해보길 바란다.

함께 읽으면 좋은 성어	행기유치行己有恥	행약구체行若狗彘

32

장재외, 군명유소불수

將在外, 君命有所不受

장수가 밖에 있을 때는 임금의 명을 받들지 않을 수 있다

사마천司馬遷의 《사기》를 보면 특별한 인물 하나가 나온다. 사마천이 그를 보고 "참 재미있다"라는 뜻의 '유미재有味哉'라는 말을 두 번이나 반복했는데, 바로 한나라 때 높은 관료를 지낸 풍당馮唐이다.

"풍당이 장수에 대해 논한 이야기는 참으로 재미지고 재미지다! 《서경》에 이르기를 '어디에도 치우침 없이 공평하고 공평하니 왕도가 넓고 넓게 퍼지도다'라 했는데, 풍당이 바로 이에 가깝다!"

사마천이 재미있다고 평가한 풍당의 이야기를 살펴보자.

명장에 대한 올바른 예우를 가르치다

풍당은 서한西漢 때 효행으로 천거를 받아 문제 밑에서 중랑서장中郎署長이라는 벼슬을 지냈다.

어느 날 문제가 풍당이 근무하는 부서에 들러 그와 대화를 나누던 중 풍당의 조부가 전국시대 조趙나라 출신인 것을 알았다. 대화는 자연스럽게 조나라의 명장 염파廉頗와 이목李牧에 대한 이야기로 흘렀다. 황제가 대화 말미에 이렇게 탄식했다. "왜 우리 한나라에만 이런 염파나 이목 같은 명장이 없단 말인가! 이런 장수들이 있다면 왜 내가 아직도 흉노족을 걱정하고 있겠는가!"

그러자 풍당이 대뜸 이렇게 말했다. "아뢰옵기 송구하오나 폐하께서 염파나 이목 같은 장수를 얻는다 해도 끝내 제대로 쓰시지 못할 것이옵니다."

황제가 안색이 변해서 물었다. "어째서 내가 염파나 이목 같은 장수를 중용할 수 없다는 거요?"

풍당이 말했다. "옛날 군왕은 장군을 파견할 때 길을 떠나는 장군의 수레를 밀면서 이렇게 말했다고 합니다. '도성 문안의 일은 내가 결정할 테니, 도성 문밖의 일은 장군이 결정하시오. 군에서 행하는 모든 논공행상 역시 장군께서 알아서 결정할 일이니, 돌아와서 조정에 보고하면 끝입니다.' 그런데 이는 허언이 아니었습니다. 조나라 명장 이목이 변경을 지킬 때 거두는 세금은 모두 군사를 먹이고 돌보는 데 썼으며, 군 안에서 결정하는 논공행상에 조정은 전혀 간여하지 않았습니다. 군왕은 그에게 중임을 맡겼고, 오직 그 임무를 다할 것만 요구했습니다. 그래서 이목은 자신의 재능을 십분 발휘해 강력한 군대를 잘 육성했으니, 북쪽으로는 흉노를 대파하고 서쪽으로는 강한 진나라를 억누를 수 있었습니다. 후에 어리석은 조왕 천遷이 재위에 오르면서 간신 곽개郭開의 참언을 들어 마침내 이목을 죽이게 되니, 이로부터 군대는 전투에서 패배하고 나라는 망하게 된 것입니다. 지금 신이 들으니 흉노와 접경한 운중군雲中郡의 태수 위상魏尙은 세금을 거두어 병사들을 돌보고, 개인 재산을 내어 5일에 한 차례씩 소를 잡아 부하들을 먹인다고 합니다. 그의 헌신적인 지휘로 군대는 강력해졌고 흉노족을 물리칠 수 있었습니다. 그런데 승전보를 전하면서 적의 수급首級을 과장해 보고했다는 혐의로 태수의 직위를 빼앗기고 감옥에 갇혔습니다. 그 과장했다는 수급이 겨우 6명입니다. 잘한 일에 대한 상은 작고 잘못한 일에 대한 벌은 과중합니다. 훌륭한 장수를 대함이 이와 같으니 폐하께서 설사 염파나 이목 같은 장수를 얻으신다 해도 끝내 제대로 기용하지는 못할 것이라 말씀드린 것이옵니다."

황제는 풍당의 직언에 크게 감명받았다. 그리고 바로 풍당을 사신으로 보내 위상을 사면하고 그를 다시 운중군의 태수로 임명했다.

"풍당이 장수를 논하다", 즉 '풍당논장馮唐論將'이라는 글로 전해지는 이 이야기에서 가장 인상적인 것은 임금이 장군을 전송하는 자리에서 했다는 "도성 문안의 일은 내가 결정할 테니, 도성 문밖의 일은 장군이 결정하시오"라는 말이다. 비록 자신이 임명한 장군이지만 그에게 임금을 넘어서는 높은 수준의 권력을 위임한 것이다. 전폭적인 신뢰가 있기 전에는 불가능한 일이다.

중국 속담에 "의인불용疑人不用, 용인불의用人不疑"라는 재미있는 표현이 있다. "의심나는 사람은 쓰지 않고, 쓴 사람은 의심하지 않는다"는 말이다. 일을 맡기지 않을 수는 있지만, 일단 맡긴 후라면 의심하지 말아야 한다는 것이다. 그런데 실제로 일을 맡겨놓은 상태에서도 자꾸 의심하는 경우가 많다. 그래서 일을 맡은 사람 입장에서는 마음껏 자신의 능력을 발휘하기가 힘들다.

임금의 사면권도 막지 못한 참수형

중국 춘추시대, 제나라 경공景公이 전양저田穰苴를 장군에 임명해 병사를 이끌고 진晉나라와 연나라 연합군에 맞서도록 했다. 그리고 자신이 총애하는 장가莊賈라는 신하를 감군監軍으로 보내 함께 군대를 통솔하게 했다.

전양저는 다음 날 정오에 장가와 군영에서 만나기로 약속했다. 하지만 약속한 정오가 되어도 장가는 오지 않았다. 전양저가 사람을 보내 몇 번을 재촉했지만 장가는 황혼이 되어서야 취한 모습으로 영문에 도착했다.

전양저가 약속 시간을 지키지 않은 걸 따져 묻자 장가는 별일도 아니라는 듯한 표정으로 친척과 친구들이 와서 환송연을 열어주는 바람에 늦었다고 말했다. 전양저가 대로하여 꾸짖었다. “사사로운 일에 매여 국가 대사를 그르치고 있으니, 이것이 한 나라의 대신이며 감군이라는 막중한 직책을 가진 자가 할 짓이오?”

하지만 왕의 총애를 과신한 탓인지 장가는 아무런 반성의 기미도 보이지 않고 콧방귀만 뀔 뿐이었다. 전양저가 군율 담당 관리를 불러 물었다. “아무런 까닭도 없이 시간을 지키지 않는 군사는 군법에 의거해 어떻게 처벌해야 하는가?”

관리가 말했다. “참수형입니다!”

전양저는 당장 장가를 끌고 가 참수하라고 명했다. 혼비백산한 장가는 끌려갔고, 그의 수행원이 급히 말을 달려 황제에게 구명을 청했다. 사신이 황제의 사면권을 들고 군영에 도착해서 보니 장가는 이미 참수된 뒤였다.

임금의 허락도 없이 대신을 죽였다고 힐난하며 사신이 소란을 피우자 전양저가 엄숙히 말했다. "장수가 밖에 있을 때에는 임금의 명일지라도 따르지 않는 바가 있다고 했소!" 그러곤 다시 군율 담당 관리를 불러 물었다. "군영 안에서 말을 달리며 소란을 피우는 자는 군법에 따르면 어찌해야 하는가?"

"참수해야 합니다!"

순간 사신의 얼굴이 흙빛이 되었다. 임금이 파견한 사신까지는 죽일 수 없다고 생각한 전양저는 대신 장가의 수행원과 말을 죽이고 수레를 부수었다. 그리고 엄격한 군율로 무장한 군대를 이끌고 전장에 나아가 진나라와 연나라 연합군을 무찌르고 당당하게 개선했다.

《손자병법》에 이런 말이 있다.

성 중에는 공격해서는 안 되는 성이 있으며,
땅 중에는 다투어서는 안 되는 땅이 있고,
임금의 명 중에는 따르지 않아야 하는 명도 있다.

城有所不攻, 地有所不争, 君命有所不受.

리더가 조직을 장악하고 자신의 생각대로 일사불란하게 일을 추진하는 것은 성공을 위해 매우 중요하다. 하지만 그 과정에서 리더의 생각이 언제나 옳은 것은 아니라는 걸 염두에 두어야 한다. 때에 따라서는 전장을 지키는 장군의 판단이, 현장을 지키는 부하 직원의 목소리가 옳을 수 있다.

함께 읽으면 좋은 성어 **손무살비**孫武殺妃

제5장

매사에 더 신중해야 하는 이유

| 책임 |

33

괄목상대

刮目相對

눈을 비비며 상대를 마주하다

자신의 현재 모습에 대한 만족은 행복의 비결이요, 기쁨의 원천이다. 하지만 이런 만족감이 때론 미래의 더 나은 모습을 만들기 위한 노력을 게을리하게 만들기도 한다. 과거에 열심히 노력해서 얻은 결과인 현재는 누려야 할 열매인 동시에 미래를 위해 심어야 할 씨앗이다. 현재에 대한 만족에서 벗어나 새로운 미래를 꿈꾸어보자.

거울 앞에서 춤추다 죽은 새

중국 위진남북조시대 유경숙劉敬叔이 쓴 《이원異苑》에는 다음과 같은 재미있는 이야기가 실려 있다.

남방에 '산계山鷄'라는 이름의 새가 있었다. 아름다운 오색 깃털을 가진 이 새는 물가에서 깃털을 고르는 일에 유독 열심이었다. 그러다가 물가에 비친 자신의 모습을 보고는 의기양양 날개를 펼치며 춤을 추곤 했다.

위·촉·오가 각축하던 삼국시대에 어떤 사람이 이 새를 잡아서 조조에게 바쳤다. 조조는 새가 크게 맘에 들었던지 큰 상을 내리고는 손님들을 초대해 새를 보여주며 자랑했다. "이 새는 깃털이 아름다울 뿐만 아니라 우아하게 춤까지 춘다고 합니다."

손님들은 큰 기대 속에 새장 주위를 빙 둘러서서 새의 춤을 기다렸다. 그런데 새는 그저 새장 속을 왔다 갔다 할 뿐 춤이라 할 만한 아무런 동작도 보여주지 않았다. 맘이 급해진 조조가 주변 신하들에게 무슨 방도가 없겠느냐 물었지만, 다들 그저 눈만 껌뻑일 뿐이었다.

그때 조조 옆에서 유심히 새를 살피던 어린 아들 조충曹冲이 나서며 말했다. "아버님, 제가 한번 해보겠습니다."

조충은 어렸지만 지혜롭기로 유명했다. 조충은 시종들에게 명해 커다란 거울 하나를 가져와 새장 앞에 세우게 했다. 그러자 새장 속 새가 거울 속에 비친 자신의 모습을 보며 아름다운 깃털의 큰 날개를 활짝 펼치고 우아하게 춤을 추기 시작했다.

사람들이 박수를 치며 즐거워하는 가운데, 마치 거울 속에 비친 새와 경쟁이라도 하듯 새는 갈수록 격하게 춤을 추며 끊임없이 울어댔다. 한참을 쉬지 않고 그렇게 춤을 추던 새는 어느 순간 동작이 점점 느려지면서 날개가 접히고 고개가 꺾이더니 그만 바닥에 쓰러져 죽고 말았다.

이 이야기에서 비롯된 성어가 "산계가 거울을 보며 춤을 춘다"는 뜻의 '산계무경山鷄舞鏡'이다. 자신의 모습에 스스로 대견해하면서 자아도취에 빠진 사람을 가리킬 때 쓰는 말이다. 이 산계 이야기는 지나친 자기애가 삶을 해치는 커다란 독이 될 수 있음을 알려준다.

눈을 비비며 놀라 바라보는 달라진 여몽

거울이 아닌 다른 사람의 시선에 비친 나의 모습에 대한 이야기이다.

오나라 명장 여몽呂蒙은 《삼국연의》의 영웅 관우關羽와의 싸움에서 승리해 형주荊州의 광대한 영토를 오나라 영토로 복속시킨 장수이다. 무예도 출중하고 지략도 뛰어났다. 하지만 여몽이 처음부터 그렇게 대단한 인물은 아니었다.

여몽은 어려서 집안이 가난했다. 열대여섯 살에 군에 입대해 전장을 누비며 살았다. 전쟁에서 적지 않은 공을 세워 당시 오나라 임금인 손권과 총사령관 주유의 신임을 받았다. 하지만 어려서 공부할 기회가 없었던 탓에 교양이 부족해서 관원들에게 종종 무시를 당하곤 했다.

어느 날 여몽이 손권을 접견하게 되었는데, 대화 말미에 여몽의 교양이 부족한 것을 안타깝게 여긴 손권이 그에게 공부를 권했다. 그러자 여몽이 군무軍務에 바빠서 공부할 틈이 없다며 거절했다.

손권이 말했다. "무슨 박사가 되라는 것도 아니고 책을 좀 읽으라는 것인데, 그것조차 못 하겠다는 것인가? 바빠서 책 볼 시간이 없다고 하지만, 바쁜 것으로 치자면 자네가 나보다 더 바쁘겠는가? 후한의 광무제는 전쟁 와중에도 손에서 책을 놓은 적이 없었다네."

잔뜩 풀이 죽어 무슨 책을 읽으면 되겠느냐며 묻는 여몽에게 손권은 병법서와 역사서를 권했고, 그날부터 여몽은 분주한 군무 중에도 틈을 내서 독서에 몰두했다.

그렇게 얼마의 세월이 흐른 어느 날, 탁월한 전략가로 손권의 신임을 받고 있던 노숙魯肅이 여몽의 주둔지를 순시하기 위해 찾아왔다. 노숙은 평소 여몽이 식견이 부족한 사람이라 여겼으므로 그저 일상의 소소한 이야기나 나눌 생각이었다. 그런데 여몽이 갑자기 천하 정세를 언급하며 촉에 빼앗긴 형주를 찾을 계책이 있는지 묻는 것 아닌가.

여몽이 말했다. "지금 유비의 촉나라와 우리 오나라가 평화롭게 지내고 있지만, 그들이 차지하고 있는 형주는 본시 우리의 영토입니다. 형주를 되찾을 계책이 있으십니까?"

예상치 못한 질문에 노숙은 당황하며 겨우 답했다. "음… 중요한 문제이긴 합니다만, 지금 뭐라 말씀드릴 계책이라 할 만한 것은 없습니다. 차차 생각해보겠습니다."

여몽이 말했다. "관우는 천하의 명장이니 형주를 되찾는 일이 결코 쉽지 않을 것입니다. 제게 좋은 계책이 있습니다."

이어서 여몽이 형주를 되찾을 여러 전략을 제시하니, 내내 놀라는 얼굴빛으로 경청하던 노숙이 감탄하며 말했다. "경께서 오늘 보여주신 재략을 보니, 이제는 더 이상 어리숙한 옛날의 여몽이 아니올시다!"

여몽이 껄껄 웃으며 말했다. "선비라면 헤어진 뒤 3일 만에 다시 만난다 하더라도 눈을 비비며 상대를 마주해야 하는 법입니다."

'이 사람이 3일 전의 그 사람이 맞는가' 싶어 자꾸 눈을 비비며 바라볼 정도로 달라져야 한다는 말이다.

감동한 노숙은 바로 여몽의 모친을 찾아 큰절을 올리고 여몽과 절친이 된다. 여몽은 이후 지략과 용맹을 모두 갖춘 훌륭한 장군으로, 부하들의 존경을 한 몸에 받으며 수많은 전투에서 큰 공을 세웠다.

이 이야기에서 나온 성어가 "눈을 비비면서 상대방을 대한다"는 뜻의 '괄목상대刮目相對'이다. 볼 간看을 써서 '괄목상간刮目相看'으로, 대접할 대待를 써서 '괄목상대刮目相待'라고 표현하기도 한다. 마주한 사람이 예전과는 전혀 다른 훌륭한 모습으로 바뀌었을 때 쓰는 말이다.

여러분이 이룬 성과에 만족하는가? 분명 기쁘고 즐거운 일이지만 산계가 거울에 비친 자기 모습에 빠지듯 지나친 자아도취는 외려 해가 될 뿐이다. 현재의 성과를 바라보는 나 자신의 시선을 즐기기보다는 나의 달라진 모습에 눈을 비비며 나를 바라보는 남의 시선을 즐겨보길 바란다.

함께 읽으면 좋은 성어	**냉안상대**冷眼相待	**숙연기경**肅然起敬

34

낙극생비

樂極生悲

즐거움이 극하면 슬픔이 생겨난다

‘계영배戒盈杯’라는 특별한 술잔이 있다. 계영은 “가득 채우는 것을 조심한다”는 뜻이다. 이 잔은 적당량의 술을 채우면 술이 그대로 남아 있지만 가득 채우면 술이 모두 빠져나가게 만들어져 있다. 이는 변기의 구조에서도 확인이 가능한 사이펀siphon의 원리를 활용한 것이다. 잔 중심에 속이 빈 기둥이 하나 있어 술로 잔을 가득 채우면 이 기둥을 타고 술이 모두 밖으로 흘러나간다. 조금 더 마시려고 욕심을 냈다가는 아예 한 모금도 마실 수 없게 된다.

조선 역사상 전무후무한 거상 임상옥林尙沃은 이 계영배를 늘 곁에 두고 과욕을 경계했다고 전해진다. 사실 과욕은 술뿐만 아니라 인생의 모든 부면部面에서 경계해야 할 것이다.

순우곤의 희한한 주량

《사기》〈골계열전滑稽列傳〉에는 다음과 같은 이야기가 실려 있다.

중국 춘추전국시대 제나라 위왕威王은 유난히 음주가무를 즐기는 군왕이었다. 어느 해 초나라 군대가 쳐들어왔다. 위왕은 급히 순우곤淳于髡이라는 신하를 조나라에 보내 원병을 청했다. 순우곤의 능수능란한 언설에 설득된 조왕이 10만 대군을 파견하니 초나라 군대는 퇴각하고, 제나라는 다시 평안을 찾았다.

위왕이 크게 기뻐하며 즉각 잔치를 열어 순우곤의 노고를 치하했다. 잔치가 무르익을 무렵 위왕이 순우곤에게 물었다.
"선생은 술을 얼마나 마시면 취합니까?"

순우곤이 잠시 생각하다가 이렇게 대답했다. "저는 한 말 술에 취하기도 하고, 열 말 술이 되어야 취하기도 합니다."

여기서 한 말은 약 2,000cc 분량이다. 당시의 술은 도수가 낮아서 막걸리와 비슷했다.

위왕이 재차 물었다. "술 한 말이면 취한다면서 어떻게 열 말이나 마실 수 있단 말입니까?"

순우곤이 의미심장하게 대답했다. "만일 대왕의 면전에서 술을 마시게 되면 전후좌우에 법을 집행하는 어사御史들이 진을 치고 있으니, 두렵고 조심스러워서 한 말 술을 마시기 전부터 이미 취해버립니다. 만일 집 안으로 존귀한 객이 찾아와 수시로 예를 갖추어 술을 마시다 보면 두 말에 취합니다. 오랜 벗들과 만난 자리에서는 흉허물이 없으니 즐거워 대여섯 말은 너끈히 마시고요. 만일 마을 축제에 가서 옷깃을 풀어 헤친 채 남녀가 함께 어울려 노래하고 춤추며 질탕하게 마시면 여덟 말에도 취하지 않습니다. 그리고 깊은 밤이 되어 주인이 나를 편히 머물게 하여 밤새도록 어떤 구속도, 어떤 거리낌도 없이 온갖 수다를 떨며 마시다 보면 열 말에도 취하지 않습니다."

단순한 주량 이야기로 들리지만, 순우곤의 말은 사람으로서 지켜야 할 예의와 절제에서 멀어질수록 술을 많이 마시게 된다는 뜻이었다.

위왕은 그의 말에 걸핏하면 밤새워 술을 마시며 행락을 즐기는 자신의 음주 행태를 바로잡고자 하는 풍간諷諫의 뜻이 있음을 깨달았다. 위왕이 겸연쩍은 얼굴로 말했다. "그것참 일리 있는 말씀이오!"

위왕이 속뜻을 알아차린 걸 알고는 순우곤이 힘주어 결론을 지었다. "옛사람이 이르기를 '술이 극에 이르면 난잡하게 되고酒極則亂, 즐거움이 극에 이르면 슬픔이 찾아온다樂極則悲'고 했습니다."

이후로 위왕은 밤새워 술을 마시며 즐기는 일이 두 번 다시 없었다.

"즐거움이 극하면 외려 슬퍼진다"는 뜻의 '낙극생비樂極生悲'는 바로 순우곤의 이 이야기에서 비롯된 말이다. 지나친 음주를 비롯해 과도한 쾌락을 추구하는 온갖 오락 활동을 경계하라는 뜻이다.

가득 채우면 엎어지는 그릇

《순자荀子》〈유좌宥坐〉에는 공자의 이야기가 실려 있다. 공자가 노나라 환공桓公의 사당을 찾아 참배할 때의 일이다.

사당 안쪽에 한쪽으로 기울어져서 금방이라도 엎어질 듯한 그릇 하나가 보였다. 공자가 사당 관리자에게 물었다. "이것은 어디에 쓰는 그릇입니까?"

관리자가 말했다. "이것은 환공께서 항상 자신 옆에 두어 마음을 다스리던 유좌宥坐 그릇입니다."

유宥는 우右와 통하고, 좌坐는 좌座를 말하니 '자기 자리 오른쪽에 놓아두는 그릇'이란 뜻이다.

공자가 감탄하며 말했다. "저도 유좌에 대해 들은 적이 있습니다. 비어 있으면 기울어지고, 적당하게 채우면 똑바로 서며, 가득 채우면 엎어지는 그릇인데, 훌륭한 임금이 이 그릇을 자기 곁에 두어 항상 마음을 다스렸다고 하죠."

공자는 제자들에게 기울어져 있는 잔에 물을 붓게 했다. 적당한 양의 물이 차자 기울어져 있던 잔이 똑바로 서고, 다시 가득 채우니 바로 엎어져버렸다.

공자가 탄식하듯 말했다. "가득 채우고도 엎어지지 않는 것이 세상 어디 있겠는가!"

제자 자로가 공자에게 여쭈었다. "가득 쥔 것을 지키는 방법은 없겠습니까?"

공자가 대답했다. "지극한 총명함은 어리숙함으로써 지킬 수 있고, 천하를 덮을 만한 공로는 겸양으로써 지킬 수 있으며, 세상을 진동하는 용기는 겁약怯弱으로써 지킬 수 있고, 천하를 소유한 부함은 만족할 줄 아는 것으로써 지킬 수 있으니, 이것이 바로 퍼내고 덜어내는 도道라고 할 것이다."

인생의 잔을 부귀와 쾌락으로 가득 채우고 싶은 것이야 누구나 원하는 일일 것이다. 그래서 너도나도 잔을 채우기 위해 쉼 없이 동분서주하는 것 아닌가. 하지만 옛 현인들은 우리 인생의 잔은 가득 채우면 엎어지니 주의하라고 말한다. 부귀와 쾌락을 향한 과도한 욕망을 덜어내는 것이 인생의 잔을 똑바로 세우는 일이며, 그 안에 담긴 행복의 향기로운 술을 오래도록 즐길 수 있는 비결이라는 것이다. "즐거움이 극하면 외려 슬퍼진다"는 '낙극생비'의 교훈, 채우면 엎어지는 유좌 그릇의 교훈을 되새겨보길 바란다.

함께 읽으면 좋은 성어	물극필반 物極必反	비극태래 否極泰來
	흥진비래 興盡悲來	

35

남원북철

南轅北轍

남으로 가는 수레를 북으로 몰다

목표 의식은 우리 삶에서 빼놓을 수 없는 매우 중요한 요소이다. 성공적인 삶을 살아낸 많은 인생 선배는 너 나 할 것 없이 뚜렷한 목표를 세울 것을 조언한다. 모든 역량과 열정이 하나의 목표점으로 수렴될 때 성공의 깃발이 펄럭이는 산 정상에 가까워진다며 말이다. 그런데 그게 쉽지가 않다. 우리는 많은 갈림길에서 방향을 잃고 헤매기도 하고, 갑자기 닥친 문제 앞에서 엉뚱한 답을 내놓으며 스스로 목표에서 멀어지기도 한다.

다음은 목표를 향해 나아갈 때 생기는 각종 문제에 대한 우리의 태도를 돌아보게 하는 옛이야기이다.

어리석은 주인이 모는 막가는 수레

중국 전국시대 위나라 왕이 이웃 조나라를 공격하려 했다. 공무를 위해 막 수도를 떠난 위나라 대부 계량季梁이 이 소식을 듣고는 곧장 길을 돌려 궁으로 돌아왔다. 위왕은 먼지를 뒤집어쓴 채 땀을 뻘뻘 흘리며 접견을 청하는 그를 기이히 여겨 물었다. "경께서 공무를 위해 먼 지방으로 출발한 것이 조금 전 아니오? 왜 다시 돌아온 것이오?"

그러자 계량이 말했다. "예, 방금 전에 출발했지요. 그런데 도중에 하도 기이한 일을 당해서 대왕께 말씀드리고 출발해도 늦지 않을 것 같아서 돌아왔습니다."

위왕이 흥미롭다는 듯이 눈을 반짝이며 물었다. "대체 무슨 일이기에 가던 길을 돌릴 정도였소?"

계량이 말했다. "경사를 벗어나 북쪽으로 길을 가는데, 신과 같은 방향으로 가는 수레가 눈에 띄었습니다. 건장한 체구의 마부가 몰고 있는 그 수레는 외관이 화려하고 장중해서 한눈에도 돈깨나 있고 권세 높은 집안의 수레임이 분명했습니다. 좀 무료하기도 하고 주인이 누군지 궁금하기도 해서 마부한테 목적지가 어디냐고 물었습니다. 그러자 수레에 타고 있던 주인이 대답했습니다. '초나라로 가는 중이오!' 저는 그가 농담하는 줄로 알고 웃으면서 말했지요. '허허, 초나라가 언제

북쪽으로 이사를 왔단 말입니까? 농담도 참 잘하십니다.' 그러자 그가 정색을 하고 말했습니다. '농담이라니요. 나는 진짜로 초나라를 향해 가고 있는 거요.' 기가 막힌 제가 말했습니다. '아니, 초나라로 가려면 남쪽으로 가야지 지금 이 방향은 북쪽이 아닙니까? 설마 초나라가 남쪽에 있는 줄을 모르신 겁니까?' 방향이 틀렸다는 제 말을 들은 그 작자가 잠시 말이 없더니 이내 굳은 얼굴로 대답했습니다. '상관없소! 내 말은 건장하고 빨리 달리니 방향이 좀 틀려도 목적지에 도달하는 데는 문제가 없소이다!' 하도 어이가 없어 제가 말했습니다. '말의 힘이 좋아 빨리 달릴수록 초나라와는 거리가 멀어지니 결국 목적지에 도달하지 못할 겁니다.' 하지만 그는 여전히 태평한 얼굴로 대꾸했습니다. '상관없소! 난 가져온 여비가 두둑하니 좀 돌아간다 해도 결국 초나라로 가게 될 것이요.' '아무리 돈이 많아도 방향이 틀렸으니 초나라와는 점점 멀어진다니까요!' 저의 거듭된 지적에 주인은 마침내 화를 내면서 말했습니다. '상관없다니까 그러네! 말의 힘도 좋고, 돈도 많고, 게다가 이 수레를 모는 저 마부가 얼마나 유능한지 압니까? 경력이 대단하고 노련한 일등 마부요. 방향이 좀 틀린 게 뭐 대수란 말이오. 아무 상관 없으니 당신은 당신 길이나 가시구려!'"

위왕이 끼어들면서 말했다. "경께서 지금 농담하십니까? 천하에 무슨 그런 어리석은 사람이 다 있단 말이오?"

그러자 계량이 엄숙한 얼굴로 말했다. "바로 대왕께서 그런 어리석은 사람입니다! 대왕 일생의 목표가 무엇이었습니까? 바로 위나라를 넘어 천하 열국의 패자가 되는 것 아니었습니까? 그러려면 가장 시급히 힘써야 할 일이 천하 열국의 신뢰를 얻는 게 아닙니까? 그런데 대왕께서는 강대한 국세와 강력한 군대만 믿고 이웃 나라를 공격하기 일쑤이니, 그렇게 해서 어떻게 열국의 신뢰를 얻겠습니까? 전쟁을 해서 승리하면 할수록, 나라의 국토를 넓히면 넓힐수록 패업을 이루겠다는 대왕의 목표와는 거리가 더욱 멀어질 것입니다. 결국 남쪽 초나라로 가겠다면서 북쪽으로 수레를 모는 어리석은 사람과 무엇이 다르단 말입니까?"

위왕은 얼굴을 붉히면서 아무런 대꾸도 하지 못했다. 결국 조나라와의 전쟁은 없던 일로 끝났다.

이 이야기에서 비롯된 성어가 "남쪽으로 가야 할 수레를 북쪽으로 몰다"라는 뜻의 '남원북철南轅北轍'이다. 원轅은 수레를 가리키고 철轍은 수레바퀴 자국을 가리키는데, 모두 수레를 몬다는 뜻으로 쓰인다. 요컨대 행동이 목적과 위배될 때, 즉 어떤 일을 추진하면서 그 방향을 잘못 잡는 바람에 시간이 갈수록 처음 세운 목표와 점점 멀어지는 상황을 가리킨다.

목표를 세우고 일을 추진하다 보면 방향을 잘못 잡을 수도, 생각지도 않은 변수가 생겨 길을 잃을 수도 있다. 그럴 때면 수레를 멈추고 길을 물어 방향을 틀면 된다. 잠시 지체하더라도 방향만 잘 잡으면 결국 목표를 향해 갈 수 있는 것이다.

문제는 이 이야기의 수레 주인처럼 명백히 잘못된 방향임에도 계속 고집을 부리는 것이다. 사실 수레 주인은 믿는 구석이 있었다. 힘 좋고 빠른 말, 넉넉한 돈, 그리고 경험과 수완 좋은 마부였다. 이것만 있으면 방향이 달라도 결국 목적지에 도달할 것이라는 지나친 낙관론이다. 그러나 목적지가 멀어질수록 힘 좋은 말은 지치고, 넉넉한 돈은 떨어지고, 수완 좋은 마부는 게을러지기 마련이다. 우리도 종종 이 수레 주인과 같을 때가 많다. 자신의 경험이나 능력만 믿고 주변의 걱정과 우려를 흘려듣는다. '상관없어. 모든 게 잘될 거야' 하면서 말이다.

'남원북철'과 함께 쓰이곤 하는 성어로는 "섶을 안고서 불을 끄다"라는 뜻의 '포신구화抱薪救火', "가슴살을 떼어내어 상처를 보완 치료한다"는 뜻의 '완육보창剜肉補瘡', "짐독鴆毒을 마셔 갈증을 해소한다"는 뜻의 '음짐지갈飲鴆止渴' 등이 있다. 불을 끄겠다는 사람이 섶을 안고 뛰어든다면 오히려 불을 더욱 키우게 될 것이다. 외상에서 비롯된 작은 상처를 치료하겠다고 심장 부근의 살을 도려낸다면 목숨마저 위태롭게 하는 것이다. 목이 마르다고 짐새의 독이 들어 있는 술을 마신다면 입안의 갈증은 멈출지 몰라도 그 독주가 위로 들어가는 순간 바로 죽음을 맞을 것이다. 모두 문제를 해결하겠다고 용감하게 나섰으나 해결은커녕 오히려 문제를 더욱 복잡하게 만든 경우이다.

목표를 향해 열심히 달려가고 있는가? 리더의 사고와 행동, 혹은 조직의 구성과 운영에 있어 원대한 목표로부터 오히려 멀어지게 하는 요소는 없는지 잘 살펴보길 바란다.

함께 읽으면 좋은 성어	배도이치背道而馳	수도동귀殊途同歸
	적득기반適得其反	

36

마수시첨

馬首是瞻

오직 말 머리만 바라보다

조직이 어려움을 만나 혼란에 빠지면 구성원들은 너도나도 리더만 바라보게 된다. 풍부한 경험과 강한 책임감을 갖춘 리더에게서 혼란을 잠재우고 난관을 돌파해나갈 묘수를 기대하기 때문이다. 구성원들의 이러한 기대에 부응하기 위해 리더는 온갖 경험과 능력을 동원해 대책을 제시한다. 그리고 그 대책에 대한 확신을 보여주기 위해 앞장서서 진두지휘하며 조직을 이끌어간다. 그런데 이러한 지휘가 성공할 때도 있고 실패할 때도 있다.

다음은 앞장서서 지휘하는 리더의 서로 다른 결과에 대한 이야기이다.

조조의 아들 조창의 솔선수범 리더십

우리가 잘 아는《삼국연의》에 나오는 조조의 둘째 아들 조창曹彰은 아주 어려서부터 무공을 단련해 말 타기와 활쏘기에 능했고, 맨손으로 맹수를 제압할 정도로 완력이 대단했다. 출중한 군사가이자 뛰어난 정치가이기도 했던 조조는 아들이 무술 단련에만 몰두하는 게 걱정스러워 말했다. "너는 독서를 싫어하여 온종일 무예만 익히고 있구나. 이는 필부의 용기일 뿐이니 어찌 귀하다 하겠느냐?"

그러자 조창은 수긍할 수 없다는 듯이 이렇게 대답했다. "아버님, 대장부는 응당 한무제漢武帝 때의 대장군 위청衛靑, 곽거병霍去病처럼 수십만 대군을 이끌고 전장을 누비며 천하를 호령하는 걸 배워야 할 것입니다. 문자나 씹어대는 문인들한테 배울 게 무엇이 있겠습니까?"

조조는 그의 말에 일리가 있다 여겨 더는 뭐라 하지 않았다.

한번은 조조가 여러 아들을 불러놓고 말했다. "지금은 혼란한 세상이니 남아는 응당 스스로를 강하게 하여 의미 있는 일을 해야 할 것이다. 모두들 자신의 포부를 말해보거라."

조창은 자기 차례가 되자 거침없이 말했다. "저는 오직 대장이 되고 싶을 뿐입니다."

조조가 다시 물었다. "대장이 된다면 어떻게 하겠느냐?"

조창은 진즉부터 생각한 것처럼 즉각 대답했다. "대장이 되면 몸에 갑옷을 걸치고 손에 무기를 들고 강력한 적을 앞에 두고도 조금의 망설임이나 흐트러짐 없이 병사들보다 앞서 용맹하게 적을 향해 돌진함으로써 병사들의 모범이 되겠습니다. 또한 공이 있는 자는 반드시 상을 내리고, 죄가 있는 자에게는 반드시 벌을 내릴 것이니 결코 사사로운 정에 이끌리지 않을 것입니다."

씩씩한 조창의 대답에 조조는 크게 만족해했다.

조창이 29세가 되던 해, 북방의 오환烏桓이 반란을 일으키자 조조는 그에게 5만 대군을 주어 오환을 진압하라고 명령했다. 이 싸움에서 조창은 앞서 부친 조조에게 했던 약속대로 수적으로 훨씬 많은 강력한 적을 상대로 병사들보다 앞서 나아가 용감히 싸웠다. 몸에 여러 발의 화살을 맞으면서도 불굴의 용기로 맞서는 조창의 분전에 병사들은 하나같이 일당백의 용맹을 발휘해 적을 대파했다.

이 조창의 이야기에서 비롯된 성어가 "자신이 병사들보다 앞서 나아가 싸운다"는 뜻의 '신선사졸身先士卒'이다. 위기에 빠진 조직을 위해 불편하고 힘든 일에 다른 구성원보다 앞장서는 리더의 모습을 칭송하는 말이다. 역사 속에 명멸한 수많은 리더의 이러한 모습에 구성원들은 분명한 확신을 갖고 어려움을 돌파해 최종적으로 승리를 거두었다. 그런데 어떤 리더는 앞장서서 나아갔음에도 외면받고 실패하기도 한다.

실패로 끝난 독단적 솔선수범

《좌전》에 나오는 춘추시대의 역사 이야기이다.

진晉나라가 노나라, 제나라, 위나라, 정나라 등 동쪽 제후국과 연합해 서쪽의 진秦나라로 쳐들어갔다. 진晉나라 장수 순언荀偃이 총사령관이 되어 연합군을 이끌었다. 그런데 서쪽으로 순조롭게 나아가던 연합군은 험한 물살이 이는 깊고 넓은 경수涇水를 만나 더 이상 진격할 수 없는 처지에 놓였다. 각국의 군대는 모두 임시 병영을 차리고는 강을 건너려 하지 않았다.

총사령관 순언이 급히 각국의 장군들과 참모들을 불러 상의했다. 속히 강을 건너지 않으면 연합군의 사기가 떨어져 공격이 실패할 것이라는 총사령관 순언의 의견에 여러 장군이 뜻을 같이했다. 그들은 서둘러 강을 건널 배를 만들기 시작했다. 며칠간의 노력 끝에 연합군은 드디어 강을 건너게 되었다.

하지만 진秦나라 군대가 상류에 막대한 양의 독약을 푸는 바람에 강을 건너던 수많은 병사와 말이 고통스럽게 죽어갔다. 또한 수적으로 훨씬 열세인 진나라 군대가 조금도 위축되지 않고 완강하게 버티며 공방을 이어가니 싸움은 쉽게 끝나지 않았다.

당초 강만 건너면 곧바로 제압할 수 있을 것이라 여겼던 싸움이 길게 이어지자 총사령관 순언은 마음이 급해졌다. 순언은 각국의 장군들과 상의하지도 않은 채 다음과 같은 명령을 하달했다. "내일 새벽닭이 울면 전군은 병영에 있는 우물을 메우고 아궁이를 허물고 말을 타고 진격한다. 오직 내 말 머리를 바라보고 내가 가는 대로 나를 따르라!"

이 명령이 전해지자 같은 장수 한 명이 불같이 화를 내며 휘하 병사들에게 말했다. "순언은 제멋대로 독단적으로 명령을 내리고 있다. 나는 지금껏 이런 명령을 받아본 적이 없으며, 이런 명령을 따를 마음도 없다. 순언의 말 머리가 서쪽을 향하면 내 말 머리는 정반대로 동쪽을 향할 것이다."

이 장수는 결국 휘하 군대를 이끌고 동쪽으로 돌아갔다. 이 모습을 본 각국의 군사들이 크게 동요하며 누구도 순언의 명령을 따라 진격하려 하지 않았다. 그제야 순언은 자신의 명령이 무모하고 성급했음을 깨달았다. 그로 인해 연합군이 와해되고, 진나라와의 전쟁이 실패했음도 알았다. 그는 풀이 죽어 최후의 명령을 내렸다. "전군은 동쪽으로 철수하라!"

사람들은 이렇게 아무런 성과도 없이 엉성하게 끝난 이 전쟁을 '질질 끌다가 마친 싸움'이란 뜻의 '천연지역遷延之役'이라고 불렀다.

이 이야기에서 비롯된 성어가 "오직 말 머리를 바라본다"는 뜻의 '마수시첨馬首是瞻'이다. 여기서 첨瞻은 바라본다는 뜻이다. 구성원들이 오로지 리더 한 사람의 지휘만을 받아 움직이는 것을 의미한다. 이는 일견 일사불란하고 효율적인 리더십처럼 보이지만 실제로는 순언의 사례처럼 구성원의 의견이 조금도 반영되지 않은 독단적 리더십을 의미하는 부정적인 말이다.

연합군이 깊고 넓은 강물을 만났을 때 순언은 각국의 장군과 참모들을 불러 함께 대책을 세웠고 마침내 강을 건너는 데 성공했다. 하지만 이후 위기를 맞자 승리에 대한 조급함에 아무런 협의나 상의도 없이 독단적인 명령을 내려 도리어 실패를 불러왔다. 리더가 앞장섰음에도 어느 누구도 뒤따르지 않았다.

약육강식의 살벌한 경제 현장에서 조직을 이끄는 리더는 그 옛날 화살이 빗발치고 창검이 난무하는 전장에서 병사들을 이끌

고 적과 싸운 장군들과 다를 게 없다. 전세가 불리한 급박한 상황에서도 의연하게 앞장서는 '신선사졸'의 솔선수범하는 리더, 하지만 그 앞장섬이 '마수시첨'의 독단적 지휘가 되지 않도록 늘 경계하는 리더가 되길 바란다.

함께 읽으면 좋은 성어	강퍅자용剛愎自用	이신작칙以身作則
	일마당선一馬當先	

37

방미두점

防微杜漸

미세할 때 방지하고 시작할 때 막는다

중국 동한의 4대 황제 화제和帝는 어질고 능력 있는 군주였다. 대대적인 세금 감면으로 재난을 당한 백성들을 적극적으로 구휼했고, 법과 제도를 잘 정비해 힘없는 백성들이 억울한 일을 당하지 않도록 살폈다. 밖으로는 군대를 잘 정비해 강력한 군사력으로 흉노를 제압해 변경을 안정시켰다. 화제가 다스리던 시기에 동한은 인구가 5,300만을 넘길 정도로 최고 전성기를 맞이했다.

이러한 훌륭한 치적은 화제의 파란만장했던 인생 역정을 생각하면 참으로 기적과 같은 것이어서 많은 사람의 주목을 받았다.

화란의 싹을 미리 잘라 태평성세를 연 어린 황제

화제의 이름은 유조劉肇이며, 한나라 장제章帝 유달劉炟의 넷째 아들로 생모는 양귀인梁貴人이다. 당시의 황후는 악명 높은 두황후竇皇后였다. 두황후는 황제의 총애를 한 몸에 받았지만 슬하에 자식이 없었으므로 다른 비빈들이 아들을 낳으면 온갖 수단을 써서 핍박을 가하곤 했다.

송귀인宋貴人이 낳은 아들 유경劉慶이 태자로 책봉되자 두황후는 송귀인이 사술을 쓰고 있다는 거짓말로 결국 그녀가 자살하게끔 내몰고, 유경을 태자 자리에서 폐위시켰다. 이후 양귀인의 아들 유조가 태자로 책봉되자 이번에는 양귀인의 아버지 양송梁竦을 모함하는 편지를 날조해 결국 양송을 죽음에 이르게 했다. 이 일로 양귀인마저 죽고, 어린 유조는 자신의 친모를 죽인 두황후의 손에서 친아들처럼 자랐다.

장제가 33세에 갑자기 세상을 뜨자 겨우 열 살이던 유조가 황제 자리에 올랐다. 대권은 자연스럽게 두황후의 손에 떨어졌고, 두황후 일가가 권력을 독점해 두씨 천하를 만들어갔다. 두황후의 오빠 두헌竇憲은 시중侍中이 되어 조정 기밀을 관장하고 황제의 칙령을 주관했다. 두황후의 동생 두독竇篤은 호분중랑장虎賁中郎將에 임명되어 황제 근위대를 지휘했다. 황제 주변의 온갖 높은 지위를 두씨 형제들이 차지하면서 국정은 완전히 두씨 가문에 의해 장악되었다. 두씨 일족이 권력에 기대어 온갖 비위를 저지르건만, 조정에는 그들을 제어할 세력이 아무도 남아 있지 않았다. 자객들을 보내 정적이 될 만한 사람들을 미리 제거해버렸기 때문이다.

두씨 일족에 의해 허수아비 황제 노릇을 하던 어린 황제 화제가 제위에 오른 지 4년째 된 어느 날 하늘에 일식 현상이 나타났다. 이에 당시 사도司徒 벼슬을 맡고 있던 정홍丁鴻이 두씨 일족을 탄핵하는 장문의 상소문을 올렸다. "태양은 군왕의 상징이요, 달은 신하의 표상입니다. 이번에 발생한 일식은 달이 해를 침범하여 밝음이 어두워진 것이니, 바로 신하가 군왕을 능멸하였음을 하늘이 경고한 것입니다. 폐하께서는 하늘의 뜻을 잘 살피셔야 할 것입니다."

정홍은 이어서 두씨 일족의 전횡을 상세히 서술하며 속히 그들의 권력을 거두어들일 것을 강력하게 주문했다. 당시 황제는 이제 막 어린 티를 벗고 국정 상황을 파악해가고 있던 상황이었다. 고분고분 지시를 따르던 황제가 점차 달라져가는 모습을 보고는 두씨 일족에서 황제를 시해할 음모를 세웠는데, 그 음모가 사전에 황제에게 알려졌다. 하지만 두씨 일족에 둘러싸여 고립된 황제가 반격을 가하기란 쉽지 않은 터여서 망설일 수밖에 없었다. 그런데 이런 상황에서 황제의 행동을 촉구하는 정홍의 상소문이 올라온 것이다. 상소문의 한 대목이 황제의 마음을 흔들었다.

제방을 무너뜨리는 거대한 홍수도 작은 물줄기로부터 시작됩니다. 하늘을 가리는 거대한 나무도 여리고 작은 싹에서 시작되는 것입니다. 작을 때 제어하는 것은 쉽지만 이미 다 커진 뒤에 처리하기는 어려운 법입니다. 미세한 것을 소홀히 하지 않는 사람이 없으니, 이것이 결국 큰 화에 이르는 이유입니다. 미세할 때 방지하고 이제 막 시작할 때 막아야 합니다. 폐하께서 화란禍亂의 싹을 미리 잘라버린다면 흉악하고 요사한 무리는 소멸될 것이니, 재앙은 사라지고 복이 이르게 될 것입니다.

"미세할 때 방지하고 시작할 때 막아야 한다", 즉 '방미두점防微杜漸'이라는 정홍의 말이 황제로 하여금 즉각 행동에 나서게 했다. 지금 바로 나서지 않고 꾸물댔다가는 결국 몇 곱절의 큰 비용을 치를 게 분명했다. 황제는 몇몇 충신과 연대해 치밀하게 계획을 세움으로써 두씨 형제들의 군권을 박탈했다. 그리고 두씨와 결탁해 전횡을 일삼던 모든 악한 세력을 일망타진하고 나라를 정상으로 되돌렸다.

하는 일 없이 일을 다 하는 성인

정홍이 상소문에서 말한 '방미두점'은 본래 《도덕경》 63장에 나오는 다음과 같은 구절에 근거한 것이다.

어려운 문제는 그것이 쉬운 단계에서 도모하고,
큰일은 그것이 작을 때 처리한다.
천하의 어려운 일은 반드시 쉬운 일에서 생기고,
천하의 큰 것은 반드시 작은 것에서 생기기 때문이다.
그러므로 성인은 종내 일을 크게 벌이는 일이 없고,
그래서 결국 큰일에 성공한다.
圖難於其易, 爲大於其細.
天下難事, 必作於易.
天下大事, 必作於細.
是以聖人終不爲大, 故能成其大.

모든 어렵고 큰 문제는 쉽고 작은 문제로부터 시작된다. 그런데 사람들은 문제가 쉽고 작을 때는 별것 아니라 생각하고 소홀히 하다가 문제가 어렵고 커진 뒤에야 비로소 허둥대며 비상 대책을 세우거나 TF팀을 만든다 하며 수선을 피운다. 결국 문제를 해결하는 과정에서 엄청난 비용이 발생한다.

성인은 그렇지 않다. 종내 일을 크게 벌여서 수선을 피우지 않는다. 어떤 문제가 커져서 혼란에 이르기 전에 미리 그 문제의 싹을 잘라버리기 때문이다. 문제가 아직 싹의 상태이기 때문에 처리하기가 쉬워서 호들갑을 떨 필요도 없다. 이러한 것이 바로 무위無爲의 방식이다. 무위는 아무것도 하지 않는 것이 아니다. 무슨 일을 하겠다며 호들갑을 떨고 수선을 피우지 않는 것일 뿐이다. 조용히 힘들이지 않고 일을 처리하는 것이다. 성인이 그렇게 무위의 방식으로 일을 처리할 수 있는 것은 바로 작은 단계, 쉬운 단계에서 시작하기 때문이다.

굴뚝을 굽게 하고 땔감은 다른 곳으로

어떤 마을의 부잣집에서 집을 새로 지었다. 마을 사람들이 찾아와 새로 지은 집이 훌륭하다며 너도나도 칭송했다.

그런데 유독 한 사람만이 잘못된 점을 지적하며 말했다. "굴뚝이 너무 곧고 땔감이 너무 굴뚝 가까이에 있습니다. 이러다가 화재가 일어나 새집을 몽땅 태울 수도 있습니다. 굴뚝을 굽게 만들고 땔감을 다른 곳으로 옮기십시오."

칭찬을 기대했던 주인은 불쾌해하며 그 사람의 말을 무시했다. 얼마 뒤 곧은 굴뚝에서 새어 나온 불꽃이 굴뚝 가까이에 쌓여 있던 나무들에 옮겨붙는 바람에 집이 불타고 말았다. 다행히 온 마을 사람들이 급히 달려와 불을 꺼준 덕분에 큰 화는 면했다.

화재를 진압한 후 부자는 잔치를 크게 열어 마을 사람들에게 감사를 표했다. 그때 마을 사람 중 하나가 말했다. "일전에 어떤 사람이 지적한 대로 처음부터 굴뚝을 굽게 만들고 땔감을 다른 곳으로 옮겼으면 이런 손해, 이런 소란은 없었을 것 아닙니까?"

《한서漢書》 〈곽광전藿光傳〉에 나오는 이 이야기에서 비롯된 성어가 "굴뚝을 굽게 하고 땔감을 다른 곳으로 옮긴다"는 뜻의 '곡돌사신曲突徙薪'이다. 문제가 커져서 큰 비용을 치르기 전에 미리미리 잘 조처해 큰일이 생기지 않도록 한다는 뜻이다.

한비자는 다음과 같이 말했다.

> 천 리에 이어지는 큰 제방도 개미의 굴 때문에 무너지고,
> 백 척이나 되는 높은 집도 굴뚝 틈에서 나온 연기로 불탄다.
> 千丈之堤, 以螻蟻之穴潰.
> 百尺之室, 以突隙之煙焚.

◇ ◇

우리 사회를 뒤흔드는 재해나 재앙은 대부분 작은 것을 소홀히 한 데서 비롯된다. 그 작은 것이 결국 큰 문제로, 큰 재해로 나타나는 것이다. 그러니 작은 것이나 쉬운 것이나 함부로 작다, 쉽다 여겨 소홀히 해서는 안 된다. 작은 문제를 신중하게 살피는 리더가 되길 바란다.

함께 읽으면 좋은 성어	방환어미연防患於未然	임진마창臨陣磨槍

38

섭공호룡

葉公好龍

용을 좋아한 섭공

우리가 살면서 듣는 수많은 교훈 중에 가장 자주 접하는 이야기는 '겉모습만 보지 말라'는 것이다. 겉으로 드러나는 모습이 전부가 아니라는 말이다. 그럼에도 우리는 이 겉모습에 현혹돼 진실을 놓치는 경우가 많다. 표리부동表裏不同이니 외화내빈外華內貧이니 양두구육羊頭狗肉같이 겉과 속이 다름을 지적하는 수많은 고사성어가 주의를 촉구하지만, 우리는 여전히 화려한 언변과 그럴싸한 수식에 홀려서 진실한 면모를 놓치는 실수를 범할 때가 많다.

용 덕후가 진짜 용을 만나 혼비백산한 이야기

한나라 때 유향劉向이 쓴 《신서新序》에 있는 내용이다.

어느 해 공자의 제자 자장이 노나라 임금 애공哀公을 찾았다. 애공이 평소 덕망 있고 재주 있는 선비를 찾고 있다는 이야기를 들은 터라 자장은 사뭇 기대를 걸었다. 그런데 무슨 연유인지 애공은 자장을 예우하지 않았다. 크게 실망한 자장이 떠나면서 이런 이야기를 남겼다.

섭공葉公이라는 사람이 있었는데, 유달리 용을 좋아했다. 그는 집안 장식을 모두 용의 형상으로 꾸몄다. 집 안팎의 담장에 용을 그렸고, 기둥과 창틀에도 용을 새겼다. 그가 쓰는 무기에도 용을 그렸고, 심지어 낚싯바늘이나 끌 같은 연장도 용의 형상으로 만들었다. 섭공은 이웃 사람들을 만날 때마다 자신이 얼마나 용을 좋아하는지 침이 마르도록 떠들어댔다.

이러한 섭공을 하늘에 사는 진짜 용이 알게 되었다. 용은 감격해서 말했다. "인간 세상에 나를 이토록 좋아하는 사람이 있을 줄이야! 섭공이란 자를 찾아가 감사를 표함이 마땅하도다!"

마침내 용은 예물을 준비한 다음 훨훨 날아 섭공의 집으로 향했다. 용이 섭공의 집에 다다를 즈음, 섭공은 용이 새겨진 흔들의자에 앉아 용 그림이 그려진 담벼락을 흐뭇하게 바라보며 쉬고 있었다. 그런 모습을 본 진짜 용은 더욱 반가운 마음에 창문으로 불쑥 얼굴을 들이밀며 인사하려 했다.

용이 몰고 온 신비한 구름이 집 안 가득 들어오자 이게 무슨 조화인가 싶어 누리번거리던 섭공은 대청까지 들어와 늘어져 있는 용의 꼬리를 보았다. 눈이 휘둥그레진 섭공은 마침내 창틀에 걸쳐 있는 진짜 용의 얼굴과 마주쳤다. 그토록 용을 좋아하던 섭공이건만 반가워하기는커녕 그만 혼비백산해서 "사람 살려" 소리를 지르며 도망을 쳤다.

그런 섭공의 모습을 본 진짜 용은 허탈해하며 떠나가면서 말했다. "진짜 용이 아니라 가짜 용을 좋아한 것이로군!"

자장이 말했다. "섭공은 처음부터 진짜 용을 좋아한 것이 아니다. 그가 좋아한 것은 사이비 용일 뿐이다. 지금의 노나라 임금 역시 마찬가지이다. 그가 어진 선비를 좋아한다는 것도 다 거짓이다. 그가 좋아하는 것은 선비 흉내만 내는 사이비 선비일 뿐이다."

이 이야기에서 비롯된 성어가 "섭공이 용을 좋아하다"라는 뜻의 '섭공호룡葉公好龍'이다. 겉으로는 좋아한다고 표방하면서도 실제로는 전혀 좋아하지 않는 표리부동한 사람을 일컫는 말이다. 민주적인 가치를 숭상한다고 말하면서도 자신의 이익과 관련될 때는 거침없이 독단적으로 행동하는 사람, 공평과정의를 소중히 여긴다고 떠들어대면서 자신의 이익과 관련된 일에는 편법과 부정을 쉽게 저지르는 사람은 모두 이 섭공과 같다고 할 수 있다. 이런 사람들은 처음부터 고상한 가치나 이상을 좋아하는 것이 아니다. 그렇게 선전해서 자신의 가치를 높이려는 것뿐이다. 이른바 '기세도명欺世盜名', 세상을 속여서 이름을 훔친 사람들일 뿐이다. 그렇게 얻은 허명은 결국 화를 부른다.

《좌전》은 다음과 같이 말하고 있다.

겉만 화려하고 실질이 없게 되면 원성이 쌓인다.
그렇게 해서 원성이 쌓이면 몸을 둘 곳이 없게 된다.
華而不實, 怨之所聚也.
犯而聚怨, 不可以定身.

이러한 경고에도 불구하고 세상은 번드르르한 사기꾼들로 넘친다. 사기꾼들은 달콤한 말로, 감언이설로 더욱 우리의 판단을 흐리게 만든다.

입에는 꿀, 배 속에는 칼, 음흉한 재상 이임보

당현종은 명군과 혼군의 양면적인 평가를 받는 인물이다. 정무에 근실하고 군신들의 의견을 겸손하게 수용하던 명군 시절에 당나라는 개원 성세의 최고 황금기를 구가했다. 하지만 양귀비의 치마폭에서 환락에 젖어 백성을 잊고 나라를 잊었던 혼군 시절에는 안녹산의 난이라는 미증유의 혼란에 빠지고 국세는 내리막길을 걸었다.

이 혼군의 시절에 조정을 장악한 사람이 바로 이임보李林甫라는 재상이었다. 이임보는 학식과 재능이 있는 훌륭한 관리를 싫어했다. 그런 관리들을 제거하기 위해 겉으로는 더없이 친근한 말로 상대를 홀렸다. 그리고 상대가 방심한 틈을 타서 몰래 그들을 함정에 빠뜨리곤 했다. 이러한 그의 모습을 세상 사람들은 "입에는 꿀이 흐르지만 배 속에는 칼이 있다"라는 뜻의 '구밀복검口蜜腹劍'이라고 풍자했다. 글도 잘 쓰고 그림에도 능했으며 서예에도 출중했기에 사람들은 그의 화려한 겉모습에 쉽게 속아 넘어갔다. 또 그는 자신보다 뛰어난 재능이나 명망을 갖춘 사람은 수단을 가리지 않고 쳐냈다.

현종의 조정에서 좌상左相을 맡고 있는 이적지李適之는 능력 있는 관리로, 백성과 황제의 신임을 두루 받는 인물이었다. 당시 중서령을 맡은 이임보가 어느 날 이적지를 찾아와 공손하게 예를 갖추며 말했다. "장안 동쪽에 있는 화산에 대량의 황금이 묻혀 있습니다. 그걸 채굴하면 나라의 부를 크게 늘릴 수 있을 것입니다만, 황제께서 모르시는 것이 안타까울 따름입니다."

이적지는 그 말을 진짜로 믿고 급히 황제를 찾아가 화산 채굴을 제안했다. 현종은 크게 기뻐하면서 즉각 이임보를 불러 그 일을 상의했다. "듣자 하니 화산에 대단한 금광이 있다고 합니다. 화산 채굴을 지체할 이유가 없을 듯하오이다."

그러자 이임보가 난처한 표정을 지으면서 대답했다. "화산의 금맥에 대해 신은 진즉부터 알고 있었습니다. 다만 화산은 제왕의 영기가 집중되어 있는 풍수의 명당입니다. 그러니 어찌 함부로 화산을 파헤칠 수 있겠습니까? 누군가 폐하께 화산 채굴을 권했다면 틀림없이 좋은 뜻으로 그리한 것은 아닌 듯 합니다."

현종은 이임보의 말에 감동하며 그야말로 진정한 충신이라 여겼다. 반대로 이적지에 대해서는 좋지 않은 감정을 갖고 점점 멀리했다. 결국 얼마 안 가서 이적지는 실세해 재상직에서 물러났고, 조정은 이임보의 손에 완전히 장악되었다.

'구밀복검', 이임보의 달콤한 꿀 같은 말에 이적지도 넘어갔고, 당현종도 넘어갔다. 그의 배 속에 든 칼에 이적지는 재상직을 빼앗기고 목숨까지 잃었다. 그리고 당현종은 나라를 혼란에 빠뜨리고 어리석은 혼군으로 역사에 남게 되었다. 달콤한 말을 경계해야 함을 거듭 일깨워주는 이야기이다.

공자가 말했다. "교언영색巧言令色, 선의인鮮矣仁." 교묘한 말과 아름다운 얼굴 표정에는 어짊이 적다! 말이 달콤할수록, 겉모습이 화려할수록 더욱 경계해야 함을 일깨워주는 말이다. 사이비 용 전문가 섭공이 넘치는 세상이다. 달콤한 말로 우리를 호리는 '구밀복검'의 음흉한 사기꾼한테 넘어가지 않도록 정신을 바짝 차려야 한다.

함께 읽으면 좋은 성어	구시심비口是心非	양면삼도兩面三刀

39

욕속부달

欲速不達

서두르면 도달하지 못한다

우리나라는 '빨리빨리'라는 적극성으로 일군 성과가 큰 게 사실이다. 남들보다 더 빨리, 다른 회사보다 더 빨리, 다른 나라보다 더 빨리, 이렇게 달리고 달리다 보니 오늘날 놀라운 성과를 이룬 것이다. 하지만 속도전을 방불케 하는 전 사회적 강박은 우리로 하여금 매사 조급증을 갖게 하는 부정적 측면이 있는 것도 사실이다. 그리고 이런 조급증으로 인해 발생하는 사회적 문제가 심각하다. 이런 조급증에 대한 경각심을 일깨우는 이야기를 해보자.

공직자가 가장 경계해야 할 조급증

첫 번째 이야기는 공직에 첫발을 디딘 제자에게 조급증을 경계하라고 일깨우는 공자의 이야기이다.

공자의 제자 자하는 '공문십철'에 이름을 올릴 정도로 출중한 사람이었다. 공문십철은 덕행, 언어, 정사, 학문 분야에 각각 뛰어난 공자의 제자 10명을 일컫는 말이다. 자하는 다른 제자 자유子游와 함께 학문 분야에서 특히 인정을 받았다. 자하는 공자와 마흔네 살이나 차이가 날 정도로 제자 중 어린 축에 속했지만, 아주 총명해서 종종 스승으로부터 칭찬을 들었다. 《시경詩經》을 배우는 시간에 공자로부터 자기만의 독특한 해석으로 "자하는 나를 일깨워주는 사람이다"라는 극찬을 받기도 했다.

《논어》에는 자하의 수많은 명구가 실려 있어 그의 출중함을 잘 보여준다. 자하는 노나라 거보莒父의 현령이 되어 스승의 곁을 떠나게 되었는데, 공자에게 하직 인사를 하며 다음과 같이 질문했다. "스승님, 제가 거보의 현령직을 수행하면서 명심해야 할 일이 무엇입니까?"

흐뭇한 얼굴로 자하를 물끄러미 바라보던 공자가 자애로우면서도 분명한 음성으로 말했다. "일을 속히 이루려고 하지 말 것, 작은 이익에 매달리지 말 것, 이 두 가지이다. 일을 속히 이루려고 서두르다 보면 제대로 하지 못하게 될 것이요, 작은 이익에 매달리다 보면 큰일을 이루지 못하게 될 것이다."

재능과 패기로 가득 찬 젊은 제자가 처음 맡은 벼슬이다. 그러니 성과에 대한 의욕이 넘치는 것이야 당연했다. 자하는 자기 능력에 기대어 누구보다도 짧은 시간 안에 탁월한 성과를 거둘 수 있을 것이라 자신했을 것이다. 스승과 동문들에게 빨리 자신의 성과를 보여주고 싶은 생각도 있었을 것이다. 그런 자하의 의중을 정확하게 헤아린 공자가 미리 충고한 것이다.

"서두르지 마라! 서두르면 그르친다! 눈앞의 작은 성과에 현혹되지 마라! 긴 호흡으로 천천히 가라!"

이 공자의 말씀에서 나온 성어가 '욕속부달欲速不達'이다. "급히 서두르면 오히려 도달하지 못한다"라는 뜻이다. 이 구절에 대해 주자는 "일을 속히 이루려고 하면 급한 나머지 순서가 없게 되어 도리어 일을 이룰 수 없게 된다"라고 설명했다. 일을 이루기 위해 반드시 밟아야 하는 순서를 무시한 데서 오는 실패라는 얘기이다.

정해진 기간이나 준수해야 할 절차를 온갖 편법으로 건너뛰다가는 결국 일을 그르칠 수 있다. 남들보다 빨리, 조기에 성과를 내고자 하는 과도한 조급증에 따른 결과이다. 이런 조급증에 사로잡히면 우선 눈앞에 보이는 작은 성과에 집착하게 된다. 그것이 더 큰일, 더 중요한 일을 망치는 것임에도 불구하고 말이다.

조급증에 빠진 농부 때문에 끝장난 논

중국 전국시대 송나라에 아주 성격 급한 농부가 있었다. 그는 매일매일 논으로 가서 벼를 정성껏 돌봤다. 그런데 이 성격 급한 농부가 보기엔 벼가 잘 자라지 않았다. 이웃집 논의 벼가 자기 논의 벼보다 훨씬 빨리 자라는 것처럼 보였다.

어느 날 밤, 어떻게 하면 벼를 빨리 자라게 할까 고민하던 농부는 불현듯 무슨 좋은 수가 생각났는지 얼굴빛이 밝아졌다. 그는 날이 밝자마자 논으로 나갔다. 어린 벼들이 아침 햇살을 받아 여린 잎을 피우고 푸르게 넘실대고 있었다. 하지만 이 조급한 농부의 눈에는 여전히 예전 모습 그대로 발육이 더딘 듯 보였다. 농부가 팔을 걷어붙이며 중얼거렸다. "내가 나서서 벼들이 빨리 자라도록 도와줄 수밖에 없겠군!"

그러곤 논으로 들어가 벼 포기를 하나씩 손으로 잡고 위쪽으로 당겨서 뽑아 올렸다. 이른 아침부터 시작한 일은 점심때가 다 되어서야 끝났다. 농부가 허리를 펴고 논을 바라보니 정말 벼 포기들이 부쩍 자란 듯 보였다. 그는 흐뭇한 얼굴로 집으로 돌아와 가족들에게 말했다. "오늘은 아침부터 일을 많이 했더니 피곤하구나."

아들이 의아해하며 물었다. "모내기도 마쳤는데 더 하실 일이 그렇게 많았습니까?"

농부가 의기양양 말했다. "우리 논의 벼들이 너무 더디 자라길래 내가 오늘 한 포기씩 일일이 뽑아 올려주고 왔다. 가서 봐라. 다른 집 벼들보다 훨씬 크게 자랐을 거다!"

"아이고, 아버지!" 비명을 지르며 논으로 달려간 아들의 눈앞에는 뿌리가 들려져 이미 시들어버린 어린 벼들로 가득한 논의 처참한 광경이 끝도 없이 펼쳐져 있었다.

맹자가 호연지기浩然之氣를 설명하면서 들려준 '알묘조장揠苗助長'의 비유이다. 알은 뽑아 올린다는 뜻으로, 싹을 뽑아 올려서 성장을 돕는다는 말이다. 줄여서 조장助長이라고도 한다. 하지만 말로는 성장을 돕는다지만 실제로는 성장을 해치는 짓이다.

조급증을 앓는 사람들은 눈앞에 나타나는 단기적인 작은 성과에 잘 현혹된다. 뿌리 뽑힌 벼들이 마치 더 길게 자란 듯 보이듯이 말이다. 그래서 자신의 방식이 옳다고 믿고 계속 논의 벼들을 전부 뽑아 올리듯 일을 그르친다. 남들보다 더 '빨리'를 외치는 조급증의 결과이다. 이 이야기를 들려준 맹자는

"천하에 이런 조장을 하지 않는 자들이 드물다"고 말했으니, 참으로 귀담아들을 교훈이 아닌가!

"바쁠수록 돌아가라"는 옛 속담처럼 세상이 바빠질수록 그 바쁜 세상에서 길을 잃지 않으려면 오히려 느긋해져야 한다. 일이 뜻대로 되지 않아 조급증이 일고 심장박동 수가 빨라지거든 생각해보길 바란다. '욕속부달!'

함께 읽으면 좋은 성어	득불상실得不償失	인소실대因小失大
	일축이취一蹴而就	

40

주관방화

州官放火

고을 원님이 불을 놓다

전 사회적으로 공분을 사는 일 중 하나가 이른바 갑질이다. 자신이 소유한 권력, 금력에 기대어 사회적 약자인 을에게 온갖 요구를 무리하게 하는 비열한 행위이다. 그 요구가 부당하지만 갑은 을이 이를 거부할 수 없다는 사실을 알고서 하는 짓이라 갑질은 더욱 악랄할 수밖에 없다.

중국의 성어 중에 '구장인세狗仗人勢'라는 말이 있다. "개가 주인에 기대어 위세를 부린다"는 뜻이다. 악인이 모종의 권력에 의지해 남을 업신여기는 행위를 가리킨다. 사람들이 갑질하는 자를 '개'라고 여긴다는 사실을 보여준다. 이 갑질에서 비롯된 정말 재미있는 이야기를 하나 소개하려 한다.

어처구니없는 군수 전등의 갑질

송나라 때 전등田登이라는 사람이 어떤 군의 군수가 되었다. 전등은 도량이 협소하고 행동이 방자한 위인이었다. 그런데 이 군수는 사람들이 자기 앞에서 '등불 등燈' 자를 입에 담는 걸 아주 싫어했다. 왜냐하면 자신의 이름인 '오를 등登' 자와 '등불 등' 자의 발음이 똑같기 때문이었다. 그래서 부임하자마자 하속들에게 단단히 일렀다. "누구든 절대로 내 앞에서 '등불 등' 자를 써서는 안 된다. 만일 내 명령을 어겼을 경우 엄히 처벌하겠다!"

하루는 전등이 관서에서 책을 보고 있는데 날이 저물어 어두워졌다. 관서의 살림을 맡은 한 아전이 와서 아뢰었다. "나으리, 등을 켜야 할 시각입니다."

'등'이란 말을 듣자마자 전등이 벼락같이 화를 냈다. "이놈! 본관이 그토록 일렀거늘, 네놈이 내 말을 무시하고 내 면전에서 감히 '등' 자를 들먹여? 여봐라, 이놈을 끌고 가서 곤장을 열 대 쳐라!"

수많은 하급 관리가 비슷한 일로 억울하게 매타작을 당했다. 전등의 전횡은 관서 내부에만 그친 게 아니었다. 그는 군내 모든 백성에게 동일하게 '등'이라는 말을 하지 못하도록 금령을 내렸다. 백성들은 이 말도 안 되는 금령에 불만이 많았지만, 관의 위세에 눌려 일언반구 항의하지 못했다.

다음 해 정월 15일 원소절이 돌아왔다. 원소절은 거리마다 아름다운 등불을 내걸어 그 화려한 광경 속에서 달을 감상하며 즐기는 축제이다. 전등이 관할하는 군에서는 매년 이 축제가 열리기 전에 관에서 백성들에게 축제의 시작을 알리는 포고문을 발표하는 것이 관례였다.

"본 군에서는 관례에 의거해 3일 동안 등을 켜도록 한다."

"3일 동안 등을 켜다"라는 말을 한자로 쓰면 '방등삼일放燈三日'이다. 그런데 전등이 군수로 오고 나서 이 포고문을 만드는 하급 관리들이 아주 난처해졌다. 고심하던 관리들은 결국 다음과 같은 포고문을 냈다.

"방화삼일放火三日!" '등불 등' 자 대신 '불 화火' 자를 썼다. 등불이나 불이나 서로 통하니 궁여지책으로 쓰긴 했지만 '방화'는 등불을 켠다는 뜻이 아니라, 불을 지른다는 뜻이니 결과적으로 "이번 원소절에 우리 군에서는 관례에 따라 3일 동안 불을 지른다"는 해괴망측한 포고문이 돼버린 것이다. 군내 백성들이야 대충 그 뜻을 알아차렸지만, 객지에서 온 나그네들은 그 포고문을 보고는 관에서 3일 동안 성에 불을 지른다는 것으로 알고는 지레 겁을 먹고 짐을 싸서 떠나기도 했다.

'등' 자를 둘러싼 전등의 전횡은 다른 지역에까지 퍼져서 큰 조롱거리가 되었다. 어떤 사람이 이 일을 가지고 표어를 만들어 유명해졌다.

군수만은 불 지르는 것도 허용, 백성들은 등 켜는 것도 금지.
只許州官放火, 不許百姓點燈.

이 이야기는 송나라 육유陸游가 쓴《노학암필기老學庵筆記》에 실린 것으로, 여기서 나온 성어가 "고을 원님이 불을 지른다"라는 뜻의 '주관방화州官放火'이다. 터무니없는 이유를 내세워 백성들이 누려야 할 정당한 권리를 빼앗는 관리들의 전횡을 풍자하는 말이다. 권력관계에서 상대적 약자인 을에게 오만무례하게 행동하는 갑의 부당한 행위를 비꼬는 말로 쓰인다.

이웃 나라를 도랑으로 삼은 치수 전문가

전국시대에 사상가 맹자와 치수 전문가 백규白圭가 만났다. 이 백규는 훗날 크게 성공한 상인으로 이름을 날린 사람이다. 백규는 위나라의 재상이 되어 국가의 가장 큰 근심거리인 황하의 범람 문제를 해결했다. 이러한 공적에 대해 백규는 스스로를 매우 자랑스러워했다. 그가 맹자를 만난 자리에서 말했다.

"치수에 대해서라면 내 능력이 우임금보다 나을 것이오!"

우임금은 황하, 장강 같은 중국의 대하천大河川을 정비해서 천하 백성을 수해로부터 구한 치수의 영웅이다. 그런데 백규는 그런 인물보다 자신이 더 낫다고 자부한 것이다.

이 말을 들은 맹자는 기가 찬다는 듯이 말했다. "우임금은 흐르는 물의 본성에 순응해 물이 잘 흘러가도록 물길을 터주는 일에 힘을 기울였소. 그래서 큰물이 나도 물이 막힘없이 잘 흘러가서 마침내 넓은 바다로 빠질 수 있게 하였소. 그는 물길을 트기 위해 무려 13년이란 세월 동안 온 천하를 다니며 갖은 고생을 하였소. 그래서 온 백성이 그를 성인으로 우러르는 것이오. 하지만 당신의 치수는 그저 높이 제방을 쌓아 물이 범람하지 않도록 하는 것일 뿐이오. 당신의 치수로 위나라는 높고 견고한 제방을 쌓아서 황하의 범람으로부터 안전하게 되었다지만, 물길이 막힌 그 물들이 어디로 흘러갑니까? 위나라에 인접해 있는 이웃 나라들, 높이 제방을 쌓을 여력이 없는 나라들로 흘러넘치게 될 것은 자명한 일 아닙니까? 우임금은 바다를 물이 흘러가는 도랑으로 여겼지만, 당신은 이웃 나라를 도랑으로 여긴 것이 아닙니까? 어진 마음을 가진 자라면 참으로 부끄러워할 일이거늘 그대는 오히려 자랑스럽게 여기고 있으니 어이가 없소."

이 맹자와 백규의 이야기에서 비롯된 성어가 "이웃을 도랑으로 여기다"라는 뜻의 '이린위학以鄰爲壑'이다. 남들이 입을 손해는 아랑곳하지 않고 오직 자신의 이익만을 추구하는 행위를 가리킨다. 자신이 처리하기에 곤란한 일이나 손해가 날 일은 남한테 떠맡기는 행위를 가리키기도 한다. 우리 주변에는 이런 '이린위학'의 행위가 넘쳐난다. 하청업체에 대한 대기업의 불공정한 계약이나 가맹점들에 대한 프랜차이즈 본사의 횡포 같은 것은 전형적인 '이린위학'이다.

공정 사회를 향한 사회적 열망이 높다. 국가도 사회도 모두 이 '갑질 문화'를 개선하기 위해 노력하고 있다. 이 노력은 무엇보다도 조직을 선도하는 리더들이 앞장서야 비로소 실효를 볼 수 있을 것이다. 내 모습이 혹시라도 '주관방화'의 전횡적인 리더는 아닌지, 혹시라도 내가 속한 집단만을 위하려는 '이린위학'의 갑질은 아닌지 늘 살펴야 한다.

함께 읽으면 좋은 성어	가화어인嫁禍於人	장세기인仗勢欺人
	조강부약鋤強扶弱	

41

천정득인

穿井得人

우물을 파서 사람을 얻다

《여씨춘추呂氏春秋》는 중국 진秦나라의 재상 여불위呂不韋가 주도해 편집한 일종의 백과사전이다. 도가 사상을 위주로 유가, 법가, 병가, 농가 등 춘추전국시대의 다양한 사상을 절충하고 통합해서 만든 이 책은 가히 제자백가의 용광로라 이를 만하다. 그런《여씨춘추》에 기록된 이야기들을 살펴보려 한다.

우물 속에서 나온 사람

옛날 춘추전국시대 송나라에 정丁씨라는 사람이 있었다. 정씨 집에는 우물이 없어 매번 물을 긷기 위해 밖으로 먼 길을 다녀야 했다. 그래서 집안사람 중 하나는 오로지 이 물 긷는 일을 전담해야 했다. 그래도 여전히 물이 부족하고 또 일손도 딸려서 가족들의 불만은 커져만 갔다.

결국 정씨는 크게 작심하고 집 안에 우물을 팠다. 가족들은 언제든지 맑고 시원한 물을 얻게 되었고, 물 긷는 걸 담당하던 하인도 이제 다른 일을 할 수 있었다. 기분이 좋아진 정씨가 사람들을 만나 말했다. "우리 집에 우물을 팠더니 사람을 하나 얻게 되었소이다. 하하."

지나가던 사람이 그 말을 듣고는 희한한 얘기라 여겨 다른 사람에게 전했다. "정씨 집에서 우물을 팠는데, 그 속에서 사람이 나왔다는군!"

우물에서 사람이 나왔다는 이야기가 급속하게 퍼져 마침내 임금에게까지 전해졌다. 임금이 정씨에게 사람을 보내 그런 희한한 일이 정말 있었는지 확인하게 했다.

관리로부터 자초지종을 들은 정씨는 무슨 말인가 싶어 어리둥절해하다 마침내 자신의 말이 와전되었음을 알았다. "제가 우물을 파서 사람을 얻었다고 한 것은 우물에서 사람이 나왔다는 말이 아닙니다. 우물을 판 덕에 물 긷는 일을 담당하던 하인을 바쁜 농사일에 쓸 수 있게 되어 그렇게 말한 것입니다."

이 이야기에서 비롯된 성어가 "우물을 파서 사람을 얻다"라는 뜻의 '천정득인穿井得人'이다. 말이 전해지는 과정에서 심각하게 왜곡돼 사람들을 호도하는 경우를 일컫는 말이다. 이 이야기는 《여씨춘추》 〈신행론愼行論〉 〈찰전察傳〉에 실려 있다. 여기서 '찰전'은 "전해지는 소문을 자세히 살핀다"는 뜻으로, 전해지는 그대로 믿었다가는 큰코다칠 수 있으니 자세히 살펴서 확인하라는 것이다. 이 글 앞에는 다음과 같은 설명이 있다.

무릇 말을 들었거든 자세히 살피지 않으면 안 된다. 여러 사람을 거쳐 전해지는 과정에서 백이 흑이 되고 흑이 백이 되기 때문이다. 개는 개코원숭이와 비슷하고, 개코원숭이는 침팬지와 비슷하고, 침팬지는 사람과 비슷하다. 그렇다고 사람이 개와 비슷할 수는 없지 않은가. 어리석은 자들이 큰 잘못을 저지르는 것은 바로 이렇게 전해지는 과정에서 왜곡된 것을 자세히 살피지 않기 때문이다.

음악을 관장하던 외발 신하

《여씨춘추》는 '천정득인'같이 잘못된 소문의 사례를 몇 가지 더 소개하는데, 다음은 그중 하나이다.

노나라 애공이 공자에게 물었다. "순임금 시절에 음악을 관장하던 기夔라는 신하는 다리가 하나였다고 합니다. '기일족夔

一足', 그 말이 사실입니까?"

공자가 설명했다. "옛날 순임금이 음악으로 천하 백성을 교화하고자 했습니다. 순임금이 대신 중려重黎에게 이 일을 맡기니, 중려는 백성들 중에서 기라는 자를 추천했습니다. 순임금은 음악을 관장하는 악정樂正에 기를 임명했습니다. 기가 음악의 오음五音과 육률六律을 바로잡아 온 지역에 두루 통하게 하니 이에 천하가 크게 교화되었습니다. 대신 중려가 한 사람을 더 추천하려고 했습니다. 그러자 순임금이 말했습니다. '무릇 음악이란 천지의 정화요, 치란治亂의 관건이 되는 중한 일이다. 그러므로 오직 성인이어야 음악을 만들 수 있는 것이다. 조화로움은 음악의 뿌리이다. 기는 능히 음악을 조화롭게 할 수 있는 자이다. 천하를 음악으로 다스림에 있어 기와 같은 자 한 명이면 족하다.' 그러므로 여기서 나온 '기일족'이란 말은 기 한 명이면 족하다는 뜻이지, 기의 다리가 하나라는 뜻이 아님이 분명합니다."

"기라는 뛰어난 인물 한 명만으로 족하다"는 뜻이 "기의 다리가 하나였다"는 말로 바뀌었으니 기의 입장에서는 참으로 기가 찰 일이다.

이 엉뚱한 이야기가 두루 퍼져서 오랜 세월 동안 전해지는 까닭이 있다. 중국의 고대 신화와 전설을 두루 담고 있는 《산해경山海經》에 다리 하나 달린 괴수 이야기가 나오는데, 이 괴수의 이름이 바로 '기'이다.

동해 7,000리 떨어진 곳에 유파산流波山이 있다. 그곳에 짐승이 하나 있는데, 모습은 소와 같다. 몸은 푸른색으로 뿔이 없으며 다리가 하나一足이다. 물속에 들어갔다 나오면 반드시 바람이 일고 비가 몰아치며, 그 몸의 광채가 해와 달처럼 빛나며 소리가 천둥처럼 요란하다. 이 짐승의 이름이 '기'이다. 황제가 '기'의 가죽으로 북을 만들었더니 그 소리가 500리까지 전해져 천하가 진동했다.

이 신화 속의 '일족'과 순임금의 '기일족'이 합쳐지면서 "기의 다리가 하나였다"는 기이한 말로 바뀐 것이다. 그러니 세심하게 살피지 않으면 안 된다. 일반 상식을 넘어서는 이야기에 대해서는 합리적 의심을 하라는 것이다.

《여씨춘추》는 이렇게 얘기한다.

전해진 소문을 듣고 자세히 살피면 복이 된다.

소문을 듣고 살피지 않으면 차라리 듣지 않음만 못하다.

聞而審, 則爲福矣.

聞而不審, 不若無聞矣.

황하를 건너는 세 마리 돼지

《여씨춘추》에 기록된 또 다른 예를 살펴보자. 공자의 뛰어난 제자 자하의 이야기이다.

어느 날 자하가 진晉나라로 가는 길에 위衛나라를 방문했다. 학문이 뛰어난 자하가 위나라에 왔다는 이야기를 들은 학자 한 명이 자하를 찾아와 물었다. "제가 역사책을 읽다 보니 '진나라 군대의 돼지 세 마리가 황하를 건넜다'는 희한한 글이 있습니다. 도무지 알 수가 없어 가르침을 청합니다. 진나라 군대의 세 마리 돼지라니 도대체 무슨 까닭에 이런 말이 적혀 있는 겁니까? 무슨 상징이나 비유가 있는 심오한 말은 아닐까요?"

학자로부터 책을 건네받은 자하가 한참을 들여다보더니 빙그레 웃으며 말했다. "이는 무슨 심오한 상징이나 비유가 있는 말이 아닙니다. 세 마리 돼지를 뜻하는 '삼시三豕'는 연도를 표시하는 '기해己亥'가 와전된 것일 겁니다. 죽간에 쓰인 기己 자의 획이 탈락되는 바람에 삼三 자가 된 것이고, 시豕 자와 해亥 자 역시 서로 비슷해서 생긴 오해입니다. 이는 '진나라 군대가 기해년에 황하를 건넜다'는 기록일 뿐입니다."

자하가 진나라에 이르러 역사 기록을 살펴보니 과연 자신이 설명한 대로 '진사기해섭하晉師己亥涉河', 즉 "진나라 군대가 기해년에 황하를 건넜다"라는 구절이 있었다. 이 이야기에서 비롯된 성어가 "세 마리 돼지가 황하를 건너다"라는 뜻의 '삼시섭하三豕涉河'이다. 글자가 와전되거나 소문이 잘못 전해지는 경우를 일컫는 말이다.

《여씨춘추》〈찰전〉은 이야기를 다음과 같이 마무리한다.

전해지는 말에는 틀린 듯하지만 옳은 경우도 많고, 옳은 것 같지만 틀린 경우도 많다. 그러므로 시비是非, 즉 옳고 그름의 경계를 분명하게 분별하지 않으면 안 된다. 이것이 성인이 신중한 까닭이다. 그렇다면 어떻게 신중할 것인가? 사물의 일반적인 규율과 사람의 일반적인 정리情理를 기준으로 삼아 들은 소문을 살핀다면 그 진실한 상황을 알 수 있을 것이다.

일반적인 상식과 인지상정에 근거해 판단해보라는 말이다. 그러한 근거에서 벗어나는 소문이라면 일단은 합리적 의심을 해봐야 한다는 것이다.

공자는《논어》〈양화〉에서 이렇게 말했다.

길에서 들은 소문을 길에서 말해버리면 덕망을 잃게 된다.

道聽途說, 德之棄也.

길에서 들은 소문, 인터넷에 떠도는 온갖 가짜 뉴스를 통상적인 상식과 인지상정에 의거해 따져보지 않고, 그대로 믿어 호들갑스럽게 남에게 전해주는 일에 동참하는 것은 자신의 덕망을 스스로 포기해버리는 어리석은 행위이다. 어리석은 소문은 이곳저곳을 떠돌며 몸집을 키우다 지혜로운 사람 앞에서 비로소 사라지기 마련이다. 가짜 뉴스가 판을 치는 혼란한 세상에서 세심한 관찰과 신중한 판단으로 지혜롭고 의연하게 반응하는 리더가 되길 바란다.

함께 읽으면 좋은 성어	이와전와以訛傳訛	증삼살인曾參殺人

제6장

사람의 마음을 얻는 리더십

관계

42

돈제양전

豚蹄穰田

족발 하나로 풍년을 기원하다

넘치는 풍요의 시대를 사는 우리는 종종 화려하고 거창한 것에만 끌려 작고 보잘것없는 것은 소홀히 대할 때가 많다. 하지만 결코 화려하고 거창한 것들만 사람을 감동시키는 것은 아니다.

닭 한 마리와 솜에 적신 술

여기 작은 것으로 천하를 감동시킨 사람이 있다. 중국 동한 시대의 서치徐稚라는 인물이다.

서치는 동한의 어리석은 황제 환제桓帝와 영제靈帝가 다스리던 혼란기에 숨어 살던 은자였다. 집안이 가난해 궁경자족躬耕

自足하면서 스스로의 힘으로 살아갔다. 겸손하고 검소한 그는 의리와 염치를 잘 아는 사람이었다.

천하의 명사들이 그의 사람됨을 존경해 여러 차례 벼슬을 추천했으나 한 번도 응하지 않았다. 황제가 그를 부르기 위해 수레를 보냈을 때조차 입궁을 거절할 정도였다. 당시 그가 살던 예장의 태수 진번陳蕃은 별도의 의자를 만들어 서치가 방문하면 내놓고, 그가 떠나면 바로 벽에 걸어두어 다른 사람은 사용하지 못하게 했다. 그만큼 그를 존경했다.

서치는 비록 벼슬에는 관심이 없었지만 자신을 천거한 사람들에 대한 고마운 마음은 잊지 않았다. 태위 황경黃瓊이 그를 추천했을 때 서치는 벼슬에 나아가지도 않았고, 따로 감사의 인사도 드리지 않았다. 얼마 후 황경이 죽었다는 소식을 들은 서치는 닭 한 마리를 싸 들고 솜뭉치에 술을 적셔 1,000리 길을 걸어서 황경의 빈소가 차려진 강하江夏까지 갔다. 그러곤 솜에 적셔온 술을 짜서 마련한 술 한 잔을 닭 한 마리와 함께 고인의 영전에 바친 다음 상주에게는 인사조차 하지 않고 바로 자리를 떴다.

당시 장례에 참여했던 많은 명사 중 곽림종郭林宗이 상주에게서 이 얘길 듣고는 대뜸 서치라는 것을 알아차렸다. 그는 수하 가운데 언변이 뛰어난 모용茅容을 시켜 날랜 말을 타고 서치를 따라가 인사하게 했다. 서치의 유별난 성격을 익히 알고 있던 모용은 마치 지나는 길에 우연히 만난 것처럼 가장해 예를 갖추어 술을 대접했다. 그리고 농사에 대한 한담을 나누었을 뿐 자신이 누구인지, 무엇 때문에 왔는지 아무 말도 하지 않았다. 그런데 이별하려 할 즈음 서치가 이미 다 알고 있다는 듯이 말했다. "곽림종 선생에게 고맙다는 인사를 전해주시오."

훗날 곽림종의 모친이 돌아가시자 서치는 이번엔 싱싱한 풀을 한 묶음 들고 와 영전에 바치고는 사라졌다.

곽림종이 말했다. "역시 서치답구나! 《시경》에 이르기를 '싱싱한 꼴 한 단이여, 그 사람이 옥처럼 아름답구나' 하지 않았던가! 우리 모친의 아름다움을 이렇게 기리다니 얼마나 깊고 두터운 마음인가!"

이 서치 이야기에서 비롯된 '닭 한 마리와 솜에 적신 술'이라는 뜻의 '척계서주隻鷄絮酒', '싱싱한 꼴 한 묶음'이란 뜻의 '생추일속生芻一束'은 예물이 작고 보잘것없지만 그 속에 담긴 정성은 한없이 깊고 두텁다는 말이다. 아무리 황금만능의 시대를 살아도 사람을 깊이 감동시키는 것은 진실한 정이요, 깊은 정성이다. 여기 작은 예물을 소재로 한 성어 하나를 덧보탠다. 하지만 그 의미는 사뭇 달라서 작은 예물로 감동을 주기는 커녕 비웃음을 산 이야기이다.

족발 하나로 비는 풍년

전국시대에 초나라가 제나라로 쳐들어왔다. 제나라 위왕은 강력한 초나라 군대에 더럭 겁을 먹고는 급히 이웃한 조나라에 원병을 청하기로 했다. 위왕은 신하 순우곤을 사신으로 보내면서 황금 100근과 수레 10대를 조나라 임금에게 드리는 선물로 준비했다. 그런데 순우곤이 그 예물을 보고는 모자 끈이 떨어져나갈 정도로 크게 웃었다.

위왕이 어째서 그리 웃느냐고 물었더니 순우곤이 말했다. "오늘 아침 제가 궁으로 오는 길에 한 해의 풍작을 기원하며 신에게 제사하고 있는 한 사람을 보았습니다. 그 사람은 돼지 족발 하나, 술 한 잔을 차려놓고 이렇게 빌고 있었습니다. '신이시여, 우리 산비탈에 심은 곡식이 잘되어서 광주리마다 가득가득하게 하소서! 우리 논에 심은 벼가 잘 자라서 수레마다 가득가득 싣고 돌아오게 하소서! 신이시여, 올해 제가 심은 농작물이 모두 잘 자라서 우리 집 창고마다 가득가득 채우게 하소서!' 저는 그 농부가 신에게 바치는 예물은 그토록 초라하면서 바라는 것은 그토록 거창한 것을 보고는 웃음이 나오지 않을 수 없었습니다."

순우곤의 이야기를 들은 위왕은 바로 그 뜻을 알아듣고 조나라 왕에게 보내는 예물을 황금 1,000근, 백옥 열 쌍, 수레

100대로 늘렸다. 조나라 임금이 위왕의 예물을 받고 크게 기뻐하며 즉각 정병 10만과 전차 1,000대를 원병으로 파병하니, 이 소식을 들은 초나라는 급히 군대를 돌렸다.

이 순우곤의 이야기에서 비롯된 성어가 "돼지 족발 하나로 풍년을 바란다"는 뜻의 '돈제양전豚蹄穰田'이다. 여기서 양穰은 풍년이 든다는 뜻이다. 남들에게 베푸는 것은 형편없이 적으면서 바라는 것은 심히 많은 경우를 풍자하는 말이다. 결국 바라던 것은 얻지 못하고 남들로부터 비웃음만 당할 뿐이다.

적은 투자로 큰 수확을 꿈꾸는 것, 노력과 수고는 적게 들이고 열매와 소득만 많이 가지려 욕심부리는 것, 요행수로 일확천금을 노리는 것 모두 돼지 다리 하나로 곳간이 가득 차길 바라는 '돈제양전'과 같은 짓이다.

똑같이 작은 예물로 어떤 사람은 천하의 존경을 받고, 어떤 이는 천하의 웃음거리가 되었다. 무슨 차이일까? 한쪽은 예물에 정성을 담았을 뿐 어떤 기대도 바람도 없었음에 비해, 다른 한쪽은 예물에 너무 많은 기대와 바람을 담았다. 물론 우리의 모든 예물이 서치의 예물처럼 되기는 어려울 것이다. 대부분 예물에는 기대와 바람이 담기게 마련이다.

만일 우리가 준비한 예물에 기대와 바람을 갖는다면 거기에 걸맞은 수준의 예물이 되도록 힘써야 한다. '척계서주, 생추일속'처럼 작은 예물이 주는 감동의 힘도 알고, '돈제양전'처럼 작은 예물이 전하는 교훈에도 주의를 기울이는 지혜로운 리더가 되길 바란다.

함께 읽으면 좋은 성어	보리투도報李投桃	비사후례卑辭厚禮
	채란증약采蘭贈藥	

43

득도다조

得道多助

도리를 지키는 자는 많은 사람이 돕는다

세계 곳곳에는 막강한 권력을 쥐고 있는 부패한 세력에 맞서 힘겹게 외로운 싸움을 벌이는 정의로운 사람들이 있다. 계란으로 바위 치기 같은 이 싸움에 과연 승산이 있을까 싶지만, 그래도 세상은 그런 사람들에 의해 새롭게 한 걸음씩 나아갔음을 우리는 역사를 통해 알고 있다.

다음은 의미 있는 외로운 싸움을 하는 사람들을 위한 옛이야기이다.

불의에 맞선 직필 사관 형제들

풍몽룡馮夢龍의 《동주열국지東周列國志》에 나오는 이야기이다.

중국 춘추시대에 제나라 재상 최저崔杼가 임금인 장공莊公을 시해했다. 사관史官이 이 일을 사서에 기록했다.

"최저가 임금을 죽였다." 자신의 악행이 후세에 남을 것을 두려워한 최저는 이 사관을 죽였다.

죽음을 당한 사관에게는 아래로 동생 셋이 있었다. 당시 사관직은 집안 대대로 계승되는 터라, 바로 아래 동생이 사관직을 맡게 되었다. 그는 자기 형이 어떻게 죽었는지 분명히 알고 있었으나 의연하게 최저 앞에서 "최저가 임금을 죽였다"라고 썼고, 최저는 그 역시 죽였다. 다시 셋째가 형들의 뒤를 이어 "최저가 임금을 죽였다"라고 썼고, 또 죽음을 당했다.

마침내 막내가 사관이 되었다. 최저는 칼을 빼어 들고 막내를 협박하며 말했다. "너의 형 셋은 내 말을 따르지 않아 모두 죽음을 당했다. 내가 시키는 대로 '임금은 병으로 죽었다'라고 쓴다면 목숨을 살려주겠다."

막내 사관이 말했다. "사실에 의거하여 바르게 기록하는 것은 사관의 본분입니다. 본분을 저버리면서까지 살아남는 것은 차라리 죽는 것만 못합니다. 설사 내가 이 일을 기록하지 않는다고 해도 천하에는 반드시 이 일을 기록할 사람이 있을 것이니, 재상의 악행은 결국 드러나게 될 것입니다. 그렇게 되면 나는 재상의 악행을 감추었다는 불명예를 안고 천하의 웃음거리가 될 터이니 차라리 재상의 칼에 죽는 것이 낫습니다."

최저가 칼을 내던지고 탄식하며 말했다. "내가 임금을 죽인 것은 사직과 나라를 위해 내린 불가피한 결정이었다. 역사에 기록된다고 해도 후인들은 나를 이해해줄 것이다."

이렇게 살아남은 막내 사관이 집무실에 다다를 무렵, 한 사람이 짐을 한 보따리 들고 땀을 뻘뻘 흘리며 급히 다가왔다. 제나라 먼 남쪽 지역에서 사관직을 맡고 있는 남사씨南史氏였다. 막내 사관이 물었다. "대체 무슨 일이 있길래 예까지 먼 길을 이토록 급하게 오셨습니까?"

남사씨가 대답했다. "당신네 사관 형제들이 모두 최저의 악행을 사서에 기록하려다 그의 손에 죽었다고 들었습니다. 이제는 제가 나설 차례라 여겨 붓과 죽간을 잔뜩 짊어지고 먼 길을 급히 걸어왔소이다."

그러자 막내 사관이 자기가 쓴 죽간을 보여주었다. 그 죽간에는 "최저가 임금을 죽였다"는 글이 선명하게 쓰여 있었다. 남사씨가 고개를 끄덕이며 만족스러운 웃음을 짓고는 말했다. "그럼 됐습니다. 저는 이만 돌아가보겠습니다."

권력자의 악행을 낱낱이 적어 온 천하에 후세까지 알린 제나라 사관 형제들의 감동적인 이야기이다. 형이 죽음으로써 지킨 사관의 직필 정신을 그 동생이, 그다음 동생이, 그다음

동생이 이어받았다. 그리고 이러한 정신은 한 집안을 넘고 한 나라를 넘어 천하로 퍼져나가 계승되었다. 만일 막내 사관이 죽음을 당했다면 남사씨가 이어받았을 것이요, 북쪽의 북사씨, 동쪽의 동사씨, 서쪽의 서사씨가 줄지어 찾아와 권력자의 악행을 기록하려 했을 것이다.

공자는《논어》〈이인里仁〉에서 이렇게 말했다.

덕이 있는 자는 외롭지 않으니,
반드시 이웃이 있기 때문이다.
德不孤, 必有隣.

부도덕한 세상과 타협하지 않고 올곧은 정신으로, 바른 방식으로 싸우는 사람이 일시적으로는 혼자인 듯 외로울 때가 있지만, 결국 그를 응원하고 그 뜻에 동조하는 사람들, 참된 이웃이 반드시 있기 마련이다. 절대로 혼자가 아니라는 말이다. 그러니 우리는 외로움을 걱정할 게 아니라 자신의 덕을 걱정해야 한다. 덕만 갖추면 반드시 이웃이 찾아오게 돼 있으니 말이다. 그 덕 있는 사람이 이웃과 연대해 불의하고 부덕한 세상과 맞서는 싸움, 그런 싸움을 맹자는 군자의 싸움이라 했고, 백전백승이라 했다.

지금부터는 싸우면 반드시 승리하는 군자의 싸움에 대한 이야기이다.

백전백승 군자의 싸움

《맹자》〈공손추하公孫丑下〉에 나오는 글이다.

천시天時가 지리地利만 못하고 지리가 인화人和만 못하다. 내성이 3리요, 외성이 7리밖에 안 되는 작은 성을 포위해 공격해도 이기지 못하는 경우가 있다. 오랫동안 포위해 공격하다 보면 반드시 유리한 천시를 얻을 때가 있으련만, 그런데도 이기지 못함은 천시가 지리만 못한 것이다. 성이 높지 않은 것도 아니고 성을 두른 해자가 깊지 않은 것도 아니며, 병기와 갑옷이 견고하고 예리하지 않은 것도 아니며, 쌀과 곡식이 많지 않은 것도 아니건만, 이 성을 버리고 떠나가니, 이는 지리가 인화만 못한 것이다.

전쟁의 승패를 가르는 3대 요소로 '천시, 지리, 인화'를 말한다. 천시는 전쟁을 치르기에 좋은 날씨나 좋은 계절 같은 기후 조건을 가리키고, 지리는 지형적인 유리함을 말하고, 인화는 구성원들의 화목과 단결을 뜻한다. 맹자는 하늘이 돕는 기회인 천시를 얻어도 승리를 장담할 수 없고, 높은 성과 깊은 해자 그리고 예리한 병기와 충분한 식량을 갖춘 지리를 얻어도 승리를 장담할 수 없다고 했다. 내부 구성원의 화목, 즉 인화라는 측면에서 실패하면 아무리 좋은 천시, 아무리 좋은 지리가 있어도 결국 싸움에서 진다는 말이다.

계속해서 맹자는 다음과 같이 말한다.

나라를 지키는 것은 험한 산과 강이 아니며, 천하를 두렵게 하는 것은 병기의 예리함이 아니다. 도를 얻은 자는 도와주는 자가 많으니 많게는 천하 백성이 그를 따르고, 도를 잃은 자는 도와주는 이가 적으니 마침내 친척마저 배반하는 것이다. 천하가 따르는 자가 친척조차 배반한 자를 상대로 한 싸움이 아닌가. 그러므로 군자는 싸우지 않음이 있을지언정 싸우면 반드시 승리하는 것이다.

《맹자》의 이 이야기에서 나온 성어가 '득도다조得道多助, 실도과조失道寡助'라는 말이다. "도를 얻은 자는 돕는 이가 많고, 도를 잃은 자는 돕는 이가 적다"라는 뜻이다. 도道는 사람으로서 마땅히 가야 할 길, 도덕을 뜻한다. 도덕적으로, 윤리적으로 바르게 생각하고 실천하는 사람이 바로 득도한 사람이다. 득도한 자는 많은 이가 돕는다는 뜻의 '득도다조', 덕이 있는 자는 외롭지 않다는 뜻의 '덕불고德不孤', 표현은 다르지만 전하는 교훈은 같다.

불의한 세력과의 끝날 것 같지 않은 싸움 때문에 외로운가? 자신을 돌아보아 정당하고 도덕적이라면 걱정할 것 없다. 반드시 돕는 이웃이 있을 테니 말이다. 분명 당신이 승리하도록 돕는 이가 많아질 것이다.

함께 읽으면 좋은 성어	물이류취物以類聚 인이군분人以群分
	해내존지기海內存知己 천애약비린天涯若比鄰

44

신경언미

身輕言微

지위가 낮으면 말을 하찮게 여긴다

우리는 매일 수많은 대화를 나누며 살아간다. 엄청난 분량의 말이 대화를 타고 오간다. 주목받는 말도 있고 버려지는 말도 있을 것이다. 선택받지 못하고 버려지는 말은 때로 마음에 상처를 남기기도 한다. 누구든 자신의 말이 주목받기를 바란다. 이 때문에 최고의 대화 기술은 남의 말을 주의 깊게 듣는 것이다. 그런데 우리는 상대의 말을 주의 깊게 듣지 않는 경향이 많다. 특히 상대가 자신보다 열등한 위치에 있다고 생각될 때 더욱 그렇다. 이번 이야기는 우리의 이러한 나쁜 대화 습관을 한번 돌아보자는 뜻에서 준비했다.

중국 한漢나라 때 훌륭한 관리였던 맹상孟嘗의 이야기이다.

낮은 벼슬아치 호조사 맹상

맹상은 회계군會稽郡의 호조사戶曹史라는 낮은 직급의 벼슬아치로, 정직하고 근면해서 백성들의 각종 민원을 해결하기 위해 동분서주하는 모범 관리였다.

그가 관할하던 어느 고을에 늙은 시어머니를 잘 봉양해 효성이 높은 젊은 과부가 있었다. 시어머니가 천수를 다하고 세상을 떠났는데, 이 과부의 시누이가 어머니는 독살당했다며 관에 과부를 범인으로 고발했다. 담당 태수는 사건을 자세히 살피지도 않고 과부에게 살인죄를 적용해 사형을 판결했다.

그 소식을 들은 맹상은 사건의 시말을 꼼꼼히 따져 무고임을 밝히는 보고서를 태수에게 올렸다. 하지만 태수는 호조사라는 낮은 직급인 맹상의 보고를 거들떠보지도 않았다. 맹상이 관청 문 앞에서 통곡하며 호소했으나, 그대로 사형을 집행해 과부는 한을 품은 채 죽고 말았다.

이 일이 있은 후 회계군에 2년 동안 전례 없는 가뭄이 들어 백성들이 큰 고초를 당했다. 기우제를 지내도 아무런 효험이 없었다.

후임 태수가 부임하자 맹상이 찾아와 2년 전 억울하게 죽은 과부를 신원해줄 것을 청하며 말했다. "지금 회계군에 2년이나 비가 내리지 않는 것은 분명 과부의 원통한 한 때문일 것입니다. 억울한 죽음을 밝혀 신원하시면 다시 비가 내릴 것입니다."

태수는 사건을 면밀하게 재조사한 끝에 과부의 무죄를 밝히고 무고誣告를 한 시누이에게 사형을 내렸다. 그러자 신기하게도 하늘에서 큰비가 내려 긴 가뭄이 끝나고 백성들의 시름도 사라졌다.

훌륭한 정치에 다시 돌아온 진주조개

후에 맹상은 서현徐縣의 현령을 거쳐 합포군合浦郡을 관장하는 태수가 되었다. 합포군은 땅이 척박해 농사가 어려웠지만 연해 지역이어서 예부터 질 좋은 진주가 많이 났다. 상인들이 곡식을 싣고 와 진주와 교역한 덕분에 백성들은 의식주가 풍족했다.

그런데 전임 태수가 사람들을 고용해 수시로 진주조개를 대량 남획하는 바람에 어장이 황폐해졌고, 남은 조개들은 인근 교지군交趾郡의 바다로 삶터를 옮겨버렸다. 이에 진주를 찾는 상인들의 발길이 끊기면서 백성들은 의식주에 큰 어려움을 겪게 되었다.

태수로 새로 부임한 맹상은 원인을 조사한 뒤 조개 잡는 기간과 채취 가능한 크기를 제한하는 등 남획을 막는 법령을 제정·공표했다. 그로부터 채 1년이 지나지 않아 교지군으로 옮겨갔던 조개들이 다시 합포군으로 돌아와 왕성하게 번식하니, 합포군은 이전처럼 진주 시장이 활기를 띠고 곡식을 실은 수레가 줄을 잇게 되었다.

이 이야기에서 비롯된 성어가 "합포에 진주가 돌아오다"라는 뜻의 '합포주환合浦珠還'이다. 잃었던 물건을 다시 찾거나 떠나갔던 사람이 다시 돌아오는 경우를 일컫는 말이다. 사자성어를 만들어낼 정도로 훌륭한 치적을 쌓은 맹상은 임기가 끝나 귀향하려 할 때 백성들이 길을 막고 놓아주지 않아 몰래 야반도주하듯 떠나야 했다.

지위가 낮으니 말을 하찮게 여기다

고향으로 돌아온 맹상은 외진 곳에 집을 짓고 궁경자급躬耕自給하면서 은거하듯 살았다. 그의 고상한 인격과 덕망을 흠모해 맹상의 집 근처로 이주해온 백성이 100여 호나 되었다.

고향 사람 중에 양교楊喬라는 이가 당시 조정에서 낮은 직급의 관리로 있으면서 일곱 차례나 황제에게 상주문을 올려 맹상을 추천했다. 하지만 당시 황제 환제桓帝는 이 상주문을 대수롭지 않게 여겨 줄곧 답을 주지 않았다. 양교가 여덟 번째로 상주문을 올리면서 다음과 같이 말했다.

"신이 폐하께 상주문을 올려 전 합포 태수 맹상을 천거한 것이 일곱 차례입니다. 신의 지위가 낮은 까닭에 제 말 역시 하찮게 여겨져 끝내 버려지고 말았습니다." 이어서 양교는 합포 태수 시절 맹상의 치적을 나열하고 백성들의 두터운 신망에 대해 이렇게 전했다. "맹상은 있어도 없어도 무방한, 등과 배에 난 평범한 작은 깃털이 아닙니다. 맹상은 구만리 높은 하늘을 날아오르게 할 수 있는 커다란 날개입니다. 폐하께서 그를 얻게 되면 창생을 이롭게 하고, 사직을 굳게 세우는 일에 크게 쓰실 수 있을 것입니다."

이렇게나 절절한 상주문을 조정은 끝내 외면하고 맹상을 등용하지 않았다. 맹상은 고향에서 70세의 천수를 누리고 죽었다.

이 이야기에서 비롯된 성어가 "지위가 낮으면 말이 하찮아진다"라는 뜻의 '신경언미身輕言微'이다. 지위가 낮은 사람의 말은 남들로부터 주목받지 못하고 버려진다는 뜻이다.

젊은 시절 호조사라는 낮은 직급을 지냈던 맹상의 보고서가 태수에 의해 버려지는 바람에 무고한 젊은 과부가 억울하게 죽음을 당하고 온 군민이 2년이나 가뭄의 고통에 시달렸다. 그리고 미관말직의 양교가 맹상을 천거하며 올린 여덟 차례의 상주문을 황제가 외면했기 때문에 능력과 덕망을 겸비한 훌륭한 인재가 버려지고 만 것이다. 외척과 환관의 발호로 후한이 기울기 시작한 때가 바로 이 시기였으니, 만일 황제가 양교의 상주문을 잘 살펴 맹상을 중용했더라면 기울어가는 나라를 바로 세울 기회를 얻었을지도 모른다.

공자가 전하는 대화의 기술

함께 말할 만한 사람인데도 말하지 않으면 사람을 잃을 것이요.
함께 말할 사람이 아닌데도 말하게 되면 말을 잃을 것이다.
지혜로운 사람은 사람을 잃지도 말을 잃지도 않는다.
可與言而不與之言, 失人.
不可與言而與之言, 失言.
知者不失人, 亦不失言.

《논어》〈위령공衛靈公〉에 나오는 구절이다. 대화 상대가 괜찮은 사람인데 그 지위나 신분에 가려서 그의 말을 소홀히 여기면 그 사람을 잃는다는 말이다. 거꾸로 시원찮은 사람인데도 그 높은 신분이나 지위 때문에 계속 대화를 하면 입만 아프고 공허한 말이 될 뿐이라는 것이다.

실인失人도, 실언失言도 하지 않는 지혜로운 사람은 바로 대화 상대를 바로 볼 줄 아는 사람이다. 지위나 신분에 가려지지 않은 진면목을 볼 줄 아는 사람이다. 하지만 그 사람의 진면목을 알기 어려운 보통의 우리로서는 상대의 말에 집중해서 대화할 수밖에 없다. 설사 내 말이 실언이 될 가능성이 있더라도 상대의 말에 집중하지 않아서 생기는 실인보다는 훨씬 나을 테니 말이다.

우리가 상대의 말에 주목하고 집중해야 하는 까닭은 그 말을 함부로 버리는 것이 바로 사람을 잃는 일일 수 있기 때문이다. 사람을 얻어야 꿈을 이룰 수 있다. 사람을 얻는 길은 대화에 집중하는 것이다. 상대의 지위나 신분에 상관없이 그의 말에 집중하고 주목하는 것, 사람을 얻는 길이다. '신경언미'의 옛 교훈을 생각하면서 여러분의 대화 습관을 돌아보길 바란다.

함께 읽으면 좋은 성어	세이공청洗耳恭聽	언종계납言從計納
	안관사처眼觀四處 이청팔방耳聽八方	

45

위호작창

爲虎作倀

호랑이를 위해 창귀 노릇을 하다

항우와 유방이 천하를 놓고 각축을 벌인 초한 전쟁에서 최후의 승자는 한고조漢高祖 유방이었다. 불리한 조건에서 거둔 승리였기 때문에 유방의 리더십에 대한 찬사가 역대로 끊이지 않았다. "인재를 잘 알아보고 일을 적절하게 맡길 줄 안다"는 '지인선용知人善用'이라든지, "여러 사람의 책략, 여러 사람의 힘을 모은다"는 '군책군력群策群力' 같은 성어는 유방에게서 비롯된 리더십 용어로 지금도 종종 인용되곤 한다.

그런데 유방과 관련된 성어에 다 좋은 뜻만 있는 것은 아니다.

유방을 멈추게 한 일갈

진시황의 통일 제국 진秦나라는 잔혹하고 폭압적인 정치로 백성들의 신망을 잃고, 곳곳에서 일어난 반란으로 3대 만에 망하고 만다. 대표적인 반란 세력이 항우와 유방이었다.

유방의 군대가 먼저 진나라 수도 함양咸陽에 입성했을 때의 일이다.

함양에 자리한 구중궁궐의 규모와 화려함에 놀란 유방은 온갖 진귀한 보물과 천하절색의 미녀들을 보고는 탐심이 일어나 그것들을 누리고자 하는 욕심을 거침없이 드러냈다. 그 모습을 보고는 장군 번쾌樊噲가 작은 것을 탐하다가 큰일을 그르쳐서야 되겠느냐며 말렸지만, 유방은 오히려 성을 내면서 뜻을 굽히지 않았다.

그때 참모 장량張良이 나서며 말했다. "주공主公께서 군대를 일으키신 것은 잔혹하고 폭압적인 진나라를 없애 온 천하 백성을 평안하게 하기 위함이 아닙니까? 그런데 주공께서 백성들의 고역으로 지은 진나라 황제의 화려한 궁궐에 거하려 하고, 백성들의 고혈을 빨아 얻은 진나라 황제의 진귀한 보물들을 차지하려 한다면, 주공께서 제거하려고 하신 진나라 황제와 다를 바가 뭐 있겠습니까? 이것이야말로 하夏나라 폭군 걸桀임금을 도와 앞장서서 포학한 짓을 하는 격이 아닙니까?"

장량의 통렬한 지적에 유방은 정신이 번쩍 들었다. 유방은 다시 군대를 정돈하고 사회질서를 바로잡아 함양 백성들의 큰 신임을 얻었으며, 백성들의 이러한 신임을 바탕으로 훗날 천하를 통일하기에 이른다.

유방의 정수리를 내리쳤던 장량의 매서운 몽둥이는 "하나라 폭군 걸임금을 도와 앞장서서 나쁜 짓을 일삼는다"는 뜻의 '조걸위학助桀爲虐'이라는 성어였다. 가장 경멸했던 사람의 행위를 그대로 따라 하고 있는 자신의 모습을 직시하게 만든 일갈이었다.

지금 우리 주변에 자신의 행위가 포학한 걸임금 같은 이를 도와 남을 해치는 일인 줄도 모르고 나쁜 짓에 경쟁적으로 앞서는 사람이 적지 않다. 이런 자들을 섬뜩하게 만들 무서운 옛이야기를 하나 소개한다.

호랑이에 물려 죽은 창귀 이야기

중국 당나라 때 마증馬拯이 산천을 유람하다 생긴 일이다.

어느 해에 마증은 친구 한 사람과 함께 산중을 걷다가 호랑이 사냥꾼을 만났다. 사냥꾼은 그 산에 유독 식인食人 호랑이가 많아 밤길이 매우 위험하니 자신과 함께 머물다 가라고 했다. 마증이 나무 위에 마련된 사냥꾼의 임시 처소에서 막 자리를 잡으려고 하는데, 멀리서 한 무리의 사람들이 오는 모습이 보였다. 가사를 입은 스님, 도사 복장을 한 사람, 부녀자, 남정네가 섞여서 모두 노래를 부르고 춤을 췄다. 그들은 사냥꾼이 호랑이를 잡기 위해 설치해둔 함정을 보더니 큰 소리로 외쳐댔다. "누가 우리 장군님을 해치려고 이따위 짓을 한단 말이냐!" 그러고는 모두 달려들어 함정을 다 부숴버리고 떠났다.

마증이 깜짝 놀라서 무슨 일이냐고 묻자 사냥꾼이 말했다. "저들은 창귀倀鬼라는 귀신이오. 모두 호랑이한테 물려 죽은 원혼인데, 자신들이 호랑이한테 물려 죽은 것도 모르고 오히려 앞서 걸으면서 함정 같은 위험을 미리 제거해 호랑이를 안전하게 지켜준다오. 저들이 지나갔으니 곧 호랑이가 올 거요. 빨리 함정을 보수해서 호랑이를 잡읍시다."

사냥꾼의 말대로 얼마 후 무시무시한 거대한 호랑이가 나타났다. 함정에 빠진 호랑이는 사냥꾼의 강한 석궁에 맞아 쩌렁쩌렁 포효하면서 죽었다.

이 소리에 창귀들이 돌아와 울부짖으며 말했다. "어떤 극악한 자가 우리 장군님을 죽였단 말이냐!"

마증이 이 모습을 보고는 앞으로 나아가 그들을 크게 꾸짖었다. "이 무지한 원혼들이여, 그대들은 호랑이한테 물려 죽은 것이 아니냐! 이 사냥꾼이 그대들을 위해 원수를 갚아줬으니 응당 감사해야 할 터인데, 오히려 호랑이를 위해 통곡하고 사냥꾼을 저주하다니, 어찌 이렇게 분간이 없단 말이냐!"

마증의 일갈에 창귀 무리는 번뜩 정신이 돌아왔다. "저희한테는 줄곧 저 호랑이가 지체 높은 장군으로 보였습니다. 어르신의 일갈에 비로소 꿈에서 깨어났습니다." 그들은 마증과 사냥꾼에게 감사의 인사를 하고는 표연히 떠났다.

당나라 때 배형裵鉶이 쓴 《전기傳奇》에 나오는 이야기이다. 여기서 비롯된 성어가 "호랑이를 위해 창귀가 되다"라는 뜻의 '위호작창爲虎作倀'이다. 악한 자가 계속해서 악한 일을 할 수 있도록 돕는 사람을 가리키는 말이다.

역대로 수많은 포악한 군주 옆에는 어김없이 이런 '창귀' 간신들이 있었다. 군주를 바로잡아 바른 정치를 하도록 돕는 일이 신하의 본분임에도 오히려 악을 조장해 군주를 더욱 그릇된 길로 안내하는 사람들이다.

어찌 옛날만 그러하겠는가? 어찌 조정에만 그런 일이 있겠는가? 썩은 권력이 있고 부패한 금력이 있는 곳에는 권력자의

패악을 조장하고 이끄는 창귀들이 꼭 있기 마련이다. 그들에게 정신 차리라고 일갈하고 싶다. "당신들이 바로 호랑이한테 물려 죽은 창귀요!"

함께 읽으면 좋은 성어 | 위호첨익爲虎添翼 | 솔수식인率獸食人

46

유재시거

唯才是擧

오직 재주만 있다면 발탁한다

나관중羅貫中의 소설《삼국연의》는 기본적으로 유비를 존숭하고 조조를 폄하하는 구조이다. 그래서 유비는 진실하고 후덕한 모습으로, 조소는 꾀는 많지만 성정이 간사한 자로 그려진다.

하지만 실제로 조조는 비범한 인물이다. 진수陳壽나 사마광司馬光 같은 역사가들이 모두 최고의 찬사를 보냈으며, 중국 현대문학의 아버지라 불리는 노신魯迅도 자신은 조조와 같은 무리는 아니지만 그를 존경한다고 했다.《삼국연의》가 동아시아인의 사랑을 받아온 긴 세월 동안 조조는 수없이 욕을 먹었는데, 조조로서는 참으로 억울한 일이다.

《삼국연의》가 처세술과 리더십 등의 교재로 많이 쓰이는데, 조조에 주목할 필요가 있다. 그가 최후의 승자인 데에는 그럴 만한 까닭이 있기 때문이다. 조조는 인재 활용에 뛰어났는데, 그 당시의 일반적 기준과는 다른 원칙을 가졌다. 바로 '유재시거唯才是擧', 실력주의다. 재주만 있다면 어떤 도덕적·윤리적 하자가 있어도 개의치 않겠다는 말이다. 이 '유재시거'의 인재 등용 원칙 덕분에 천하의 뛰어난 인재들이 조조에게 모여들었고, 조조는 그들을 적재적소에 잘 활용함으로써 천하의 패권을 차지할 수 있었다.

천하의 인재를 구하는 조조의 구현령

다음은 '유재시거'의 인재 활용론이 잘 드러나 있는 조조의 〈구현령求賢令〉이라는 글이다.

예부터 천명을 받아 나라를 일으킨 군주 중에 현인군자를 얻어 함께 천하를 다스리지 않은 자가 있었는가? 또한 그 현인군자가 백성들이 사는 가난한 골목에서 나오지 않은 적이 있었던가? 어찌 요행으로 그들을 만났겠는가! 윗사람이 적극적으로 나서서 그들을 찾았기 때문이다. 지금은 천하가 안정되지 않았으니 인재를 구할 시급한 시절이로다.

공자께서 말씀하셨다. "맹공작孟公綽은 조씨 가문이나 위씨 같은 혁혁한 가문의 가신家臣으로는 훌륭하겠지만, 등滕나라·설薛나라 같은 작은 국가의 관리는 될 수 없다."
만약에 깨끗한 선비라야만 쓸 수 있었다면 제나라 환공桓公이 어떻게 세상을 제패하였겠는가! 지금 천하에 큰 재주를 품고서도 위수의 물가에서 낚시를 하고 있는 강태공 같은 자가 없겠는가! 또 형수를 훔치고 뇌물을 받은 자로서 아직 위무지魏無知를 만나지 못한 자가 있지 않겠는가! 여러분은 나를 도와 이러한 숨어 있는 인재들을 발굴하라. 오직 재주만 있다면 모두 천거할 것이니 나는 그들을 들어 쓸 것이다.

도덕군자 맹공작 같은 이는 사양

〈구현령〉은 어지러운 천하를 안정시킬 천하의 인재를 구하는 글이다. 여기서 조조는 먼저 공자의 말을 인용해 '맹공작'이라는 인물을 제시한다.

맹공작은 공자가 존경했던 노나라의 대부로 청렴한 도덕군자였다. 완전한 인격을 구현하기 위해 공자가 나열한 여러 덕목 중 맹공작의 '욕심 없음'이 들어 있음을 볼 때 공자는 그를 매우 존경했음을 알 수 있다.

그런데 사람을 쓰는 용인用人 측면에서, 공자는 맹공작을 냉정하게 평가한다. "맹공작은 진晉나라 대국의 국정을 쥐락펴락하는 조씨·위씨 같은 권문세가의 가신으로서는 충분하지만, 등나라나 설나라 같은 작은 국가의 국정을 이끌어갈 관리는 될 수 없다!"

맹공작은 덕망이 뛰어나 권문세족 대갓집 온 구성원의 존경을 받으며 현상을 유지하고 질서를 잡아주는 가신 노릇은 무난하게 해낼 수 있지만, 정치적·외교적 현안이 산적해 있는 등나라와 설나라 같은 작은 국가의 정치를 책임지는 대부 노릇은 할 수 없다는 것이다. 현실 정치에 필요한 재주가 부족하기 때문이다.

주자는 공자의 이 말에 대한 주석에서 맹공작을 "청렴하고 욕심이 없으나 재주는 부족한 자"라고 설명했다. 요컨대 조조에게는 맹공작 같은 도덕군자가 아니라 실제적인 업무 능력이 뛰어난 사람이 필요했던 것이다.

춘추오패 제환공의 용인론

조조는 이어서 제환공의 용인론을 제시한다.

제환공은 춘추시대의 다섯 패자, 즉 춘추오패 중 첫 번째 패자로서 제나라를 최고의 국가로 만든 군주이다. 그런데 그의 이러한 정치적 성과는 바로 관중이라는 불세출의 재상을 썼기 때문에 가능했다. 관중은 어떤 사람이었을까? 재주는 뛰어났으나 도덕적인 측면에서는 허물이 많았다.

《사기》 〈관안열전管晏列傳〉에 관중의 자기 고백이 나온다.

나는 가난한 시절에 포숙아鮑叔牙와 함께 장사해서 이익이 생기면 내가 많이 가져갔다. 하지만 포숙아는 내가 욕심이 많다 하지 않았으니 내가 가난함을 알았기 때문이다. 나는 일찍이 포숙아를 위해 일을 벌였으나 더욱 어렵게 만든 적이 있었다. 그래도 포숙아는 내가 어리석다 하지 않았으니 때가 불리했음을 알았던 까닭이다. 내가 세 번 벼슬하고 세 번 쫓겨났으나 포숙아는 내가 못났다고 하지 않았으니 내가 때를 만나지 못했음을 안 까닭이다. 내가 세 번 전쟁에 나가 세 번 도망한 것을 보고도 포숙아는 내가 겁쟁이라고 여기지 않았으니 나에게 노모가 계심을 안 까닭이다. 내가 섬기던 공자 규糾가 패하였을 때 동료인 소홀召忽은 자결하였으나 나는 포로가 되어 치욕적으로 끝까지 살아남았어도 포숙아는 내가 부끄러움을 모르는 사람으로 여기지 않았으니 내가 작은 절조를 부끄러워하지 않고 천하에 공명을 드러내지 못함을 부끄러워함을 알았던 까닭이다. 나를 낳아주신 것은 부모지만, 나를 알아주는 이는 포숙이다.

'관중과 포숙아의 사귐'이란 뜻의 '관포지교管鮑之交'가 이 이야기에서 나왔다. 이 글을 통해 일반인의 눈에 비친 관중의 모습을 충분히 짐작할 수 있다. 지극히 이기적이고 후안무치하며 도덕적 흠결이 많은 사람으로 말이다.

포숙아가 관중을 기용하라고 권했을 때 제환공이 이를 몰랐을 리 없다. 심지어 관중은 권력투쟁 과정에서 제환공에 맞서 활을 쏘기까지 했던 사람이니, 그를 재상으로 기용하기란 결코 쉽지 않았을 것이다. 하지만 제나라를 넘어 천하 패권을 차지하려는 큰 꿈을 위해서는 관중의 재주가 필요했다. 제환공은 도덕적 흠결이 많지만 재주가 뛰어난 관중을 기용하기로 결심했다. 이러한 제환공의 결심에 부응하여 관중은 제나라를 부국강병의 나라로, 제환공을 천하 열국을 지휘하는 패자로 만드는 결실로 화답했다.

조조는 제환공처럼 천하를 도모하고자 하니 관중 같은 인재가 필요하다고 천명한 것이다. 도덕적 하자가 있어도 그걸 넘어설 큰 재주가 있는 사람을 말이다.

도덕적 결함을 넘어서는 재주

도덕적 하자에도 불구하고 각 사람이 지닌 재주에 주목하는 조조의 용인론은 진평陳平이라는 인물에 대한 언급에서 절정을 이룬다.

'형수와 사통하고, 부하들로부터 뇌물을 받은' 진평은 한고조 유방의 참모로서 혁혁한 공을 세운 인물이다. 초한 전쟁 당시 항우 밑에 있던 진평은 뛰어난 재주가 있음에도 항우의 의심을 사는 바람에 유방에게 투항했다. 당시 유방 밑에 있던 위무지라는 인물의 소개로 유방을 만난 진평은 유방의 마음을 단박에 사로잡아 군대의 중요한 직책에 임용되었다.

이를 못마땅해하던 다른 부하 장수들이 유방에게 가서 말했다. "진평은 이전에 형수와 사통한 패륜아입니다. 또 부하들로부터 뇌물을 받아 챙기고 있습니다. 이런 자를 어떻게 중용하실 수 있다는 말입니까?"

깜짝 놀란 유방이 위무지를 불러 어떻게 그런 자를 천거할 수 있냐며 야단을 쳤다. 그러자 위무지가 말했다. "저는 그의 재주를 말했을 따름인데, 대왕께서는 그의 품행을 물으시는군요. 지금은 초나라와의 싸움에서 승부를 결정할 수 있는 재주와 능력을 갖춘 자가 필요한 때입니다. 한가롭게 효자와 충신을 구할 여유가 어디 있습니까?"

결국 유방은 진평의 능력을 활용하기로 결심하고, 그의 모든 윤리적·도덕적 허물을 덮어주었다. 그리고 진평을 자신의 측근에서 장수들을 감찰하는 호군중위護軍中尉에 임명하니 부하 장수들이 다시는 이러쿵저러쿵 불만을 얘기하지 않았다.

유방이 불리했던 전황을 역전시켜 항우와의 싸움에서 최종 승리한 데에는 진평의 공로가 컸다. 초한 전쟁이 끝난 이후에도 유방에게 닥친 많은 위기를 진평의 책략으로 벗어날 수 있었다. 이른바 '육출기계六出奇計', "여섯 번 기이한 계책을 내다"라는 성어에서 알 수 있듯 진평은 기이한 계책으로 유방을 도와 한나라를 세우고 황실을 공고히 하는 데 큰 공을 세웠다.

조조는 이 진평의 고사를 인용하면서 신하들에게 진평을 천거한 위무지와 같은 역할을 기대했다. 제환공, 관중, 진평, 위무지. 조조가 〈구현령〉에서 내린 결론은 바로 '유재시거'라는 용인론이다. "오직 재주만 있다면 바로 천거한다!"

중국의 옛 시인은 이렇게 노래했다.

준마가 험한 길을 달릴 수는 있으나
밭을 갈 때는 소만큼 할 수는 없다.
수레는 무거운 짐을 실을 수는 있으나
강을 건널 때는 배만 못하다.
장점을 버리고 단점을 따지면
지혜로운 자가 그 능력을 발휘할 길이 없다.

인재는 잘 활용하면 그만이니
모든 것을 갖추라 요구하지 말 것이라.

개인에 대한 끝없는 도덕적 검증으로 정작 우리 사회의 각종 현안을 해결할 능력을 갖춘 인재들이 외면당하는 일이 잦다. 우리는 어려운 시기일수록 인재의 능력에 기댈 수밖에 없다. 그런데 인재 채용 기준이 너무 보수적이라면 그 능력을 활용하기 어려울 것이다.

인재의 재주가 쓸 만한 것이라는 확신이 들면 제환공처럼, 유방처럼, 조조처럼 사소한 결함이나 허물은 덮어주고 더욱 신뢰함으로써 그 능력을 이끌어내야 한다. 그것이 위기의 시대에 지녀야 할 리더의 자질이다.

함께 읽으면 좋은 성어	거현임능擧賢任能	이모취인以貌取人
	인진기재人盡其才	

47

이성대객

以誠待客

정성으로 손님을 대접하다

중국과 관련한 강연 자리에서 흔히 듣는 질문이 있다. 중국에서 최고 경치를 자랑하는 곳은 어디냐는 질문이다. 사람마다 의견이 다르겠지만, 내가 보기에는 안휘성 남단에 있는 황산黃山이다. 황산은 천하 절경을 품고 있어 중국인뿐만 아니라 세계 곳곳의 관광객이 몰려드는 명산 중의 명산이다.

이 명산 황산을 대표하는 명물이 있다. 바로 손님을 환영하는 소나무, 즉 영객송迎客松이다. 높이 10여 미터에 직경 60센티미터 남짓인데, 수령은 1,300년이나 된다. 7미터 남짓한 두 갈래 가지를 앞쪽으로 쭉 뻗어 마치 주인이 두 팔을 벌리고 반갑게 손님을 맞이하는 형상이다. 영객송은 황산을 대표하는 소나무요, 황산이 속해 있는 안휘성의 상징물이지만, 전국의 인민 대표들이 모이는 인민대회당을 비롯해 기차역과 항구 등 수많은 공공시설에 사진과 그림으로 걸려 있다. 그만큼 영객송은 중국인에게 친숙한 소나무이다.

중국인은 영객송이 손님 접대를 좋아하는 자신들의 호객好客 문화를 가장 잘 보여준다고 설명한다. 그렇다면 옛 중국인들은 손님 접대를 얼마나 중시했을까.

가난한 두보 집안의 손님 접대

우리에게도 잘 알려진 시성 두보의 호객 이야기이다.

두보가 관직을 버리고 가족과 함께 이곳저곳 떠돌다 사천성 성도로 왔을 때의 일이다. 친구들의 도움으로 성 밖에 초당을 짓고 생활했는데, 여전히 곤궁한 시절이었다.

어느 날 당나라의 유명한 시인 잠삼岑參이 성도 초당을 방문했다. 잠삼은 조정에서 함께 일하던 동료이자 함께 시를 주고받는 시우였으므로 두보는 너무나 반가워서 버선발로 달려나가 맞이했다.

그러고는 부인에게 주안상을 차려오라고 부탁했다. 부인이 황망하게 주방으로 가서 식재료를 찾았는데, 있는 것이라곤 달걀 두 개와 파 한쪽이 전부였다. 부인이 난처한 얼굴로 남편에게 상황을 얘기하니 두보는 태평한 얼굴로 말했다. "괜찮소. 있으면 있는 대로, 없으면 없는 대로 만들어보시오. '이성대객以誠待客'이라 하지 않습니까?"

'이성대객'은 "정성으로 손님을 대접한다"라는 말이다.

얼마 후, 첫 번째 요리가 나왔다. 달걀노른자 두 개를 부치고 그 두 노른자 사이에 푸른 파 한 줄기를 얹은 요리였다. 그걸 본 두보가 젓가락을 들더니 가볍게 시 한 구절을 읊었다.

노란 꾀꼬리 두 마리가 푸른 버드나무에서 우는구나.

兩個黃鸝鳴翠柳.

이는 두보가 성도에서 지은 〈절구絶句〉의 첫 구절이었다. 잠삼은 두보의 정성과 유머에 한껏 반해 통쾌하게 잔을 비웠다.

잠시 뒤, 두 번째 요리가 나왔다. 이번 요리는 달걀 두 개의 남은 흰자로 만든 것이어서 딱 봐도 초라하기 그지없었다. 하지만 두보가 다시 멋진 시구를 읊조리자 이 초라한 요리가 갑자기 특별한 요리로 변했다.

한 무리 백로가 푸른 하늘로 오른다.

一行白鷺上青天.

세 번째는 파의 흰 줄기로 만든 더 초라한 요리였다. 그런데 두보가 그 요리의 흰 색깔을 보고는 바로 멋진 구절을 읊어댔다.

창가로는 서쪽 산봉우리의 만년설이 모여드는구나.

窓合西嶺千秋雪.

잠삼은 비로소 두보의 시 〈절구〉가 떠올라 소리쳤다. "절묘합니다! 절묘해요!" 잠삼은 술잔을 연거푸 기울이며 탄성을 질러댔다.

마침내 마지막 요리가 나왔다. 그걸 본 순간, 잠삼은 두보와 동시에 시구를 읊었다.

문에는 동쪽 오나라로 만 리를 가는 배가 정박해 있구나.

門泊東吳萬里船.

그 마지막 요리는 바로 큰 대접에 담긴 뜨거운 맹물과 그 위에 배처럼 둥실 떠 있는 달걀 껍데기 두 개였다.

두 마리 꾀꼬리 푸른 버들에서 울고,

한 무리 백로는 푸른 하늘로 오르누나.

창가에는 만년설을 인 서쪽 봉우리,

문에는 동쪽으로 만 리를 가는 오나라의 배.

兩個黃鸝鳴翠柳, 一行白鷺上青天.

窓合西嶺千秋雪, 門泊東吳萬里船.

비록 가난해도 손님 접대에 최선을 다하는 부인과 그 부인의 노력에 아름다운 시로 정취를 더해 격을 높인 두보의 모습이 감동적이다.

과장된 허구일지 몰라도 이 이야기 속에서 중국 특유의 호객 문화, 즉 어떤 상황에서든 "정성으로 손님을 접대한다"는 '이성대객'의 정신을 읽을 수 있다.

중국 최고의 호객꾼 정장

호객과 관련해 또 다른 유명한 성어는 '정장호객鄭莊好客'이다. 한나라 때 호객으로 이름을 날린 정장이란 사람의 이야기에서 비롯된 말이다. 정장의 본래 이름은 정당시鄭當時이고, 장莊은 그의 자字이다.

정장은 젊어서부터 의협심이 남달라 어려움에 처한 사람들을 적극적으로 도와주곤 했다. 경제 때 정장은 태자사인太子舍

人이라는 낮은 직급의 벼슬을 하고 있었는데, 매번 5일에 한 번씩 돌아오는 휴일이면 어김없이 재주와 덕망으로 이름 높은 인사들을 찾아다녔다. 이를 위해 장안의 동서남북 교외 지역에 빠르고 튼튼한 준마 여러 마리를 미리 준비해 이름난 현인과 재사를 부지런히 찾아다녔다. 그러면서도 혹시 빠진 사람은 없는지 늘 걱정했다. 정장은 나이도 젊고 관직도 낮았으나 그가 교류하던 인사는 모두 할아버지뻘 되는 명망 높은 인물들이었다.

무제가 즉위한 뒤 정장은 승진을 거듭해 우내사右內史라는 높은 벼슬에까지 이르렀다. 장안의 치안을 책임지는 막강한 자리였다. 그런데도 정장의 '호객'은 변함없이 계속되었다.

정장에게는 손님을 맞는 원칙이 하나 있었다. '무귀천무류문無貴賤無留門', 즉 "찾아온 손님은 귀천을 따지지 않고 문 앞에서 기다리게 해서는 안 된다"는 원칙이었다. 중국에서는 전통적으로 손님이 방문하면 주인이 문밖으로까지 나가서 손님을 안으로 모셔 들인다. 정장은 손님이 왔다는 기별을 받으면 아무리 바쁜 일이 있어도, 아무리 손님의 신분이 보잘것없어도 급히 나가서 맞이했다. 아울러 이야기를 나누는 상대가 낮은 직급의 관리여도 그의 이름을 함부로 부르는 법이 없었다. 또 혹시라도 상대의 마음을 상하게 할까 걱정해 더욱 말을 조심했다.

청렴한 관리로서 봉록에만 의지해 살아가는 터라 넉넉한 살림은 아니었지만, 정장은 손님을 위해 음식을 준비하는 것도 잊지 않았다. 비싸지도 사치스럽지도 않은 대나무로 만든 소박한 그릇에 담긴 음식이 전부였다.

정장의 이러한 별난 호객으로 인해 세간에서는 "정장은 천리 길을 간다고 해도 식량을 따로 준비할 필요가 없다"는 말이 돌 정도였다. 세상 어디를 가도 그를 맞아 편의를 제공하는 친구들이 있다는 뜻이다.

정장은 조회에 참석해 황제를 알현할 때마다 어김없이 자신이 교류한 사람들 이야기를 꺼냈다. 그들과 나눈 이야기, 천하 대사에 대한 정심한 논변과 혁신적인 주장을 하나도 빠뜨리지 않고 황제에게 전했다. 이 과정에서 자연스럽게 많은 훌륭한 인재가 조정에 발탁되었으므로 천하 사대부의 높은 칭송을 받았다.

황산의 영객송부터 두보와 정장의 이야기까지 중국 호객 문화의 핵심은 '정성'에 있다. '이성대객', 즉 "성심으로 객을 대

한다"는 정신은 지금도 여전히 우리를 성공으로 이끄는 중요한 열쇠가 아닌가 싶다.

함께 읽으면 좋은 성어	소탑이대掃榻以待	취금찬옥炊金爨玉

48

일구지학
一丘之貉

같은 언덕에 사는 너구리들

중국의 대표적 역사서로 우리에게도 친숙한《사기》는 권력 비판적 성격 때문에 저자인 사마천이 생존했던 시기에는 세상에 나올 수 없었다. 오랫동안 사마천의 딸이 비밀리에 보관해 온《사기》는 외손자에 의해 비로소 세상에 모습을 드러냈다. 사마천이 '역사의 성인'이라는 뜻의 '사성史聖'으로 불리면서 후대의 존경을 받게 된 데에는 이 특출난 외손자 양운楊惲의 공이 컸다.

그놈이나 그놈이나 서로 닮은 너구리들

양운은 한나라 소제昭帝 때 승상을 지낸 양창楊敞과 사마천의 딸 사이에서 태어났다. 고관대작의 자손인 양운은 어려서부터 훌륭한 교육을 받았으며, 그 덕분에 성인이 되기 전부터 뛰어난 언변과 당당한 풍모로 상류사회에서 이름이 높았다. 선제宣帝 때 발생한 곽씨郭氏 일가의 모반을 평정한 공으로 높은 벼슬까지 받은 그는 당시 횡행하던 뇌물 관행을 혁파함으로써 청백리라는 평판까지 얻었다.

어느 해에 양운은 흉노의 선우單于가 피살되었다는 이야기를 듣고는 격앙된 감정으로 사람들에게 다음과 같이 말했다. "흉노의 어리석은 군주가 신하들의 충언을 듣지 않더니 결국 스스로 무덤을 팠구나. 어쩌면 우리 중국 진秦나라의 군주와 이처럼 똑같은가. 오직 소인만을 신임하고 충성된 대신들을 죽이더니 결국 나라가 망하지 않았는가. 진나라 임금이 그렇게 어리석지만 않았어도 지금에 이르도록 나라가 건재했을 것이다. 예나 지금이나 소인을 신임하는 군왕은 같은 산언덕 곳곳에서 출몰하는 너구리들이려니, 별 차이 없이 그놈이 그놈이다."

이 양운의 말에서 나온 성어가 '한 언덕에 사는 너구리'라는 뜻의 '일구지학一丘之貉'이다. 같은 구역에 서식하는 너구리들의 모습이 다 엇비슷해서 생긴 말인데, 함께 어울려 나쁜 짓을 일삼는 무리, 작당해서 없던 일과 없던 죄도 만들어내는 사악한 무리를 가리킨다. 어느 시대든 어느 세상이든 이 '일구지학'의 너구리들은 늘 무리 지어 역사에 탁류를 일으켜왔다.

물결 따라 키를 바꾸며 부귀영화의 길을 순항한 재상

북송北宋 말년의 간신 채경蔡京은 네 차례나 재상에 올랐던 사람이다. 재상으로 지낸 17년 동안 온갖 수단을 동원해 자신의 위치를 공고히 하며 권력을 누렸다.

채경은 환관이 포함된 다른 5명의 간신과 함께 패거리를 이루어 어리석고 무능한 휘종徽宗을 기만하면서 부귀영화를 누렸다. 이들의 전횡으로 뇌물이 성행하고 탐관오리의 가렴주구가 극에 달하니 백성들은 채경의 무리를 '화국앙민禍國殃民'의 육적六賊, 즉 나라를 망치고 백성에게 재앙을 안기는 6명의 도적이라고 불렀다. 육적의 괴수인 채경은 성공을 위해서는 어떤 일도 마다하지 않았다.

철종哲宗 때 재상을 맡은 사마광司馬光이 앞서 왕안석이 주창했던 신법을 모두 폐기하고 옛날의 법제로 돌아가고자 했을 때의 일이다.

채경은 당시 도성 부근에서 관리로 봉직하고 있었다. 5일 안에 신법을 폐지하고 옛 법을 회복시키라는 사마광의 급박한 명령에 지방의 책임 관리가 모두 전전긍긍할 때, 채경은 앞장서서 그 일을 서둘러 완료하고 결과를 사마광에게 보고했다. 5일 만에 법제를 바꾼 지역은 채경이 관할하는 곳이 유일했으므로 사마광은 감격해서 그를 크게 칭찬했다. "관리들이 모두 그대를 본받는다면 무슨 어려운 일이 있겠는가?" 이 일을 계기로 채경은 승승장구했다.

그런데 다시 정국이 바뀌어 왕안석의 신법을 따르는 장돈章惇이 재상 자리에 올랐다. 장돈은 조정에서 관리들로 하여금 왕안석 신법의 득실에 대해 논의하게 했다. 그러자 사마광의 조정에서 왕안석의 신법 폐지에 누구보다도 앞장섰던 채경이 이번엔 장돈의 의중을 정확하게 읽고는 큰 목소리로 말했다. "뭐 논의할 것 있습니까? 왕안석 대감께서 이미 이루어놓으신 법을 그저 따르기만 하면 됩니다!"

이렇게 채경은 바람이 불면 부는 대로, 물결이 일면 이는 대로 방향을 바꿔가면서 부귀영화의 길을 순항했다.

훗날 채경은 재상이 되어 권력을 차지하고는 군대를 장악하던 환관 세력을 끌어들이는 동시에 심복들을 전국 곳곳에 책임자로 심어놓았다. 이렇게 자신의 권력을 지켜줄 튼튼한 판을 짜놓은 후 신법에 반대한다는 죄명으로 반대파를 가차 없이 조정에서 축출했다.

반대하는 정치 세력이 사라지고 완전히 채경 무리의 세상이 되었다. 어느 누구도 이들에게 항의하거나 도전할 수 없었다. 이제 딱 한 사람만 잘 관리하면 되었다. 바로 황제였다. 황제가 세상의 참상을 알게 해선 안 되었다. 자신들의 전횡을 눈치채지 못하도록 해야 했다. 그리하여 이들은 작당해서 황제를 속이기 시작했다. 천하가 태평해 온 백성이 풍족하고 행복하다고, 송나라 군대가 천하무적이니 금金나라의 침입 따윈 염려할 것 없다고 말이다. 여러 신하가 하나같이 입을 모아 이렇게 말하니 어리석은 황제는 이를 믿고 나랏일은 모두 채경 무리에게 일임한 채 자신은 취미인 그림 그리기에 몰두했다.

황제의 눈만 가리면 만사 오케이

이런 부패한 권력이 나라를 장악한 가운데 백성들의 삶은 피폐해질 대로 피폐해져갔다. 하지만 누구도 드러내놓고 직접적으로 불만을 토로할 수 없었다.

이에 백성들은 악기 하나를 만들어 불만을 표출하기 시작했다. 직경 2촌, 길이 5척 정도의 대나무에 가죽을 씌워 만든 타악기였다. 그걸 허리춤에 매달고 거리를 다니면서 두들겼는데, 그때마다 "통통뿌" 하는 소리가 났으므로 그 악기를 '통동부通同部'라고 불렀다. 여기서 통동은 악기 소리를 묘사한 것이지만 한자의 뜻으로 보면 "서로 한통속이 된다"는 의미로, 한통속이 돼 전횡을 일삼는 채경 무리를 비유한 소리였다.

악기 통동부의 제작 방식은 더욱 의미심장했다. 긴 대나무 아래쪽은 그대로 놔두고 위쪽만 가죽으로 덮었다. 어떤 뜻일까? 황제의 눈만 가리면 되니 백성들은 전혀 신경 쓸 게 없음을 구현한 것이다. 이 이야기에서 "윗사람만 속이고 아랫사람들은 속이지 않는다"는 뜻의 '만상불만하瞞上不瞞下'라는 성어가 나왔다.

같은 언덕에 사는 북송의 너구리들에 의해 눈이 멀고 귀가 먼 황제는 급기야 금나라 군대의 포로가 되어 비참하게 생을 마쳤고, 너구리들이 설치던 북송은 역사 속으로 사라지고 말았다.

《논어》〈자로子路〉에 다음과 같은 구절이 있다.

공자님께서 말씀하셨다.
군자는 조화롭되 부화뇌동하지 않으며,
소인은 부화뇌동하되 조화롭지 못하다.
子曰, 君子和而不同, 小人同而不和.

'화和'와 '동同'은 모두 함께 어울리는 걸 뜻한다. 하지만 화는 의로움義을 바탕으로 한 것이고, 동은 이로움利을 바탕으로 한 것이어서 서로 다르다. 의로움을 목적으로 한 어울림이어야 비로소 조화롭다고 할 수 있다. 자신의 잇속을 챙기기 위해 함께하는 것은 그저 부화뇌동에 불과하다.

군자는 의를 위한 모임에는 함께 어울리지만, 불의한 잇속을 챙기려는 모임에는 가담하지 않는다. 소인은 정반대로 잇속을 도모하는 모임에는 적극적이지만, 의로운 목표를 한 모임에서는 흥미를 갖지 않는다.

아무리 그럴싸한 깃발로 사람을 모으고 단체를 만든다 해도 의롭지 못한 잇속을 챙기려 한다면 결국 '한 무리의 너구리'가 될 수밖에 없다. 이런 너구리들에 현혹되면 리더십은 혼란에 빠지고 조직은 위기를 맞게 된다. 그러니 늘 깨어 있는 리더가 되길 바란다.

함께 읽으면 좋은 성어	**동류합오**同流合汙	**붕비위간**朋比爲奸

49

일장일이

一張一弛

한 번 당기고 한 번 풀다

흔히 '공자' 하면 진지한 얼굴로 사람의 도리를 설파하고, 인의지도仁義之道를 설교하는 근엄하고 심각한 모습을 떠올린다. 그런데 공자의 생생한 모습을 전해주는 《논어》를 들여다보면 우리가 상상한 것과는 사뭇 다른 모습을 확인할 수 있다. 술을 한량없이 마시고, 제자들에게 농담을 던지고, 자신의 과오를 인정하는 걸 보노라면 공자의 인간적인 모습을 보는 것 같아 훨씬 친근한 느낌이 든다.

음악에 대한 공자의 생각

그런데 공자의 이런 여러 모습 중에서 가장 눈길을 끄는 것은 음악에 대한 깊은 애호이다. 《논어》에는 거문고를 타면서 노래하는 공자가 자주 등장한다. 제자들과 함께 노래하다가 그 제자가 노래를 잘 부르면 그로 하여금 다시 부르게 하고 자신이 따라 부르며 즐거워하기도 했다. 심지어 "공자는 초상집에 다녀온 날만은 노래하지 않았다"는 기록도 있다. 음악에 대한 공자의 애호가 남달랐음을 알 수 있는 대목이다. 음악에 대한 공자의 애호는 제자들에게 그대로 전해져 '예禮'와 함께 유교의 가장 중요한 교육 항목으로 자리 잡았다. 이른바 예악禮樂이 그것이다.

공자가 정리해서 후대에 전한 《예기》에 이런 구절이 나온다.

음악은 서로 같아지게 하기 위함이요,
예는 서로 다르게 하기 위함이다.
같아지면 서로 친하여지고,
달라지면 서로 공경하게 된다.
음악이 과하면 무질서해지고,
예가 과하면 서로 마음이 멀어지게 된다.
樂者爲同, 禮者爲異.
同則相親, 異則相敬.
樂勝則流, 禮勝則離.

'예'라는 것은 서로 신분이 다르고 직책이 다르니 그러한 구분에 따라 서로 공경할 것을 강조하는 내용이다. 그래서 이 '예'를 잘 갖추면 조직은 질서가 잡히고 안정되어 효율적 운영이 가능하다. 그런데 이 서로의 다름에 기초한 '예'만을 강조하면 구성원들의 마음이 하나가 되기 어렵다. 그래서 필요한 것이 바로 '악樂'이다. 음악을 통해 서로 분리되었던 마음이 하나를 이뤄 친해진다는 것이다.

하지만 이 하나 되게 만드는 음악에만 너무 기대서도 안 된다. 무질서해질 가능성이 많아 조직의 효율을 기대하기 어렵기 때문이다. 그래서 다시 서로 공경하는 '예'의 분리적 기능에 기대어야 한다. 이렇게 예와 악은 상보적인 관계로서, 조직을 성공적으로 관리하고 운영하는 데 없어서는 안 될 필수적인 요소이다.

축제에서 만나는 치국의 도

공자가 살던 춘추전국시대에는 예부터 전해오던 민간 습속이 하나 있었다. 매년 12월 중에 하루 날을 잡아 온 백성이 가족과 더불어 화려한 등불을 밝히고 축제를 즐겼다. 여인들은 맘껏 노래하고 춤을 추었으며, 남자들은 취할 때까지 술을 마셨다. 조정에서는 대규모 제사를 지냈는데, 이 행사를 '사蜡'라고 불렀다.

어느 해, 공자 또한 제자들과 함께 거리로 나가 이 축제를 즐겼다. 거리 곳곳에 붉은 등이 걸렸다. 흥겨운 음악이 울려 퍼지고, 사람들은 그 소리에 맞춰 노래 부르고 춤을 추었다. 한참 즐겁게 구경하던 공자가 곁에 있던 제자 자공에게 물었다. "자공아, 너는 이 즐거운 축제가 맘에 들지 않는 모양이구나. 무엇이 못마땅한 게냐?"

아무런 반응도 없이 묵묵히 공자 곁에 서 있던 자공이 우울한 기색으로 대답했다. "선생님, 저는 이해할 수가 없습니다. 사람들이 다 미친 것 같습니다. 자신들이 해야 할 일은 모두 잊고 저렇게 미친 듯이 놀고 있는 이유를 모르겠습니다."

공자가 미소를 지으면서 설명했다. "자공아, 너는 아직 어려서 이러한 축제 속에 담긴 의미를 모르는 모양이구나. 사람들은 1년 내내 죽어라 노동하지 않느냐? 그러다가 오늘같이 맘껏 놀 수 있는 축제를 만났는데, 어찌 즐겁지 않을 수 있겠느냐. 그동안 고생한 몸이 오늘 하루 쉼을 얻고 늘 긴장하며 지내던 맘을 오늘 하루 느긋하게 풀 수 있으니, 이날은 바로 하늘이 백성에게 내려준 은택이 아니겠느냐. 이를 활을 당기는 것에 비유할 수 있을 것이다. 활시위를 너무 오랫동안 탱탱하게 당기기만 하면 결국 부러지거나 줄이 끊기는 법이니, 지혜로우신 주나라 문왕과 무왕은 이렇게 하지 않으셨다. 그렇다고 문왕과 무왕이 늘 활시위를 풀어놓기만 한 것도 아니었으니, 나라를 다스림은 바로 이와 같아서 한 번 당기면 한 번은 풀어야 하는 것이다. 이것이 바로 문왕과 무왕이 훌륭한 정치를 이룬 비결이다. 백성들 역시 마찬가지이다. 그들이 오늘 이렇게 미친 듯이 노는 것은 바로 내일의 더 나은 노동을 위한 것이 아니겠느냐!"

자공이 기쁜 얼굴이 되어 말했다. "스승님, 불민한 제자가 이제야 '일장일이一張一弛'의 도리를 깨쳤습니다!"

《예기》에 나오는 공자와 자공의 이 대화에서 비롯된 성어가 "문왕과 무왕의 도는 한 번은 당기고 한 번은 풀어주는 것"이라는 뜻의 '문무지도文武之道, 일장일이一張一弛'이다. 유가에서 성왕으로 일컫는 문왕과 무왕의 치국 방도를 가리키는 이 말은 '엄관상제嚴寬相濟', 즉 국가를 다스림에 있어 엄격함과 너그러움의 상보적인 정책을 활용하라는 뜻이다. 이는 조직을 관리하고 생활을 영위하는 데에도 마찬가지로 적용할 수 있는 지혜이다.

우리 사회는 효율성에 대한 요구가 유독 높은 것 같다. 그래서 조직을 물샐틈없이 짜임새 있게 구성하고, 구성원에게 강도 높은 업무를 기대한다. 높은 효율성을 위해서는 바짝 당기는 것이야 어쩔 수 없는 일이겠지만, 그 효율성을 계속 유지하기 위해서는 반드시 풀어주는 것이 필요하다. 구성원들의 업무 능력 향상을 위한 제안과 노력 외에 그들의 복지와 휴식을 위해 고민해야 하는 이유가 바로 여기에 있다. '예'의 전문가였던 공자가 음악에서도 프로였던 것처럼 업무와 복지 두 분야를 모두 아우르는 멋진 리더가 되길 바란다.

함께 읽으면 좋은 성어	관맹상제寬猛相濟	은위병중恩威并重

제7장

뜻이 이루어지는 때를 기다려야 한다

인내

50

기화가거

奇貨可居

쌓아둘 만한 진기한 물건

중국의 옛 역사를 들여다보면 크게 이름을 떨친 상인이 많다. 상인商人이라는 명칭 자체가 '상商나라 사람'이란 뜻이다. 중국 상인의 비조이자 상商 민족의 수령 왕해王亥, "남이 버리면 나는 취하고, 남이 취하면 나는 준다人棄我取, 人取我與"라는 명언으로 유명한 춘추전국시대 경영학의 대가 백규白圭, 월왕越王 구천勾踐을 도와 오나라를 멸망시킨 후 과감히 정계를 은퇴하고 사업에 뛰어들어 거부가 됨으로써 상인들의 성인으로 추앙받는 범려范蠡 등 많은 걸출한 상인이 감동적인 성공 스토리를 역사에 선명하게 새겨놓았다.

비싼 값을 쳐줄 사람을 기다리다

공자의 제자 자공 또한 눈에 띄는 상인이었다. 특히 언변이 뛰어나 외교 부문에서 발군의 실력을 뽐냈다. 그는 제자들 중에서 공자의 사랑을 가장 많이 받았던 안회와 종종 비교되었다. 《논어》에 이런 대목이 나온다.

안회는 거의 도를 터득했지만 가난해 쌀독이 자주 비었다. 자공은 가난한 자신의 운명에 안주하지 않고 재산을 불렸다. 그가 예측을 하면 자주 들어맞았다.

공자가 한 이 말은 물론 안빈낙도의 삶을 사는 안회를 칭찬하기 위한 것이지만, 자공이 어떤 인물인지를 알게 해주는 대목이기도 하다. 가난했으나 그것을 운명으로 받아들이지 않고 열심히 노력해서 부유해졌다는 것이다. 이런 그를 사마천은 "자공은 시장의 변화를 잘 파악해 장사를 해서 거부가 되었다"고 적고 있다. 부자가 되었지만 자공은 매우 겸손했다.

《논어》에서는 "부유하지만 교만하지 않았다", 즉 '부이무교富而無驕'라는 말로 자공의 겸손을 표현하고 있다. 재물로 남들을 구제하는 일에도 많은 관심을 기울여 공자로부터 칭찬과 격려를 받았다. 이런 그를 흔히 유상儒商이라 부르기도 한다. '유교의 상인'이라는 뜻이다. 성공한 상인이지만 유가의 핵심 덕목인 인의지도仁義之道에 충실했기 때문이다.

자공이 어느 날 공자에게 이렇게 물었다. "선생님, 선생님께 아주 귀한 옥이 있다면 그것을 상자에 넣어 감추어두시겠습니까, 아니면 좋은 값을 쳐줄 상인을 찾아 파시겠습니까?"

자공은 현실 정치 참여에 대한 공자의 생각을 알고 싶었다. 훌륭한 정치적 이상을 갖고 열국을 주유했으나 어느 나라에서도 쓰임을 받지 못한 공자가 혹시라도 현실 정치에 환멸을 느껴 물러서지는 않을까 하는 염려에서 나온 질문이었다. 이를 눈치챈 공자는 주저함 없이 단호하게 대답했다. "팔아야지, 팔아야지! 나는 좋은 값을 쳐줄 상인을 기다리는 사람이다."

자신의 능력을 제대로 알아줘 마음껏 뜻한 바를 펼칠 수 있다면 당연히 현실 정치에 적극적으로 참여하겠다는 강한 의지가 담긴 말이다.

이 두 사람의 대화에서 비롯된 성어가 "좋은 값을 기다려서 판다"는 뜻의 '대가이고待價而沽'이다. 귀한 옥과 같은 좋은 물건을 지니고서 그 물건에 걸맞은 높은 가격을 제시할 사람을 기다린다는 것이다. 탁월한 전문 능력을 갖춘 사람이 높은 급료와 우수한 근로 조건을 제공하는 직장을 기다렸다가 비로소 자신의 능력을 맘껏 발휘할 때도 활용할 수 있다.

공자는 자신을 진귀하고 아름다운 옥으로 여기고 좋은 값에 팔리기를 기다렸지만, 결국 그 누구도 공자를 사지 않았다. 당시 열국의 군주들이 부족한 안목을 가진 상인이었던 까닭이다. 그런데 보물을 알아보는 감식안이 특별히 뛰어났던 상인이 한 사람 있었다. 바로 중국의 10대 상인에 꼽히는 전국시대 대상大商 여불위呂不韋이다.

투자의 달인 여불위

여불위는 전국시대 말기 위衛나라의 거상이었다. 그는 어느 해 조趙나라 수도 한단邯鄲으로 장사를 나갔다가 자초子楚라는 이름의 비범한 소년을 만났다. 이 소년은 진秦나라 소왕昭王의 손자였는데, 조나라에 인질로 와 있는 처지였다. 진나라와 조나라는 전쟁이 잦았기 때문에 자초의 생활은 극도로 어려웠다.

여불위는 장사꾼 특유의 직감이 발동했다. '이 친구는 진귀한 보물이 분명하다. 사놓으면 하루아침에 큰돈을 벌 수 있을 것이다!' 이렇게 생각한 여불위가 자초의 부친에게 말했다.

"한 해 농사를 지으면 얼마나 이득을 봅니까?"

"열 배요."

"보석이나 진주를 팔면 얼마나 이득을 봅니까?"

"백 배요."

"그럼 일국의 왕을 세우면 얼마를 벌까요?"

자초의 부친이 말했다. "그거야 계산할 수도 없겠지요."

여불위는 큰돈을 내어 자초로 하여금 천하의 명사들과 교류하게끔 해주었다. 그러고는 진나라로 건너가서 당시 태자로 있던 안양군安陽君을 만났다. 안양군에겐 많은 아들이 있었지만 가장 사랑하는 애첩인 화양부인華陽婦人과의 사이엔 아들이 없었다. 여불위는 자초가 준비해서 드리는 것이라며 진귀한 보물을 화양부인에게 전했다. 아울러 자초가 현명하고 능력이 출중해 천하의 명사들과 교류하고 있음을 알렸다. 자초가 화양부인을 어머니처럼 여겨 하루라도 그리워하지 않는 날이 없다는 말까지 덧붙였다. 마침내 화양부인은 자초를 자신의 양자로 들였고, 안양군은 화양부인의 뜻대로 그를 자기 뒤를 이을 계승자로 인정했다.

얼마 후, 진나라와 조나라 사이에 전쟁이 일어나 자초가 위험에 빠졌다. 이때 여불위는 거금을 들여 자초를 안전하게 진나라로 피신시켰다. 이윽고 진나라 소왕이 죽고, 안양군이 왕위에 오르자 자초는 태자 신분이 되었다.

안양군은 왕이 된 후 얼마 못 가 세상을 뜨고 태자 자초가 왕의 자리에 오르니 진시황의 아버지 장양왕莊襄王이 바로 그이다. 장양왕은 여불위를 승상에 임명하고 거대한 영지를 하사했다. 마침내 여불위가 사둔 진기한 보물이 헤아릴 수 없는 엄청난 값으로 팔린 것이다.

《사기》의 이 여불위 이야기에서 비롯된 성어가 '구입해서 쌓아둘 만한 진기한 물건'이라는 뜻의 '기화가거奇貨可居'이다. 어떤 특별한 기술이나 특별한 물건을 자본으로 삼아 큰 명예나 이익을 얻는 경우를 가리키는 말이다. 여불위는 자초라는 기이한 물건을 사서 아주 비싼 값에 되팔아 이득을 본 것이다.

여불위가 얻은 권력과 재력이 부러운가? 장차 큰 이득을 안겨줄 '기이한 물건', 즉 기화奇貨를 얻고 싶은가? 어떤 기화에 투자할 가치가 있는지를 판단하는 지혜도 지혜려니와, 일단 선택한 물건이라면 여불위가 그랬던 것처럼 그것이 최고의 값진 물건이 될 수 있도록 혼신의 힘을 다하는 노력이 중요할 것이다.

함께 읽으면 좋은 성어	석진대빙席珍待聘	양고심장良賈深藏

51

사추시간

史鰌尸諫

사추가 시신으로 간언하다

중국 춘추시대는 각 제후국들이 더욱 큰 땅을 차지하고 더 큰 이익을 얻기 위해 끝없이 싸우던 시기였다. 진나라, 초나라, 제나라 같은 대국들은 약소국을 침탈해 병합하려고 호시탐탐 기회를 노렸고, 약소국들은 강대국의 눈치를 봐가면서 생존을 위해 몸부림쳤다.

대국 진나라도 함부로 쳐들어갈 수 없었던 강소국 위나라

진晉나라의 국정을 맡고 있던 조간자趙簡子가 동쪽에 있는 약소국 위衛나라에 눈독을 들였다. 때를 기다리다 위나라를 치기로 마음먹은 조간자는 자신의 충성스러운 부하 사묵史墨을 보내 한 달 동안 실상을 관찰해 보고하라고 명했다.

그런데 어찌 된 일인지 약속한 한 달이 지나고 두 달이 지나도 사묵이 돌아오지 않았다. 무슨 변고가 있는 것은 아닌지 조간자는 마음을 졸였다.

사묵은 무려 반년 만에 홀연 돌아왔다. 버선발로 마중 나간 조간자는 대체 어떻게 된 일이냐고 물었다.

그러자 사묵이 이마의 땀을 닦으며 말했다. "위나라는 예전의 위나라가 아닙니다. 거백옥遽伯玉이라는 자가 재상을 맡고, 공자가 위나라에 머물며 책략을 내고 있습니다. 위나라 임금 영공靈公 또한 인재들의 의견을 적극적으로 수용하여 국정을 펼치니, 국력이 이전과는 비교가 되지 않을 만큼 강한 나라가 되었습니다."

보고를 받은 조간자는 위나라를 치려고 준비한 모든 군사적 행동을 잠정 보류했다.

《여씨춘추》〈시군람侍君覽〉에 있는 이 이야기에서 비롯된 성어가 "군대의 출병을 막아 움직이지 않는다"는 뜻의 '안병부동按兵不動'이다. 어떤 목적을 위해 계획을 세우고 전략을 갖추었으나 시기가 아직 무르익지 않아 행동을 잠시 중단하고 때를 기다린다는 의미이다. 이 성어의 배경에서 주목해야 할 것은 강대국도 어쩌지 못할 정도로 강력해진 위나라의 성장과 그 성장의 중심에 있는 지도자 거백옥이라는 인물이다.

위나라의 명문 귀족 출신인 거백옥은 집정자는 반드시 스스로 모범이 되어 백성을 감화시켜야 한다는 덕치德治를 근간으로 삼는 인물이었다. 게다가 언변도 뛰어나고 행실 또한 광명정대해 온 백성의 신망을 받았다. 그러나 당시 위나라 왕 영공은 거백옥이 출중한 인재임을 알면서도 그를 중용하지 않았다. 그를 재상으로 만든 사람은 다름 아닌 사추史鰌라는 인물이다.

죽어 시신이 되어서도 임금을 바로잡다

위나라의 고급 관리 사추는 인재를 발굴해 임금에게 천거하는 일을 자임했는데, 어느 해 중병이 들어 생명이 위독해졌다.

임종에 이르러 사추는 아들에게 다음과 같은 유언을 했다. "나는 거백옥과 같은 현자를 벼슬에 나아가게 하지 못하였고 미자하彌子瑕와 같은 간신을 벼슬에서 물러나게 하지 못하였다. 살아서 임금을 바르게 만들지 못하였으니 죽어서도 합당한 예를 받을 자격이 없다. 어떤 예도 따르지 말고 그저 내 시신을 북당北堂에 내버려두어라."

사추가 죽었다는 소식을 듣고 영공이 문상을 왔다. 사추의 시신이 북당에 방치되어 있는 것을 보고 깜짝 놀란 왕이 그 연유를 물으니 아들이 아버지의 유언을 그대로 전했다.

영공이 감동해서 말했다. "사추는 살아서는 현자들을 추천하고 불초한 자들을 물러나게 하더니 죽어서도 자신의 죽은 시신으로 나의 잘못을 바로잡아주는구나! 사추는 진실로 충신 중의 충신이로다!"

영공은 그 자리에서 즉시 거백옥을 불러 경卿에 임명하고, 아무런 능력도 없이 아부만 일삼으며 총애를 받던 미자하를 물러나게 했다. 그리고 사추의 아들에게 명해 그 부친의 시신을 북당에서 본채 건물인 정당正堂에 모시게 하고 후한 예를 갖추어 장례를 치르도록 했다. 거백옥을 기용한 이후 위나라는 안팎으로 강성한 나라가 되었다.

2,500년 전에 있었던 사추의 이야기는 "사추가 시신으로써 임금에게 간언하다"라는 뜻의 '사추시간史鰌尸諫'이란 성어로 널리 알려져 지금에까지 이르고 있다.

어진 자를 가까이하고 아첨하는 자를 멀리한다

사추가 죽어 시신으로써 임금에게 고하고자 한 것은 "현자를 가까이하고 아첨하는 이를 멀리하라"는 '친현원녕親賢遠佞'의 교훈이다. 생사를 뛰어넘는 사추의 이러한 노력으로 위나라 조정은 현신들로 가득 차게 되었고, 바로 이러한 변화가 위나라를 작지만 강한 나라로 만든 것이다.

공자 또한 이와 같은 위나라의 위상을 높이 사 열국을 주유한 14년 중 자그마치 10년을 머물면서 그 나라의 정치를 칭송했다.

《공자가어孔子家語》〈현군賢君〉에 노나라 애공이 공자에게 열국의 군주 중 가장 현명한 군주는 누구냐고 묻는 대목이 나온다. 그 질문에 공자는 "가장 현명한 군주는 만나본 적이 없습니다만, 그래도 위나라 영공이 칭찬할 만합니다"라고 답했다.

사실 공자는 한때 영공을 '무도한 임금'이라고 욕하기도 했다. 그러나 사추와 거백옥 같은 현신들을 기용한 덕에 영공은 공자에게 칭찬을 받은 현군으로 바뀌어 역사에 남게 된 것이다.

시신이 되어서도 임금에게 간언을 올려 나라를 부강하게 했던 사추! 강대국들의 패권 정치가 판치고 있는 국제 무대에서 우리나라가 강소국으로 어엿하게 설 수 있으려면 어떻게 해야 할까? 그 옛날 진나라·초나라·제나라 같은 대국들 사이에

서 900년이라는 장구한 세월을 버텨낸 위나라가 그랬던 것처럼, 국가 기관을 어질고 실력 있는 인재로 채우는 일부터 시작해야 하지 않을까?

함께 읽으면 좋은 성어	식비거간飾非拒諫	종간여류從諫如流
	주문휼간主文譎諫	

52

소규조수

蕭規曹隨

소하가 만든 법을 조참이 따르다

당송팔대가 중 한 명인 유종원은 젊은 시절 개혁적 성향을 지닌 정치인이었다. 스물한 살에 진사 시험에 합격한 유종원은 한림학사 왕숙문王叔文과 젊은 신진 세력이 주도한 정치 혁신 운동, 이른바 영정혁신永貞革新에 적극 참여했다.

유종원이 벼슬로 나아간 시기에 당나라는 환관의 전횡과 번진蕃鎭의 발호가 가장 큰 문제였다. 영정혁신은 환관과 번진이 독점한 권력을 빼앗아 중앙 조정에 되돌려주는 것을 주요 골자로 한 개혁 조치였다. 시기적으로 꼭 필요한 개혁이었지만 환관과 번진 연합 세력의 집요한 공격으로 결국 실패하고 만다.

곱추 정원사 곽탁타의 나무 심는 비결

영정혁신을 전후로 유종원은 아주 의미심장한 산문 한 편을 썼는데, 바로 〈종수곽탁타전種樹郭橐駝傳〉이다. 그 글의 대강은 이러하니.

곽탁타라는 이름의 정원사가 있었다. '탁타'는 낙타라는 뜻인데, 어려서 척추 장애를 앓아 등이 굽은 탓에 그렇게 불렸다. 장안의 귀족과 부자 중 정원을 가꾸거나 과수원을 경영하는 자들은 너도나도 이 곽탁타를 불러 일을 맡겼다. 그가 심은 나무들은 한결같이 뿌리를 잘 내리고 잎이 무성하며 실한 열매를 맺었기 때문이다. 나무 심는 다른 이들이 몰래 그를 살피고 비슷하게 흉내 냈지만 결과는 신통치 않았다. 어떤 이가 곽탁타에게 비결을 물었다. "도대체 무슨 비결이 있는 거요?"

곽탁타가 대수롭지 않다는 듯이 말했다. "제게 특별한 능력이 있는 것은 아닙니다. 그저 나무로 하여금 그 본성을 다하게 하는 것뿐입니다."

"나무의 본성이란 무엇이오?"

"새로 심은 나무의 본성으로 보자면, 그 뿌리는 잘 뻗을 수 있기를 바라고, 그 흙은 옛것이기를 바랍니다. 고르게 흙을 북돋아주고 촘촘하게 땅을 다져주기를 바랍니다. 이러한 나무의 본성을 따라 그대로 시행한 후에는 뒤도 돌아보지 않고 떠나서 건드리지도 않고 걱정하지도 않습니다. 심을 때에는 자식과 같이 보살피고 내버려둘 때에는 그냥 잊어버립니다. 그러면 나무는 온전한 본성을 이룰 수 있어 절로 무성하게 자라고 절로 일찍 열매를 맺게 됩니다."

"그렇다면 다른 이들은 어째서 당신처럼 할 수 없는 것이오?"

"뿌리가 뭉쳐 있거나 흙을 바꾸기 때문입니다. 흙을 북돋아 주는 것도 너무 지나치거나 모자랍니다. 설사 이런 기본적인 일을 제대로 한 경우라도 나무를 염려하고 사랑하는 것이 너무 심한 게 탈입니다. 아침에 살피고 저녁에 어루만지며, 자리를 떴다가도 금방 다시 돌아와 살피고, 손톱으로 그 껍질을 긁어 살았는지 죽었는지 확인하고, 그 밑동을 흔들어 엉성한지 촘촘한지 관찰하니 나무의 본성이 날이 갈수록 어긋나죠. 이는 사랑이 아니라 해치는 것이요, 염려가 아니라 원수가 되는 것일 뿐입니다."

일목요연한 곽탁타의 설명에 질문자가 감탄하며 다시 물었다. "그대의 방법을 관청의 다스림에 적용해도 가능하겠소?"

곽탁타는 손사래를 치며 그건 자신이 알 바 아니라면서도 다음과 같이 말했다. "제가 촌에 살다 보니 관리들이 백성을 매우 사랑하는 듯하나 그게 끝내는 화가 된다는 걸 알았습니다. 아침저녁으로 관리가 와서 소리 지릅니다. '관청의 명령이다. 밭갈이를 서둘러라, 힘써 곡식을 심어라, 추수할 농작물을 잘 관리해라, 빨리 실을 뽑아 베를 짜라, 애들을 잘 기르고 개와 닭을 살 키워라.' 북을 울려 사람들을 모으고 목탁을 쳐서 사람들을 부르니 우리 백성은 아침밥과 저녁밥을 차려 관리들을 대접하기에도 시간이 부족합니다. 그러니 어떻게 우리 삶을 풍족하게 하고 우리의 본성을 편안하게 할 수 있겠습니까? 관리의 지나친 애정이 끝내 백성에게는 화가 된 것입니다."

질문자가 연신 감탄하며 말했다. "참으로 훌륭합니다. 나는 나무 키우는 것을 물었다가 사람 기르는 법을 배웠소. 이 일을 기록하여 관리의 경계로 삼겠소."

이 글이 쓰인 중당 시기는 정치가 혼란스러워 조정과 지방 군벌들이 부과한 온갖 세금과 부역에 시달리느라 농민들이 고통스럽게 살아가던 때였다. 이러한 시기에 정치 개혁을 위해 뛰어든 유종원이 곽탁타의 목소리를 빌려 관리들에게 "제발 백성을 들볶지 말아달라"고 외친 것이다. 역사를 살펴보면 나라를 잘 다스리겠다며, 백성이 편안하게 생업에 전념할 수 있도록 하겠다며 법을 고치고 규정을 만드는 등 요란을 떤 것이 오히려 백성의 삶을 도탄에 빠뜨린 예가 허다하다.

정책을 바꾸지 않아 성공한 신임 재상

한나라 2대 황제 혜제惠帝 때의 일이다. 재위 2년에 개국공신인 상국相國 소하가 세상을 떠났다. 소하의 뒤를 이어 재상이 된 조참曹參은 틈만 나면 주야를 가리지 않고 술을 마시며 즐겼다. 보다 못한 하속 관리들이 간언을 하기 위해 찾아오면 조참은 즉시로 주안상을 마련해 함께 취하도록 마시니 그들은 한마디도 할 수 없었다.

황제가 그런 모습을 보고는 걱정이 되어 중대부中大夫 벼슬을 하고 있던 조참의 아들 조줄曹窋에게 아버지를 좀 말려달라고 부탁할 지경이었다. 조줄이 조참에게 기회를 보아 말했다. "지금의 황제는 정치적으로 경험이 부족합니다. 승상께서 적극적으로 나서 황제를 도와 함께 국사를 처리해도 부족할 판인데, 주야를 가리지 않고 술에 빠져 계시며 정사는 나 몰라라 하고 황제께 보고도 하지 않으십니다. 이렇게 해서야 어떻게 나라를 다스리고 백성을 평안하게 할 수 있겠습니까?"

이 말을 들은 조참은 다짜고짜 아들을 몽둥이로 흠씬 매질하며 말했다. "천하의 일은 네깐 놈이 관여할 바가 아니다. 네 할 일이나 제대로 하거라."

황제는 조줄이 아버지로부터 혼쭐이 났다는 이야기를 듣고는 조참을 불러 물었다. "어째서 아들을 팬 거요? 조줄이 한 말은 본시 내가 그대에게 물으려 했던 것이오."

조참이 모자를 벗으며 공손하지만 분명한 어조로 물었다. "외람되옵니다만, 폐하께서는 고조 황제보다 더 낫다고 생각하십니까?"

혜제가 말도 안 된다는 듯 손사래를 치면서 말했다. "나를 어떻게 감히 선제와 비교할 수 있겠습니까?"

조참이 다시 물었다. "폐하께서 보시기에 제 능력이 전임 상국인 소하와 비교해 어떻습니까?"

"경이 비록 훌륭하나 소하만큼은 못하지요."

조참이 말했다. "옳으신 말씀입니다. 고조 황제와 소하 상국이 천하를 통일한 후 나라를 안정시키고 백성을 편안하게 할 법령을 명확하게 마련하셨습니다. 또한 그 법령을 시행하여 탁월한 성과를 거두었습니다. 그런데 굳이 폐하와 제가 나서서 그 좋은 법과 제도를 바꿀 필요가 있겠습니까? 바꾼다 한들 더 좋은 성과를 낼 수 있겠습니까? 저희 신하들이 각자 자신의 직무에 편안히 거하면서 정해진 법과 제도에 충실하여 실수가 없게 되면 나라는 잘 다스려질 것이니, 폐하께서는 이른바 팔짱을 낀 채로 천하를 다스리는 '수공지치垂拱之治'를 이루실 수 있을 것입니다."

황제가 비로소 안심하며 말했다. "잘 알겠습니다. 괜한 걱정이었습니다."

조참은 재상으로 있는 3년 동안 오로지 소하가 제정한 법령과 제도에 입각해 나라를 치리治理해나갔다. 백성의 편안한 삶을 동요시킬 어떤 제도나 법령도 새로 정하지 않았다. 조참의 이러한 노력으로 정치는 안정되고 경제는 발전해 백성은 '안거락업安居樂業', 즉 평안히 살면서 생업을 즐길 수 있었다. 조참이 세상을 떠난 뒤 백성은 그의 덕을 기리며 노래를 만들어 불렀다.

소하가 법을 만드니
분명하고 반듯하였네.
조참이 대신하매
그 법을 지켜 잃지 않았네.
맑고 고요한 다스림이여,
백성은 줄곧 평안하였네.

조참의 이 이야기에서 "소하가 만든 법을 조참이 그대로 따라 한다"라는 뜻의 '소규조수蕭規曹隨'라는 성어가 나왔다. 앞 사람이 만든 법규를 그대로 준수함으로써 그 법규가 잘 안착하고 효용을 발휘할 수 있도록 한다는 의미이다.

빠른 속도로 변하는 세상에서 그에 맞게 정책을 바꾸고 제도를 새롭게 정비하는 것은 당연한 일이다. 하지만 무조건 바꾸는 것이 능사는 아니다. 기왕의 정책이나 제도가 잘 설계된 것이라는 판단이 서면 그것이 뿌리를 잘 내릴 수 있도록 뚝심을 갖고, 소신을 갖고 실천해가는 일이 훨씬 중요하다. 나무를 잘 심어놓은 후 손톱으로 껍질을 까보고 밑동을 흔들어보고 해서는 그 나무가 제대로 자랄 수 없다.

함께 읽으면 좋은 성어	수공이치垂拱而治	휴양생식休養生息
	흥리제폐興利除弊	

53

여산진면목

廬山眞面目

여산의 참모습

중국 강서성 북단에 명산 여산廬山이 있다. 높이는 약 1,600미터. 381년 진晉나라 고승 혜원慧遠이 입산해 수행 도량으로 삼은 이래 중국 정토종淨土宗의 성지로서 수많은 사찰이 들어섰다. 여러 사찰 중 고승 혜원이 30년 동안 주지로 있던 서림사西林寺가 특히 유명하다. 북송 최고의 시인으로 시·서·화 등 각 방면에서 뛰어난 성취를 이뤄낸, 우리나라 고려조에서 특히 추앙받았던 소동파의 〈제서림벽題西林壁〉이라는 시가 그 절의 벽에 쓰여 있기 때문이다.

소동파의 여산 유람

소동파는 어느 해 여산에 올라 다음과 같은 시를 남겼다.

횡으로 보면 산맥처럼 이어지고
곁에서 보면 봉우리처럼 우뚝 솟아 있네.
멀리에서 가까이에서 높은 곳에서 낮은 곳에서
그때마다 산은 각기 다른 모습이네.
여산의 참모습은 도대체 무엇인지 알 수가 없나니
오호라, 내가 이 산속에 있는 까닭이었구나.

여산의 뛰어난 명승을 두루 유람하면서 그 기이함과 수려함을 맘껏 감상하던 소동파는 그 천재적인 필력으로도 여산의 모습을 일괄해낼 수 없었다. 남북으로 뻗은 여산은 멀리서 가로로 보면 산맥처럼 이어지는데, 가까이 다가가 곁에서 보면 높은 봉우리로 솟아 있다. 높은 데서 내려다보는 풍경과 낮은 데서 올려다보는 풍경이 각기 다르다. 웅장한 산세, 기이한 봉우리, 험준한 절벽과 수려한 폭포, 각각의 절경이 만들어내는 무한한 감동이 사람을 극히 황홀하게 한다.

시인으로서 천재적인 재주를 자부하던 소동파가 이 무한한 변주의 아름다운 풍경을 만들어내는 여산 유람을 전체적으로 표현할 시구를 써내고 싶어 했던 건 당연한 일이었을 것이다. 원근고저, 멀리에서 가까이에서 높은 데서 낮은 데서 소동파는 자신의 뛰어난 감각과 표현력으로 여산의 진면목을 묘파하려고 무진 애를 썼다. 하지만 애를 쓰면 쓸수록 여산의 진면목은 숨어버리고 그의 필설의 형용에 걸려든 것은 그저 여산의 한 부분일 뿐이었다.

자기 언어의 한계를 절감한 시인은 어느 한순간 깨닫는다. "오호라! 여산의 진면목을 끝내 알 수 없던 까닭이 바로 내가 이 여산 속에 있었기 때문이로구나! 내가 여산 곳곳에서 바라본 모든 풍경은 그저 여산의 한 조각이었을 뿐, 내가 여산 속에 머무르는 한 나는 끝내 여산의 전체 모습을 볼 수 없는 것이로구나!"

이러한 깨달음에서 이 시는 단순한 사경시寫景詩가 아닌 심오한 철리시哲理詩로 바뀐다. 여산의 진면목을 이해하기 위해서는 우선 그 여산으로부터 벗어나야만 한다는 것, 어떤 일이나 상황에 대해 객관적이고 전면적인 이해를 얻기 위해서는 그 일이나 상황에서 물러나 거리를 유지해야 한다는 것이다. 이른바 '당국자미當局者迷, 방관자청旁觀者淸', 즉 "일에 마주해 있는 당사자는 헤매는데, 오히려 옆에서 바라보는 방관자에게는 분명하다"라는 삶의 보편적 이치이기도 하다. 우리가 삶에서 경험하는 이러한 보편적 이치를 소동파는 여산 유람을 노래한 이 짧은 시에서 아주 멋스럽게 전해준다.

그래서 사람들은 복잡한 문제를 만나 쩔쩔매고 있는 당사자에게 이 시구를 빌려 문제에 집착하지 말고 거리를 둘 것을, 흥분을 가라앉히고 객관적인 태도를 유지할 것을 주문하기도 한다. "여보게, 여산진면목을 보지 못하는 까닭은 그 자신이 여산 속에 있기 때문이라고 했네. 자네가 처해 있는 상황의 진실을 보려면 거기서 일단 벗어나야 하지 않겠는가!"

역사 속 수많은 이야기는 이 '여산진면목'의 진리를 전해준다. 일을 당해 당황하고 헤매는 당사자와 상황의 진면목을 파악해 사태 수습의 길을 열어주는 방관자들의 이야기인 것이다. 다음에 소개할 맹자의 얘기도 마찬가지이다.

방관자 맹자의 충고

전국시대 어느 해에 노나라와 추鄒나라 사이에 전쟁이 일어났다. 추나라는 노나라 옆에 있는 소국이다. 전력에서 열세였던 추나라는 결국 전쟁에 패하고 말았다. 추나라 병사들을 이끌던 지휘관 중에 유독 사상자가 많았는데, 일반 백성으로 구성된 병사들이 마치 남의 일인 양 위험에 빠진 지휘관들을 외면하고 힘을 보태려 하지 않았기 때문이다.

전쟁 패배의 원인을 살피던 추나라 왕 목공穆公은 이러한 사실을 알고는 기가 막혔다. 병사들이 죽어가는 자신의 지휘관을 외면하다니, 도대체 무엇이 문제란 말인가? 그는 맹자를 불러 가르침을 청했다. 목공은 분기탱천해서 말했다. "선생께서도 아시다시피 이번 노나라와의 전쟁 중에 저희 쪽 장수 서른세 명이 목숨을 잃었습니다. 그런데 병사들은 한 사람도 그들을 위해 나서지 않았습니다. 자신들의 지휘관이 죽어가는 것을 빤히 보면서도 누구 하나 구하려 들지 않았으니 이 얼마나 기가 찰 일입니까? 너무나 화가 나서 생각 같아선 이놈들을 모조리 죽여버리고 싶습니다만, 그 많은 병사를 다 죽일 수도 없고, 그렇다고 없던 일로 여기고 그냥 넘어갈 수도 없으니 참으로 답답하기 이를 데 없습니다. 식견 넓으신 선생께서 가르침을 주시길 청합니다."

얼마 동안 생각에 골똘히 잠겨 있던 맹자가 이윽고 고개를 들고 말했다. "저는 우리 추나라에 극심한 가뭄이 들었던 해를 아직도 생생하게 기억하고 있습니다. 흉년으로 온 백성이 배를 곯으니 산과 들에는 굶어 죽은 시체가 나뒹굴고, 고향을 떠나 먹을 것을 찾아 이리저리 유랑하는 백성이 넘쳐났습니다. 그런데 당시 대왕을 비롯한 권문세족, 지체 높은 관리들은 무엇을 했습니까? 나라 곳간에 양식이 산처럼 쌓여 있음에도 곳간 문을 굳게 닫고 백성들을 구휼하지 않았습니다. 일선의 관리들은 백성이 죽건 말건 신경도 쓰지 않았습니다. 대신들은 이러한 재난 상황을 임금에게 보고하지 않았고, 임금 역시 백성들의 사정을 살피려 나서지 않았습니다. 그래 놓고서는 전쟁이 일어나자 백성들을 징발해 전선으로 보내 목숨 걸고 싸우라 합니다. 생각해보십시오. 왕께서 백성이라면 이 싸움에 목숨을 내놓겠습니까? 왕께서는 증자가 한 이 말을 기억하십니까? '조심하고 조심할지어다! 네가 남에게 행한 그대로 남들도 너에게 돌려줄 것이다.' 백성들이 지금에서야 되갚음을 한 것일 뿐입니다. 왕께서는 허물하지 마시길 바랍니다!"

목공이 절망적인 얼굴로 깊이 한숨을 쉬며 말했다. "선생, 그렇다면 앞으로 어찌해야 이런 일이 다시는 발생하지 않겠습니까?"

맹자가 단호하게 말했다. "임금이 인정仁政을 하는 것 외에는 방법이 없지 않겠습니까? 왕께서 인정을 베풀어 백성이 나라의 근간임을 아시고 그들의 질고를 세심하게 살피시면, 백성은 그 상관들을 위해 죽을 수도 있을 것입니다."

이 이야기에서 비롯된 성어가 증자가 한 말 "너에게서 나온 것이 너에게로 돌아간다"는 뜻의 '출이반이出爾返爾'이다. 전쟁에서 지고 아끼던 장수들이 떼죽음을 당한 비극은 바로 추나라 왕이 뿌린 불인不仁한 정치라는 씨앗이 맺은 쓰디쓴 열매인 것이다.《맹자》의 이 대목에 주자는 다음과 같은 설명을 덧보탰다.

임금이 어질지 못해 부유해지기를 구했다. 이 때문에 관리가 무겁게 세금을 거둘 줄만 알았지 백성을 구휼할 줄을 몰랐다. 그러므로 군주가 인정을 행하면 관리가 모두 그 백성을 사랑해서 백성 또한 관리를 사랑할 것이다.

모든 게 임금의 어질지 못한 탐욕에서 비롯되었다고 본 것이다. 그런 임금 때문에 관리들이 백성을 수탈했고, 그 결과 백성이 임금과 관리를 원수처럼 여기게 된 것이라는 말이다. 추나라 목공이 자신의 책임인 줄은 모르고 민심 이반을 원망하며 분기탱천한 것은 바로 '당국자미'의 현장이고, 그런 미혹에 빠진 목공에게 맹자는 '방관자청'으로 임금의 불인한 정치가 모든 것의 원인임을 밝힌 것이다.

어떤 일의 실패에 따른 진정한 교훈을 얻기 위해서는 일정한 거리로 물러나서 그 사건을 바라봐야 한다. 그러면 대부분 사건의 핵심적 원인 제공자로서 자신의 모습이 보일 것이다. 이로써 사태 수습이 가능해지고, 전화위복은 바로 그 순간부터 시작된다.

함께 읽으면 좋은 성어	담박명지澹泊明志	이욕훈심利欲熏心

54

인서지탄

人鼠之嘆

사람이나 쥐나 똑같다

중국 고전에서 쥐는 대부분 부정적인 동물로 등장한다. 《시경》 〈석서碩鼠〉에 나오는 "큰 쥐야, 큰 쥐야, 우리 기장 먹지 마라. 3년 너를 섬겼건만 우릴 돌보려 하지 않는구나" 같은 노래에서도 쥐는 백성을 착취하고 억압하는 타락한 권력을 상징한다. '성호사서城狐社鼠', 즉 '성벽 틈에 사는 여우와 사당 안에 사는 쥐' 같은 성어에서는 권력의 비호를 받으며 온갖 악행을 저지르는 간신을 뜻한다. 사람들의 양식을 축내고 기물을 쏠아 못 쓰게 만드는 쥐가 이런 부정적 상징을 갖게 된 것은 자연스러운 일이다.

그런데 쥐에게 그런 부정적 상징만 있는 것은 아니다. 대단히 긍정적인 의미로 활용되는 성어도 있다. 또 쥐 때문에 삶을 완전히 바꾼 위인의 이야기도 있다.

천지창조의 주인공이자 풍요의 상징인 쥐

청나라 때 유헌정劉獻廷이 쓴 《광양잡기廣陽雜記》에 '서교천개鼠咬天開'라는 말이 나오는데, 이는 "쥐가 깨물어서 하늘이 열린다"라는 뜻이다. 이 기록에 따르면, 쥐는 천지가 개벽하도록 만든 큰 공을 세운 존재이다.

까마득한 옛날 아직 하늘과 땅이 열리지 않았던 시절, 거대한 혼돈이 하늘과 땅을 가득 두르고 있을 때 쥐가 그 혼돈을 쏠아서 구멍을 냈다. 그러자 그 구멍으로 기가 통하고 빛이 들어오면서 마침내 하늘이 열렸다. 마치 신이 혼돈으로 가득한 우주에 빛을 창조하는 《성경》의 〈창세기〉를 떠올리게 한다. 어두운 밤에 활동하고 벽을 쏠아 구멍을 내는 쥐의 특성이 혼돈으로 가득한 어두운 우주에 빛과 바람의 구멍을 내는 창세신화를 만들어낸 것이다. 이러한 공으로 쥐는 십이간지十二干支의 열두 동물 중에서 가장 앞자리를 차지할 수 있었다.

여기서 비롯된 성어가 바로 '서교천개'이다. 쥐가 혼돈을 쏠아 빛과 바람을 통하게 했듯이 우리 사회 곳곳의 혼돈과 어두움도 시원스레 사라졌으면 좋겠다. 꽉 막힌 남북 관계도, 체한 듯

답답한 경제도 뻥 뚫려서 화창한 봄날처럼 되었으면 좋겠다.

'서조풍년鼠兆豊年'은 '풍년이 들 징조'라는 뜻이다. 쥐가 지닌 왕성한 번식력에서 나온 성어이다. 이 다산 능력 때문에 쥐는 풍요의 상징이 되었다. 그래서 금이나 옥으로 만든 '돈 쥐'라는 뜻의 금전서金錢鼠는 중국인이 매우 좋아하는 부귀를 상징하는 조형물이다. 여기서 쥐를 뜻하는 서鼠는 shu라고 발음하는데, 이는 "숫자 혹은 숫자를 센다"는 뜻의 수數와 발음이 같다. 그리고 조兆는 '징조, 조짐' 외에 '억億의 1만 배'라는 뜻도 있다. 그래서 '서조풍년'을 '수조풍년數兆豊年', 즉 '억만금을 세는 풍년'으로 변형해 쓰기도 한다.

이사가 만난 두 쥐 이야기

이제 중국 역사 속에서 쥐와 관련한 재미있는 일화를 하나 소개한다. 진나라 진시황을 도와 천하 통일의 위업을 달성한 위대한 정치가요, 사상가였던 이사李斯의 이야기이다.

말년에 간신 조고趙高의 겁박과 회유에 넘어가 부정한 권력과 거래함으로써 역사의 죄인이 되고, 결국 삼족이 절멸하는 비극을 당했지만, 이사가 중국의 정치와 문화에 미친 영향은 실로 지대했다. 그는 주周나라 이래 계속 이어져온 봉건제를 폐지하고 중앙집권적인 군현제郡縣制를 실시함으로써 이후 2,000년 넘게 지속된 전제 왕정의 기초를 세웠다. 문자, 화폐, 각종 도량형 단위와 수레의 폭을 통일함으로써 중국 문명이 급속도로 발전할 수 있게끔 했다. 문학 방면에서도 뛰어난 재능을 발휘해 〈간축객서諫逐客書〉 같은 그의 글이 지금도 교과서에 실릴 정도이다.

초나라 출신으로 시골 마을의 말단 벼슬아치였던 이사가 이토록 위대한 역사적 인물로 거듭나게 된 데에는 재미있게도 쥐가 큰 역할을 했다.

고을의 곡식 창고를 관리하던 이사는 어느 날 급한 용무를 해결하기 위해 변소를 찾았다. 변소에 들어서자 아래쪽에서 오물을 먹던 시커먼 쥐들이 화들짝 놀라 도망치는 것이 보였다. 노상 있는 일이라 별로 놀랄 일도 아니어서 느긋하게 용무를 해결한 그는 곡식 장부의 기록과 재고를 대조하기 위해 곳간으로 갔다.

곳간 문을 열자 쌀이며 각종 곡식을 담은 가마니들이 산더미처럼 쌓여 있는데, 그 사이로 큰 쥐들이 느긋하게 오가는 모습이 보였다. 쥐들은 기름진 쌀과 곡식을 원 없이 먹어서인지 살이 찌고 윤기가 흘렀다. 그리고 곡식 창고에는 사람도 개도 찾아오는 일이 많지 않아서인지 사람을 보고도 놀라거나 달아나지 않고 느긋하게 식사를 즐겼다.

순간 이사의 뇌리에 방금 전 변소에서 본 쥐들의 모습이 겹쳐졌다. '변소의 쥐나 곳간의 쥐나 같은 쥐들 아닌가. 그런데 어떤 쥐는 더러운 오물로 배를 채우며 사람이나 개의 기척에 늘 바짝 긴장하며 두려움 속에서 살고, 어떤 쥐는 기름진 쌀을 먹으면서 누구의 간섭도 없이 평안하고 느긋하게 살고 있지 않은가!'

이사의 생각은 꼬리를 물고 이어졌다. '인간도 마찬가지 아닌가. 같은 인간으로 태어나 누구는 초근목피로 구차하게 연명하며 두려움 속에서 살아가고, 누구는 부귀영화를 누리며 떵떵거린다. 이렇게 하늘과 땅 차이만큼 삶이 달라지는 것은 무엇 때문인가. 바로 자신이 처한 장소에 답이 있는 것이다. 변소에 있었기에 오물을 먹는 것이고, 곳간에 있었기에 쌀을 먹는 것이다!'

이사는 시골 마을의 말단 관리인 자신이 마치 변소의 쥐처럼 여겨졌다. 그는 기름진 곳간으로 주거 환경을 바꾸기로 결심했다. 이사가 보기에 기름진 곳간은 바로 모든 권력과 재물을 쥐고 있는 제왕이었다. 그런 제왕이 있는 조정으로 들어가기 위해 그는 제나라로 가서 순자荀子를 스승으로 삼아 제왕의 학문인 법가 사상을 공부했다. 공부를 마친 이사는 열국의 형세를 면밀히 비교해 연구한 끝에 진秦나라를 택하고, 마침내 진시황을 도와 천하를 통일한 후 각종 정치 개혁을 단행함으로써 중국의 정치와 문화에 일대 진전을 이루는 역사적 인물이 되었다.

이 쥐 이야기에서 나온 성어가 바로 '인서지탄人鼠之嘆', 곧 "지위나 처지가 하늘과 땅처럼 다른 것은 사람이나 쥐나 같다"는 탄식이다. 그리고 이 모든 것은 결국 자신이 처한 곳이 어디냐에 달려 있다는 인식을 드러낸 말이 '재소자처在所自處'라는 성어이다. 여기서 재在는 "~에 달려 있다"는 뜻이다.

이사가 쥐의 모습을 보고 자신의 처지를 바꾸기로 결심함으로써 위대한 역사적 인물이 된 것처럼 자신을 돌아보고 새로운 변화를 탐색하는 것은 스스로 성장하는 리더의 자질이다. 혼돈의 우주에 바람구멍을 냈던 태초의 쥐가 그랬듯 조직에 새바람을 일으키는 창조적인 리더가 되길 바란다.

함께 읽으면 좋은 성어	유지경성有志竟成	인정승천人定勝天

55

전심치지

專心致志

전심으로 뜻을 집중하다

우리네 요즘의 모습을 보면 다들 여유가 없는 것 같다. 일에 쫓겨 늘 허덕이며 산다. 일이 많은 탓이 아니다. 능률이 오르지 않아서 일을 붙잡는 시간이 길어진 탓이다. 그러니 일을 끝내고 다음 일까지 쉴 시간이 없는 것이다. 일의 능률을 방해하는 가장 큰 요소는 그 일에 집중할 수 없게 만드는 환경일 것이다. 인터넷 공간의 수많은 흥미로운 영상물은 수시로 우리를 유혹해 일의 진행을 방해한다. 친구나 동호인 단톡방에서 이뤄지는 실시간 대화는 수시로 일의 흐름을 끊는다. 작업 시간은 길어지고 성과는 지지부진해진다. 모두 집중력 부재에 따른 결과이다. 여유로움을 잃어버린 우리 사회의 피로는 어쩌면 집중력의 상실에서 비롯된 것일지도 모른다.

성과 없는 교육에 대한 맹자의 탄식

맹자는 제나라 왕을 자주 만나 인의지도를 설파하며 그를 어진 군주로 만들고자 노력했다. 하지만 아무런 성과가 없자 다음과 같이 탄식했다. "왕이 지혜롭게 되지 못한 것이 하나도 이상할 게 없다. 천하에 아무리 기르기 쉬운 식물이 있다고 해도 하루만 햇볕을 쬐고는 열흘 동안 춥게 내버려둔다면 능히 살아날 수 있겠는가. 내가 왕을 접견하는 일은 어쩌다 한 번이요, 내가 물러나면 곧바로 왕을 춥게 만드는 이들이 빈번하게 찾아오니, 싹이 난다 한들 내가 어떻게 할 수 있겠는가!"

왕이 맹자의 교훈에 영향을 받아 인의의 정치를 향한 열망을 갖게 되더라도, 그런 열망이 지속되지 못한다는 것이다. 왕 주변에는 온통 권력에 편승하고 아첨하는 자들이 넘쳐나기 때문이다. 이들의 달콤한 아부에 겨우 자라기 시작한 인의의 정치를 향한 열망은 바로 식어버리고 만다.

노나라 최고 바둑 기사 혁추 이야기

《맹자》는 어떤 일이든 마음을 다하여 집중하지 않으면 성공할 수 없음을 다음과 같이 설명한다.

바둑은 누구나 쉽게 익힐 수 있는 기예이다. 하지만 이마저도 전심으로 집중하지 않으면 제대로 배울 수 없다. 혁추奕秋는 노나라에서 가장 바둑을 잘 두는 사람이다. 어느 날 두 사람이 동시에 혁추를 찾아와 바둑을 배우겠다며 제자로 거두어줄 것을 요청했다. 혁추는 성심을 다하여 두 제자를 가르쳤다.

그런데 두 사람의 학습 태도가 매우 달랐다. 한 제자는 전심으로 집중해 스승의 모든 말에 귀를 기울였다. 결과적으로 그는 아주 빠른 성과를 보였다. 이에 비해 다른 한 제자는 성과가 매우 지지부진했다. 같은 날 같은 시간에 같은 스승에게 배웠건만 어째서 다른 결과가 나왔을까. 재주가 달랐기 때문인가? 그렇지 않다. 집중해 듣지 않았기 때문이다. 이 제자는 눈으로는 스승을 바라보면서도 귀는 창밖의 기러기 소리에 가 있었으니, 활을 쏘아 기러기를 맞히고 싶은 생각에 스승의 말에 집중할 수 없었다. 그래서 같이 배웠으나 같은 성과를 낼 수 없었던 것이다.

여기에서 나온 성어가 "전심으로 뜻을 집중하다"라는 뜻의 '전심치지專心致志'이다. 남들과 똑같이 시간을 투자하고 노력함에도 불구하고 남들보다 성과가 나지 않을 때 우리는 종종 그 원인을 상대방의 뛰어난 능력 때문이라고 생각하는 경우가 많다. 하지만 맹자는 단호하게 말한다. "지혜가 남만 못해서 그런 것인가? 아니다! 전심으로 뜻을 집중하지 않았기 때문이다."

한나라 때 환담桓譚이 쓴 《신론新論》 〈전학專學〉에 다음과 같은 구절이 있다.

한 사람이 동시에 왼손으로 네모를, 오른손으로 원을 그릴 수 있는가? 아무리 반듯한 마음과 뛰어난 손재주를 가졌다 할지라도 성공할 수 없다. 마음이 동시에 둘을 생각할 수 없으니 손도 동시에 두 방면으로 운용할 수 없는 것이다.

네모를 그리고 원을 그리는 것은 아주 간단한 일이다. 하지만 이런 단순한 일조차도 동시에 할 수는 없다. 마음은 두 가지 일에 집중할 수 없기 때문이다. 어떤 것 하나에 집중하면 다른 하나에 소홀할 수밖에 없는 것이 우리의 마음이다. 그런데도 우리는 종종 한 손으로는 네모를, 한 손으로는 원을 그리려는 무모한 시도를 한다. 제대로 성공할 수 없음이 당연하다. 네모도 원도 아닌, 정체불명의 어정쩡한 그림이 그려질 뿐이다.

소나기에 보리가 떠내려가도 몰랐던 집중왕 고봉

집중력에 대한 재미있는 일화를 하나 소개한다. 한나라 때 고봉高鳳이라는 학자와 관련된 이야기이다.

고봉은 남양南陽 사람이다. 어려서부터 주야 불문 학문에 힘써 상당한 경지에 이르렀다. 집안은 대대로 농사를 지었는데, 어느 날 아내가 밭으로 가면서 고봉에게 당부했다. "보리를 햇볕에 말리려고 뜰에 펼쳐놓았으니 닭들이 쪼아 먹지 않게 잘 지키세요." 얼마 후 갑자기 하늘이 캄캄해지더니 한바탕 소나기가 쏟아졌다. 하지만 고봉은 닭 쫓는 장대를 손에 쥔 채 여전히 독서에 빠져서 빗물에 보리가 다 떠내려가는 것도 몰랐다. 아내가 밭에서 돌아와 그 광경을 보고는 깜짝 놀라 어찌 된 일이냐고 물으니, 고봉은 그제야 상황을 깨달았다. 훗날 고봉은 이름난 대학자가 되어 많은 제자를 길러냈다.

《후한서》의 이 이야기에서 "고봉이 보리를 흘려보내다"라는 뜻의 '고봉류맥高鳳流麥'이라는 성어가 나왔다. 줄여서 "보리가 흘러간다"는 뜻의 맥류麥流, "보리를 버리다"라는 뜻의 기맥棄麥 등으로 표현하기도 한다. 오로지 마음을 다해 집중해서 책을 읽는 모습을 형용한 말로, 학생들이 공부에 집중할 것을 요구하는 선생님들이 즐겨 사용한다.

고봉은 소나기가 내리는 것도 몰랐으니 닭이 보리를 먹어 치우는 것이야 당연히 몰랐을 것이다. 아마 이미 반쯤은 닭이 먹어버리고, 나머지 반을 빗물이 쓸어갔을 것이다. 독서에 몰두하느라 소중한 식량을 잃고 아내로부터 핀잔이야 좀 들었겠지만, 이런 집중력으로 공부했기에 훗날 명유名儒가 될 수 있었던 것이다.

지렁이의 전일함과 게의 산만함

《순자》〈권학勸學〉에 이런 구절이 있다.

지렁이는 날카로운 발톱이나 이빨도 없고 강한 근육이나 뼈도 없다. 하지만 아래로 깊이 파고 들어가 지하수까지 마실 수 있으니, 그것은 마음을 쓰는 것이 전일專一하기 때문이다. 하지만 게는 발이 여섯이요, 집게발이 둘이나 있어도 뱀이나 장어의 굴이 아니면 의지하여 살 데가 없으니 그것은 마음을 쓰는 것이 산만하기 때문이다.

무능한 지렁이가 성공한 것은 무엇 때문인가? '용심일야用

心一也', 즉 마음을 쓰는 것이 하나였기 때문이다. 능력 넘치는 게가 실패한 것은 무엇 때문인가? '용심조야用心躁也', 즉 마음을 쓰는 것이 여러 갈래로 산만했기 때문이다.

넘쳐나는 정보와 지식, 다양하고 복잡한 네트워크로 한없이 분주한 세상이다. 그래서 더더욱 전심치지, 곧 마음을 전일하게 해 집중하는 것이 어느 때보다 절실히 필요하다. 일의 성과가 부진할 때는 그 이유가 집중력의 부재에서 오는 것은 아닌지 점검해보길 바란다.

함께 읽으면 좋은 성어	심원의마心猿意馬	취정회신聚精會神

56

질풍지경초

疾風知勁草

거센 바람이 불어야 굳센 풀을 알게 된다

삶이라는 넓은 바다를 건너면서 늘 순풍이 불기만을 바라지만 뜻대로 되지 않는 게 인생사이다. 뜻하지 않은 거센 바람과 높은 파도가 끊임없이 밀려온다. 바람에 흔들리고 파도에 고생하면서 때론 세상을 원망하고 하늘에 불평하기도 한다. 하지만 그 바람을 이겨내고 파도를 넘어서면 이전보다 훨씬 강하고 튼튼해져 있는 자신을 발견한다. 다음은 거센 바람 속에서 자신의 가치를 더욱 높인 사람들에 대한 이야기이다.

거센 바람에도 꺾이지 않는 풀

후한의 개국 군주 유수劉秀는 신新나라 말년, 스물여덟 살 때 오늘날의 하남성 경내에 있는 완성宛城에서 군사를 일으켜 왕망에 맞섰다. 그의 군대가 하남 영천潁川을 지날 때 왕패王覇라는 젊은이가 일군의 무리를 데리고 유수를 찾아와 합류했다. 그 후로 수많은 어려운 전투에서 용감하게 싸워 많은 전공을 세운 왕패는 유수의 큰 신임을 얻었다.

그런데 유수에게 큰 시련이 찾아왔다. 당시 같은 유씨 황족 중 유현劉玄이 황제로 추대되면서 유수를 견제하기 시작한 것이다. 유수의 장형 유연劉演이 이미 그에게 죽음을 당한 터였다. 살해 위협을 느낀 유수는 하북 지역을 평정한다는 명분을 내세워 일단 몸을 피했다. 이때 하북은 왕랑王郎을 비롯한 막강한 군벌 세력들이 장악하고 있어 유수의 군대는 끝없는 형극의 길을 가야 했다. 희망이 보이지 않자 유수를 따르던 자들이 하나둘 떠나갔다. 당초 왕패와 함께 유수의 군대에 합류했던 동료들도 모두 실망감을 표하며 떠나갔다. 하지만 왕패만은 유수 곁에서 전과 다름없이 충성을 다했다. 유수가 탄식하며 말했다. "영천에서 나를 따르던 사람들은 모두 떠났고, 오직 그대만 홀로 남았구나. 강한 바람에 굳센 풀을 알 수 있다는 말을 이제야 내 몸소 체험하게 되었다."

거듭된 고난 속에서도 꿋꿋하게 자리를 지키는 왕패를 거센 바람 속의 굳센 풀로 비유한 것이다. 다른 사람들은 그 바람을 이겨내지 못하고 뿌리 뽑힌 풀처럼 떠나갔지만 왕패만은 의연하게 그의 곁에 있었다.

수많은 역경 끝에 유수는 마침내 하북을 평정하고 많은 백성의 지지에 힘입어 기원 25년 황제 자리에 올라 후한 왕조를 열었다. 왕패 또한 그간의 공로를 인정받아 편장군偏將軍에 임명되고, 이듬해에는 부파후富波侯에 봉해졌다. 죽을 때까지 나라의 안위를 위해 힘쓴 왕패는 후한의 개국공신으로서 역사적으로 유명한 이른바 운대이십팔장雲臺二十八將에 이름을 올렸다.

이 유수와 왕패의 이야기에서 비롯된 성어가 "거센 바람이 불어야 풀이 굳센지 아닌지 알 수 있다"는 뜻의 '질풍지경초疾風知勁草'이다. 여기서 경勁은 "단단하다, 굳세다"라는 의미이다. 거대한 환란 앞에서 비로소 진가를 나타내는 사람, 어려움에 좌절하지 않고 꿋꿋하게 버티며 극복하는 사람을 칭송하는 말이다.

얽히고설킨 뿌리를 자르는 예리한 도끼

후한 화제和帝 연간은 외척이 전횡하고 조정이 부패해 국력이 날로 쇠퇴해가던 시기였다. 한나라가 쇠약해진 것을 알고는 북쪽과 서쪽 변경의 이민족들이 자주 쳐들어와 조정에 큰 근심을 더했다. 당시 대장군을 맡고 있던 등줄鄧騭은 서쪽 변경의 양주涼州를 포기하고 북쪽 변경 방어에 집중할 것을 주장했다. 수많은 조정 대신이 등줄의 의견에 동조하고 나서는 가운데, 유일하게 낭중郎中을 맡고 있던 우후虞詡가 나서서 양주를 포기해서는 안 된다고 강력하게 주장했다. 그의 설득력 있는 주장에 조정은 양주를 포기하지 않고 변경의 수비력을 강화하는 여러 조치를 취할 수 있었다. 이 일로 대장군 등줄은 우후에 대해 악감정을 갖고 보복할 기회를 엿봤다.

얼마 후, 하북 조가朝歌에서 관리의 수탈과 전횡을 이기지 못한 백성들의 불만이 폭발해 민란이 일어났다. 민란은 걷잡을 수 없이 퍼져 관리들이 죽음을 당하고 관서가 불탔다. 반란이 수년 동안 이어졌지만 지방의 관부로서는 진압할 능력이 없었다. 조가는 군사적·경제적으로 매우 중요한 요충지였으므로 황제는 조회를 열어 대책을 상의했다. 뾰족한 수가 없어 다들 전전긍긍하는 가운데 대장군 등줄이 나서서 말했다. "낭중 우후라면 능히 반란을 평정할 수 있을 것입니다. 그를 조가로 보내심이 좋을 듯합니다."

우후에게 지극히 해결하기 어려운 난제를 안겨 결국 그를 사지로 몰아넣으려는 음험한 생각에서 추천한 것이다. 조가의 현장縣長으로 임명받은 우후가 임지를 향해 떠나기 전 많은 친구들이 찾아와 위로하며 대장군 등줄을 욕했다. "자네를 함정에 빠뜨리려는 등줄의 악랄한 계략일세!"

그런데 오히려 우후는 만면에 미소를 띠며 말했다. "마음은 쉬운 것을 구하지 않고 일은 어려움을 피하지 않는 것이 바로 신하의 책무일세. 이리저리 어지럽게 얽힌 뿌리와 사방으로 복잡하게 뻗은 나뭇가지를 만나지 않고서야 도끼의 날이 예리한지 어찌 알 수 있겠는가!"

조가에 부임한 우후는 탐관오리를 징치하고 가난한 백성들을 구휼해 민란의 근본 원인을 해결하는 한편, 여러 가지 기발한 전략으로 반란군을 진압해갔다. 반란군을 유인해서 소탕하려고 죄수들을 선별해 사면한 다음 반란군에 가담시키기도 했다. 바느질하는 가난한 여인들에게 돈을 주어 반란군들의 옷을 수선할 때에 붉은 실을 쓰게 만들어 그들을 길거리에서도 쉽게 체포할 수 있도록 했다. 이런 기상천외한 전략에 반란군은 속수무책으로 당했다.

조가의 난을 평정한 우후는 후에 서북쪽 변경을 책임지는 무도태수武都太守가 되어 이민족의 침략을 막아내는 탁월한 공을 세웠고, 마침내 상서령尙書令이라는 높은 관직에 올라 국정을 이끌었다.

평생 청렴하고 강직한 관리로서 부패한 외척과 환관의 권력에 맞서 아홉 차례 욕을 당하고 세 차례 옥에 갇히는 등 갖은 수모를 당했지만 끝내 올곧은 자세를 굽히지 않았던 우후는 청사靑史의 명신으로 빛나고 있다. '이리저리 얽힌 뿌리와 복잡하게 얽힌 나뭇가지'라는 뜻의 '반근착절盤根錯節'은 우후의 이야기에서 비롯된 성어로, 해결하기 어려운 난제 중의 난제를 가리키는 말이다.

조직을 이끌고 경영을 해나가다 보면 순조로울 때보다는 어려울 때가 더 많을 것이다. 안팎으로 닥치는 경영의 어려움은 그야말로 '반근착절'의 난제이다. 하지만 여러분이 그간 쌓아온 경험과 지혜로 벼린 날카로운 도끼날이 있지 않은가? 우후처럼 자신감을 갖고 문제 앞에 용감하게 나서고, 왕패처럼 거센 바람 앞에서 자신의 강고한 뿌리를 증명해보길 바란다.

함께 읽으면 좋은 성어	**노요지마력路遙知馬力**	**일구견인심日久見人心**
	세한지송백歲寒知松柏	

57

휘과회일

揮戈回日

창을 휘둘러 지는 해를 돌리다

우리는 아침에 태양이 떠오르면 새로운 하루를 꿈꾼다. 새로운 달이 시작되고 새로운 한 해가 시작되면 우리를 둘러싼 환경이 이전과 달라지길 기원하며 새로운 계획을 세우고 새로운 기대를 품는다. 하지만 우리의 기대와 달리 상황은 여전히 어렵고 지지부진할 뿐이다. 어떻게 해야 할까? 용기를 내는 수밖에 없다. 다들 손을 놓아버린 어려운 상황을 역전시켜 위기를 기회로 만드는 것은 오로지 리더의 용기밖에 없다.

창 춤으로 지는 해를 뒤로 돌린 남자

중국 한나라 때 유안劉安이 쓴 《회남자淮南子》에 희한한 이야기가 있다.

춘추전국시대 초나라의 노양공魯陽公이 군대를 이끌고 한韓나라 군대와 치열한 전투를 벌였다. 전투는 하루 종일 극렬하게 이어졌고, 양측 군사들은 모두 극도로 지쳐갔다. 위기를 느낀 노양공이 직접 선두에 나서 용감하게 싸웠다. 이 모습에 초나라 군사들이 용기백배해 악을 쓰고 덤벼드니 싸움은 점차 초나라의 승리로 기우는 듯했다.

하지만 하늘이 돕지 않았다. 저녁이 되어 날이 점점 어두워지니 더 이상 전투를 지속하기 어려웠다. 이렇게 전투를 중단한다면 모처럼 잡은 승기가 물거품이 될 게 뻔했다. 한나라에 전열을 정비할 시간을 줄 테니 말이다. 아쉬움 속에서 초나라 군사들은 주저앉아 지는 해만 무력하게 바라보고 있었다.

그때 돌연 노양공이 벌떡 일어서더니 서쪽으로 기울어가는 태양을 향해 긴 창을 휘두르며 한바탕 격렬한 춤을 추는 것 아닌가! 대장의 기이한 행동에 얼이 빠져 있던 군사들은 이어진 놀라운 광경에 경악을 금치 못했다. 서산으로 기울던 해가 조금씩 밀려나는 믿기 어려운 광경이 펼쳐진 것이다. 해는 90리나 물러나서 이미 어두워진 산하를 대낮처럼 환하게 밝혔다. 이윽고 다시 치른 전투에서 결국 초나라는 대승을 거두었다.

이 믿기 어려운 이야기에서 비롯된 성어가 "창을 휘둘러 지는 해를 돌린다"는 뜻의 '휘과회일揮戈回日'이다. 절체절명의 위기 국면을 돌파해 그 위기를 기회로 만드는 걸 가리키는 말이다. 다들 불가능하다고 여겨 손을 놓고 있을 때 놀라운 용기와 뛰어난 능력으로 그런 위기 상황을 역전시켜 승리를 만들어내는 훌륭한 리더를 칭송하는 것이다.

창을 휘두른다고 지는 해를 멈출 수 있겠냐고 비웃는 사람도 있을 것이다. 하지만 하늘은 모든 순간에 최선을 다하는 자를 돕는다. 노양공의 창 춤은 바로 절체절명의 순간, 아무런 희망도 보이지 않는 절망적인 상황에서조차 끝까지 최선을 다해야 한다는 교훈을 준다. 그런 모습에 하늘이 감동해 새로운 길을 열어준다는 걸 비유적으로 보여주고 있는 것이다.

소를 때려잡아 병사들을 먹여라

한나라 때 오한吳漢이라는 장수가 있었다. 후한 개국 군주 유수를 따라 수많은 반란을 평정해 광평후廣平侯에 봉해진 출중한 장군이다. 그 오한이 소무蘇茂가 이끄는 반란군을 평정할 때의 일이다.

오한의 군대는 광락廣樂이라는 곳에서 소무의 군대와 맞닥뜨렸다. 오한은 소무의 군대를 광락성에 몰아넣고 포위한 채로 그들이 지치기를 기다렸다. 안으로 군량이 떨어지고 밖으로 원군이 없으면 소무의 군대가 무너지는 것은 시간문제였다. 그런데 뜻밖에 주건周建이라는 반란군 장수가 이끄는 원군이 다가오고 있었다. 10만이 훨씬 넘는 대군 앞에 천하 명장 오한조차도 당황하지 않을 수 없었다. 그는 급히 날랜 경기병輕騎兵 위주로 군대를 조직해 선공으로 적의 예봉을 꺾고자 했다.

그런데 기병대를 이끌고 앞서 달리던 오한의 말이 순간 발을 헛디뎠고, 그 바람에 오한은 낙마해 다리가 부러지는 중상을 입었다. 오한은 군사들의 부축을 받으며 군영으로 돌아올 수밖에 없었다. 그사이 주건의 군대는 아무런 어려움 없이 소무의 군대와 합세했다. 이로써 전세는 이전과 판이하게 다른 양상으로 역전되었다. 반군의 기세에 기가 꺾인 한나라 병사들은 큰 두려움에 술렁였다. 장수 하나가 오한의 장막에 들어와 보고했다. "장군, 막강한 적군을 앞에 두고 장군께서 부상까지 당하시니 온 군사가 절망하여 큰 두려움에 빠져 있습니다."

보고를 받은 오한이 갑자기 분기탱천해서 부상당한 다리를 짚고 벌떡 일어나 외쳤다. "여봐라! 당장 소를 잡아서 병사들을 배불리 먹여라!"

갑작스러운 주문에 의아해하는 부하들에게 오한이 말했다.

"지금 적들의 수가 비록 많지만 그들은 강도요, 도적일 뿐이다. 싸움에서 이기면 전리품을 서로 훔치기 바쁘고, 싸움에서 질 것 같으면 서로를 구하기는커녕 자기 목숨을 부지하려고 도망하기 바쁜, 예의도 의리도 모르는 오합지졸일 뿐이다. 이 위기야말로 그대들이 큰 공을 세워 집안을 일으키고 부모님을 영예롭게 할 수 있는 최고의 기회가 아닌가. 모두들 이 좋은 기회를 놓치지 말라! 즉각 소를 잡아 병사들을 배불리 먹여라. 내일은 우리에게 승리의 날이 될 것이다!"

장군의 용기에 감동한 군사들은 용기백배했다. 수적 우세를 믿고 가볍게 공격해온 반군은 오한 군대의 예상치 못한 강력한 반격에 당황해 성으로 퇴각했고, 오한의 군대는 그대로 성안으로 쳐들어가 대승을 거두었다.

《후한서》에 기록된 오한의 이 이야기에서 비롯된 성어가 "소를 잡아 군사를 먹이다"라는 뜻의 '추우향사椎牛饗士'이다. 추椎는 몽둥이라는 뜻으로 추우椎牛는 소를 잡는다는 의미이고, 향饗은 "잔치한다, 대접한다"는 뜻으로 향사饗士는 병사들을 대접한다는 의미이다. 그래서 이 '추우향사'는 수고하는 병사들을 위로하는 모든 행동을 가리킨다. 강력한 반란군과 리더의 심각한 부상이라는, 안팎으로 닥친 절체절명의 위기를 오히려 위대한 승리로 바꾼 오한은 그야말로 긴 창을 휘둘러지는 해를 돌이킨 '휘과회일'의 신화를 역사로 바꾼 사람이라고 할 수 있다.

암울한 상황에 처한 조직 구성원의 시선은 그저 리더에게로 향할 수밖에 없다. 창을 휘둘러 해를 되돌리는 노양공처럼 불굴의 정신으로 최선을 다하고, 소를 잡아 군사들을 배불리 먹이는 오한처럼 구성원에게 용기를 북돋아줌으로써 위기를 기회로 역전시키는 멋진 리더가 되길 바란다.

함께 읽으면 좋은 성어	역만광란 力挽狂瀾	선전건곤 旋轉乾坤
	회천지력 回天之力	

제8장

배우고 성장하는 일에 부지런하라

| 자질 |

58

대사불호도

大事不糊塗

큰일은 대충 하지 않는다

우리는 주변 사람들로부터 똑똑하다는 평을 들으면 우쭐해진다. 대신 어리석다, 바보스럽다는 얘기를 들으면 금방 의기소침해하거나 우울해진다. 세상은 온통 똑똑하고 잘난 사람들의 성공적인 이야기로 가득 차 있다. 정말 똑똑한 것이 그렇게 좋은 것일까? 다음은 똑똑함과는 정반대인 어리석음, 바보스러움에 대한 이야기이다.

소동파에게 부족했던 어리석음

송나라 시인 소동파가 황주黃州 유배 시절, 아들을 하나 얻었다. 기쁜 마음에 그는 〈세아희작洗兒戲作〉이라는 시 한 수를 지어서 아이에 대한 자신의 마음을 피력했다.

남들은 모두 아들을 기르며 총명하기를 바라지만
나는 이 총명 때문에 일생을 망친 사람이라네.
그저 원하기는 이 아이가 어리석고 노둔해서
재앙도 재난도 없이 높은 벼슬에 이르기만 바란다네.
人皆養子望聰明, 我被聰明誤一生.
惟願孩兒愚且魯, 無災無難到公卿.

천재 시인이자 훌륭한 목민관으로 황제의 사랑을 받고 백성의 신망이 두텁던 소동파가 용감하게 왕안석의 신법당新法黨에 맞서다 하루아침에 옥에 갇히고 유배까지 오게 되었으니 그 좌절감은 이루 말할 수 없었을 것이다.

그래서 '아이를 씻기며 농담 삼아 지은 시'에서 "나는 너무 총명해서 일생을 망쳤다!"며 탄식하고, 자신의 아이만큼은 자기를 닮지 말고 '우둔'하게 살아서 일생 동안 아무런 어려움도 아무런 재난도 없기를 바란 것이다. 그리고 그렇게 우둔하게 살면 높은 공경의 자리에 오를 수도 있을 거라고 뼈 있는 농담을 한 것이다.

정말로 아이가 어리석기를 바랐을까? 아마도 소동파는 자신이 갖추지 못한 '어리석음'의 미덕을 말하고 있는 것으로 보인다. 노자가 말한 이른바 '대지약우大智若愚', 즉 "큰 지혜로움은 어리석은 듯하다"라는 차원 높은 어리석음이 그것이다. 한없이 총명하지만 마치 어리석은 듯, 아무것도 모르는 양 어리숙하게 행동하는 것이다. 만일 소동파가 이러한 어리석음까지 갖추었더라면 그의 고난에 찬 삶도 다른 양상으로 펼쳐지지 않았을까.

그런데 이 차원 높은 어리석음의 경지를 구현하기가 참 쉽지는 않다. 소동파의 이런 마음을 서예로 표현한 특별한 글씨가 있다. 중국 서예가들이 너도나도 즐겨 쓰는 '난득호도難得糊塗'라는 네 글자다. 난득難得은 얻기 힘들다는 뜻이고, 호도糊塗는 "어리석다, 멍청하다"라는 뜻이니 '난득호도'는 "어리석음을 얻기 힘들다, 바보처럼 살기가 쉽지 않다"라는 말이다. 이는 청나라 때 정판교鄭板橋라는 화가가 처음 써서 세상에 알려진 말인데, 중국인들이 워낙 좋아해서 지금도 서예 작품을 파는 가게마다 이 글자가 없는 곳이 없을 정도로 유명하다.

본래는 지방 관리이던 정판교가 부패한 권력에 맞서 싸울 힘이 없음을 탄식한 데서 나온 것으로, 불의한 현실을 직면해서도 마치 못 보고 못 들은 것처럼, 바보처럼 행동하기가 어렵다는 말이다. 지금은 세상사 득실에 대해 시시콜콜 따지지 말고 마치 바보처럼 어리숙하게 손해를 보면서 사는 것, 매우 어렵지만 그렇게 사는 것이 장기적으로 보면 남는 장사요, 훌륭한 삶이라는 뜻으로 활용된다.

대인의 풍도, 모자란 재상 이야기

그런데 이 실천하기 힘든 '호도'의 방식을 몸소 실천한 정치인이 있다. 북송 초기 여단呂端이라는 청백리가 그 사람이다. 여단은 황제의 잘못을 깨우치는 간언을 올리는 일에 열심이어서 태종에게 큰 신임을 얻었다.

당시 조정 대신들은 삼삼오오 모여서 인물평을 하는 일이 빈번했는데, 여단은 어떤 경우에도 동조해 거들거나 이야기를 다른 사람에게 옮긴 적이 없었다. 심지어 태종 황제가 대신들 면전에서 칭찬해도 기쁜 내색조차 보이지 않았다.

여단은 참지정사參知政事라는 부재상급의 높은 관직에 올랐음에도 권위를 내세우는 법이 없었고, 오히려 남의 아래에 기꺼이 거하려 했다. 그가 참지정사가 되고 얼마 지나지 않아 구준寇准이라는 신하 역시 참지정사로 임명받았다.

여단은 자발적으로 황제에게 나아가 청했다. "폐하, 구준은 그 재능이 저와는 비교되지 않을 정도로 대단한 인물입니다.

원하옵기는 저를 구준보다 한 등급 아래, 참지정사를 보좌하는 벼슬에 임명해주시기를 바랍니다. 그가 하고자 하는 일을 열심히 돕고 싶습니다."

조정 관료들은 그의 이러한 태도를 모두 의아하게 생각하고 좀 모자란 것은 아닌가 의심했다.

당시 송나라는 수시로 거란족이 세운 요나라의 침입을 받곤 했다. 재상을 맡고 있던 여몽정呂蒙正을 비롯한 일군의 대신들이 요나라와 타협할 것을 주장했는데, 여단은 그러한 타협은 투항이나 마찬가지라며 조회에서 재상을 공개적으로 크게 꾸짖으며 극렬히 맞섰다. 조정의 여러 신하는 권세가 혁혁한 재상에게 맞서는 그를 염려해 말했다. "굳이 그렇게까지 하면서 재상에게 밉보여 무슨 도움이 되겠습니까?"

그러자 여단이 큰 소리로 단호하게 말했다. "나라를 살리고자 하는 일에 어찌 내 개인의 이해득실을 따진단 말이오?"

조금도 물러서지 않는 여단을 조정 대신들은 득실을 따지지 못하는 바보라고 여겼다.

한편, 황제는 재상 여몽정의 비굴한 타협적 태도에 불만이 있던 터라 내심 여단의 행동이 맘에 들어 그를 아예 재상 자리에 앉히려 했다. 그러자 몇몇 대신이 반대하며 나섰다. "폐하, 여단은 사리분별을 제대로 못 하고 득실을 따지지 못하는 바보라는 평이 자자합니다. 그런 자를 재상 자리에 앉히면 조정을 이끌어갈 수 있겠습니까?"

그러자 황제가 껄껄 웃더니 고개를 저으며 말했다. "그대들이 어찌 알겠는가? 여단은 작은 일에는 바보같이 어리숙하지만, 큰일에는 절대로 허투루 하는 바보가 아니오!"

여단을 재상에 임명하기로 결심한 황제는 어느 날 군신이 함께 모인 잔치 자리에서 시를 읊었다. "낚싯바늘에 미끼를 끼웠으나 물이 깊어 고기를 잡을 수가 없구나, 반계磻溪로 가서 고기 낚는 강태공에게 물어볼까나!"

강태공은 주周나라 문왕이 재상으로 발탁한 현인이다. 대신들은 황제의 마음을 알고는 모두가 동의하며 찬성을 표하였다. 황제의 기대대로 여단은 훌륭하게 조정을 잘 이끌어 북송 초기의 명재상으로 청사에 남게 되었다.

이 여단의 이야기에서 나온 성어가 "큰일에는 바보스럽지 않다"라는 뜻의 '대사불호도大事不糊塗'이다. 여단이 40년 넘는 세월 동안 3명의 황제를 잘 보좌하며 성공적으로 관직 생활을 할 수 있었던 것은 그가 자신의 이익이나 명예와 관련된 것은 작은 일이라 여겨 바보처럼 행동하고, 국가 대사에 대해서는 조금도 허투루 함이 없는 '대사불호도'의 원칙을 지켰기 때문이다.

사업을 경영하고 조직을 이끌어가는 데에서 총명함이 중요한 요소인 것이야 말할 필요도 없을 터이다. 그런데 그 총명함에만 의지해 작은 일에도 시시콜콜 따지며 시비 득실을 계산해서는 장기적 이익을 도모해야 하는 큰 그림을 그리기 어려울 수 있다. 큰일에는 '불호도'한다는 원칙만 견지한다면 작은 일은 가볍게 여겨 넘어가는 대인의 풍도風度가 가능하지 않을까? '대사불호도'를 실천한 여단의 모습을 한번 눈여겨보길 바란다.

함께 읽으면 좋은 성어	대교약졸大巧若拙	대지약우大智若愚
	대행불고세근大行不顧細謹	대례불사소양大禮不辭小讓

59

병길문우

丙吉問牛

병길이 소에 대해 묻다

중국의 10대 명화 중 〈오우도五牛圖〉가 있다. 현재 북경 고궁박물관이 수장하고 있는 이 명화는 당나라 때 재상이자 유명한 화가였던 한황韓滉이 그린 것이다. 다섯 마리의 각기 다른 소를 그린 〈오우도〉는 묘사가 핍진하고 생동감이 넘쳐 금방이라도 그림 밖으로 소들이 뚜벅뚜벅 걸어 나올 것만 같다. 청나라 건륭 황제는 서화에 관심이 많았는데, 이 〈오우도〉를 특히 좋아해서 그림 한쪽에 발문跋文을 적었다.

한 마리는 고삐를 매었고 네 마리는 한가로우니,
그 깊은 뜻이 무엇인지 상상해본다네.
혀를 빼물고 있는 모습 어찌 솜씨를 자랑하려는 것이겠나,

헐떡이는 소를 보고 백성들의 어려움을 알라는 뜻이겠지.

一牛絡首四牛閑, 弘景高情想象間.

舐齕詎唯誇曲肖, 要因問喘識民艱.

혀를 빼물고 있는 지친 소의 모습에서 백성들의 어려움을 생각한다는 황제의 발문은 다음과 같은 소 이야기에서 비롯되었다.

소가 궁금했던 명재상 병길

한나라 선제宣帝 때 재상을 지낸 병길丙吉은 너그러운 인품과 출중한 능력으로 명신들을 기리는 기린각麒麟閣에 그 초상이 걸렸을 뿐 아니라, 청나라 때 역대 황제를 모신 사당에서 황제와 함께 제사를 받는 40명의 명신 중 한 사람으로 발탁될 만큼 대단한 인물이다. 그가 어느 봄날 승상부의 하속 관리들을 데리고 민정 시찰을 나갔을 때의 일이다.

병길이 탄 수레가 저잣거리를 지날 무렵, 이권을 놓고 시비가 붙은 것인지 사람들 몇이 서로 언성을 높이며 싸우기 시작했다. 그러더니 급기야 비명 소리가 난무하고 사람들이 피를 흘리며 쓰러지는 극렬한 패싸움으로 이어졌다.

마부가 수레를 멈추고 병길을 바라보았다. 성내 한복판에서 벌어진 엄중한 폭력 사태를 재상이 절대로 그냥 넘길 리 없다고 생각해서였다. 그런데 병길은 마치 아무런 일도 보지 못했다는 듯 마부에게 그냥 가라고 손짓을 했다. 곁에서 따르던 하속 관리들도 재상의 반응이 의아하기는 마찬가지였다.

일행이 성문을 지나 농촌 지역으로 들어섰을 때, 유난스레 지쳐 헐떡이는 소 한 마리를 몰고 지나가는 농부를 만났다. 그 모습을 본 병길이 대뜸 수레를 멈추게 하고는 하속 관리에게 말했다. "얼른 달려가서 저 농부한테 오늘 소를 몰고 온 거리가 얼마나 되는지 물어보고 오너라!"

하속 관리가 도대체 알 수 없다는 표정으로 병길에게 물었다. "대감, 아까 성안에서 집단 난투극이 벌어져 사람이 죽어가는 엄중한 사건이 발생하였음에도 못 본 척 아무런 말씀도 없으시더니, 이제는 농부의 소 한 마리가 헐떡이는 것을 보시고는 수레를 멈추고 어찌 된 일이냐 물으십니다. 사람보다 소가 중하다는 말씀이십니까? 아무래도 대감께서 경중을 잃으신 듯합니다!"

병길이 대답했다. "아까 성안에서 벌어진 난투극은 비록 사안이 중대하지만 내가 관여할 바가 아니다. 도성의 치안을 맡은 경조윤京兆尹이 있지 않은가. 그가 사건을 조사하고 그 결과를 보고하면 나는 그 처리가 온당한지 판단하고 황제께 상을 내릴 것인지 죄를 물을 것인지 의견을 제시하면 그만이다. 하지만 농부가 몰고 가는 소는 이와 다른 문제이다. 지금은 계절로는 늦은 봄날이니, 아직 본격적으로 더운 여름이 아니다. 그런데도 저 소는 숨을 헐떡이며 혀까지 빼물고 힘겹게 걸어가고 있다. 만일 먼 길을 걸어온 탓에 힘에 겨워 그런 것이라면 상관이 없지만, 그런 것이 아니라면 무더워진 날씨 탓이 아니겠는가. 봄 날씨가 이토록 고온이라면 이는 필시 농사에 영향을 줘 가을날 수확에 큰 차질이 있을 터이니, 천하 백성들은 먹고사는 일로 크게 근심하게 될 것이다. 장차 찾아올 위기를 미리 파악하고 대책을 준비해 백성들의 근심을 덜어주는 일이야말로 재상인 내가 해야 할 일이다. 내가 사람에 대해 묻지 않고 소에 대해 물은 이유가 바로 이것이다. 그러니 어서 속히 가서 어찌 된 일인지 알아보고 오너라!"

이는 명나라 때 지은 《유학경림幼學瓊林》이라는 백과사전에 나오는 고사이다. 이 이야기는 앞서 인용한 병길의 설명에서 끝나 그 결말이 어찌 되었는지는 알 수 없다. 하지만 백성들의 삶을 세심하게 들여다보며 돌보기에 힘썼던 어진 재상 병길의 지혜는 "병길이 소에 대해 묻다"라는 뜻의 '병길문우丙吉問牛'라는 성어에 새겨져 지금까지 전해오고 있다.

애민 총리 주은래의 소금

신중국 건설 후 모택동과 함께 중국을 이끌었던 주은래周恩來 총리는 지금까지도 한결같이 중국의 인민들로부터 사랑과 존경을 받는 인물이다. 주은래와 그의 부인 등영초鄧穎超는 평소 공무에 전념하느라 틈이 없었다.

그래서 집안의 회계 관리는 주은래의 기사인 양금명楊金銘의 몫이었다. 양금명은 매달 말에 한 차례 등영초에게 가계 결산을 보고했는데, 어느 날 주은래가 돌연 최근 두 달 치 가계의 지출을 보고하게 했다. 양금명이 장부를 보면서 말했다. "3월 1일 주방용 대파 0.5전, 3월 2일 주방용 소금 한 근 1.5전…."

"잠깐!"

갑자기 주은래가 보고를 멈추게 하더니 의아하다는 듯이 양금명을 바라보면서 말했다. "소금이 한 근에 1.5전이라고 했는가? 소금값이 왜 0.1전 올랐지? 기재를 잘못한 것 아닌가?"

양금명이 바짝 긴장하면서 급히 소금을 살 때 받은 영수증을 찾아 확인했다. 영수증에는 정확하게 '소금 1근, 일각오분一角五分'이라고 적혀 있었다. 일각오분은 1.5전이라는 말이다.

영수증을 확인한 주은래는 즉각 북경시의 관련 부서로 전화를 걸어 식용 소금이 무슨 연유로 1분, 즉 0.1전이 올랐느냐고 물었다. 관련 부서는 시 위생국에서 인민들의 갑상선종을 예방하기 위해 소금에 요오드 성분을 첨가하다 보니 비용이 발생하게 된 것이라고 알려왔다.

주은래는 다음 날 출근하면서, 양금명에게 소금값이 오른 연유를 설명했다. "가계 지출이 몇 푼 더 나간 것이야 대수로운 것도 아니지만, 소금값이 올랐다는 것은 그냥 지나칠 수 없는 문제요. 온 인민이 늘 사용해야 하는 생필품에 합당한 이유도 없이 함부로 값을 올려서는 절대 안 되기 때문이오!"

나라의 살림을 맡은 위정자는 백성들의 삶과 관련한 것이라면 아무리 사소한 것일지라도 세심하게 따지고 꼼꼼하게 살필 줄 알아야 한다. 어찌 위정자들만이 그렇겠는가. 크고 작은 조직의 모든 리더가 어진 재상 병길처럼 구성원들의 결핍과 바람을 지혜롭게 헤아릴 수 있다면 얼마나 좋겠는가.

함께 읽으면 좋은 성어	동파화선東坡畫扇	위민제해爲民除害
	체첩입미體貼入微	

60

병촉지명

秉燭之明

촛불을 켜는 시간

급변하는 세상에 적응하기 위해 우리는 끝없이 배우고 익혀야 하는 시기를 살아가고 있다. 이른바 평생교육, 평생학습의 시대이다. 첨단 과학기술로 무장한 각종 신문물을 이해하기 위해서도 끝없이 배워야 하겠지만, 옛날과는 판이하게 달라진 지구촌 시대의 새로운 문화와 거기에 속한 사람들의 다양한 가치관과 세계관을 이해하기 위해서라도 끝없이 배워야 한다. 특히 이전에는 알 수 없었던 인간의 심리나 행태를 연구하는 학문은 삶에 대한 통찰을 위해 빼놓을 수 없는 공부이다.

이래저래 해야 할 공부는 많고 읽어야 할 책은 넘치는데, 눈은 침침해지고 허리는 부실해서 책상에 앉아 있기가 점점 힘들어진다. 자꾸만 푹신한 소파와 TV 리모컨만 찾으려는 사람들을 위해 나이가 들수록 더욱 공부하길 권하는 옛 스승의 목소리를 준비했다.

공부로 나이를 잊었던 공자의 자기소개서

공자의 언행을 기록한 《논어》는 '학이시습지불역열호學而時習之不亦說乎', 즉 "배우고 시시로 그것을 익히면 또한 즐겁지 아니한가!"라는 구절로 시작된다. 공자 사후 제자들이 공자의 언행과 관련한 수많은 자료와 기억을 토대로 《논어》를 편찬하는 과정에서 그 첫 구절을 어떻게 쓸지 긴 토론을 거쳤을 것이다. 스승 공자의 일생을 압축할 수 있는 구절, 그의 가장 빛나는 정신을 유감없이 드러내는 구절이 필요했을 터이다.

길고 긴 토론과 연구 끝에 마침내 낙점된 구절이 바로 '학이시습지불역열호'이다. 철학가요, 정치가요, 예술가요, 교육가였던 공자가 소중히 여겼던 가치는 여러 분야에서 매우 다양했다. 하지만 그중에서도 배우고 익히는 것을 가장 소중한 가치로 여긴 사람, 그 배움의 과정에서 가장 행복했던 사람이 바로 공자라는 것이다.

'호학'하는 공자의 모습은 《논어》의 이 첫 구절을 통해 세월을 넘고 지역을 초월해 여전히 사람들에게 공부의 즐거움을 전해준다. 이런 공부의 즐거움은 공자가 노년에 쓴 자기소개서에서도 분명하게 확인할 수 있다.

어느 해 공자가 초나라에 머물고 있을 때의 일이다. 제자 자로가 초나라 섭현葉縣이라는 고을을 방문했다가 그곳 현령을 맡고 있던 섭공葉公과 대화를 나눴다.

섭공은 건달 같던 자로가 스승 공자를 만나 학문과 덕행을 갖춘 군자로 거듭난 것에 크게 감동받았던지 이렇게 물었다.

"그대의 스승 공자는 대체 어떤 분이십니까?"

이 평범한 질문에 자로는 말문이 막혀버렸다. 긴 세월 스승 공자 곁을 한시도 떠난 적이 없던 자로에게 공자는 때로는 열국의 정세에 줄기찬 관심을 보이는 정치가요, 때로는 삶의 지혜를 탐구하는 철학가요, 때로는 거문고를 능숙하게 연주하는 예술가요, 때로는 예법의 기원과 의미를 연구하는 학자였다.

우물쭈물 두루뭉술하게 대답 아닌 대답을 하고 돌아온 자로가 스승에게 그 일을 말하며 물었다. "앞으로 누군가 스승님이 어떤 분이시냐 물으면 어찌 말해야 합니까?"

공자가 빙그레 웃으며 말했다.

나는 진리를 터득하지 못하면 분발해 먹는 것도 잊을 정도로 공부하는 사람이다. 그리고 터득하면 즐거워서 생의 모든 근심을 잊는 사람이다. 이 공부와 이 즐거움으로 심지어는 내가 늙어간다는 사실조차도 잊는 사람이다.

發憤忘食, 樂以忘憂, 不知老之將至.

《논어》〈술이述而〉에 나오는 이 구절은 공자의 자기소개서인 셈이다. 공자는 자신을 공부하는 즐거움에 나이를 잊는 사람으로 소개한다. 인류의 스승으로서 나이를 잊고 즐겁게 공부하는 모습으로 모든 세대에 가르침을 전하고 있는 것이다.

촛불을 켜는 눈먼 악사 사광

춘추시대 진晉나라에 사광師曠이라는 눈먼 악사가 있었다. 그는 거문고 연주에 탁월한 실력을 갖추어 진나라 왕 평공平公의 궁중 악사가 되었다. 사광은 음악가인 동시에 깊은 지혜를 지닌 철학자여서 유익한 조언으로 왕을 바르게 이끌었다. 한번은 평공이 군신들과 함께 잔치를 즐겼다. 거나하게 취해서 홍이 오른 왕이 호기롭게 말했다. "참으로 임금이 된다는 것은 즐거운 것이로다! 아무도 내 말을 거역하는 자가 없지 않은가!"

곁에서 거문고를 타고 있던 사광이 연주를 멈추더니 곧바로 거문고를 들어서 왕을 향해 힘껏 내던졌다. 하지만 앞이 보이지 않아 왕을 맞히지는 못하고 왕이 앉은 자리를 벗어나 벽에 부딪쳐 산산조각이 나버렸다. 왕이 깜짝 놀라서 물었다.

"누구한테 거문고를 던진 것이오?"

사광이 말했다. "어떤 소인배 한 놈이 말 같지도 않은 말을 해서 혼내주려 던진 것입니다."

왕이 화를 내며 말했다. "아까 그 말을 한 사람은 당신이 임금으로 섬기는 나요. 나를 죽이려 한 것이오?"

사광이 느긋하게 말했다. "농담도 지나치십니다. 아까 그 말은 절대로 임금의 입에서 나올 말이 아니었습니다!"

주변 신하들이 사광을 엄벌에 처할 것을 청하자 평공이 말했다. "그냥 두어라. 이 일을 교훈으로 삼는 것이 마땅하지 않겠는가!" 이렇듯 사광은 임금을 바르게 이끌어서 조야에 신망이 높았다.

어느 해 평공이 사광과 배움에 대한 이야기를 나누던 중 말했다. "내 나이 벌써 일흔이오. 무언가를 배우고 싶어도 너무 날이 저문 것 같소."

그러자 사광이 대뜸 말했다. "날이 저물었다면 촛불을 밝히면 되지 않습니까?"

평공이 불쾌해하며 말했다. "날이 저물었다는 게 노년이 되었다는 뜻이란 걸 몰라서 그러는 것인가? 그대는 신하가 돼가지고 지금 임금을 희롱하는 것인가?"

사광이 대답했다. "제가 어찌 감히 대왕을 희롱할 수 있겠습니까? 어려서 배움을 좋아하는 것은 마치 막 떠오르는 태양과 같고, 장년에 배움을 좋아하는 것은 해가 중천에 떠 비추는 것과 같고, 늙어서 배움을 좋아하는 것은 촛불을 밝히는 것과 같다고 했습니다. 비록 촛불의 빛이 해와는 비교할 바 못 되지만, 아무런 빛도 없이 깜깜한 길을 가는 것보다는 백배 낫지 않겠습니까?"

평공이 감탄하며 말했다. "참으로 훌륭한 말이로다!"

이 대화에서 나온 성어가 '촛불의 밝음'이라는 뜻의 '병촉지명秉燭之明'이다. 노년의 배움을 비유하는 말이다. 비록 젊은 시절, 장년 시절의 배움에 비해 효용이 현격하게 떨어질지라도 그것마저 없이 어두운 인생길을 걸어가는 것에 비하면 훨씬 낫다는 것이다.

젊어서 배운 학문이 세상을 훤히 밝혀 내 가정과 사회, 나라와 세계를 비추는 것이라면, 노년에 이르러 배우는 학문은 오랜 나쁜 습관과 아집으로 어두워진 내 안의 어둠을 몰아내고 인생의 바른길로 나아갈 수 있게 하는 등불과 같다는 것이다.

요즘처럼 분주하고 복잡한 세상에서 새로운 걸 배우고 익힌다는 것은 결코 쉬운 일이 아니다. 하지만 여러 가지 이유에도 불구하고 새로운 걸 익히지 않는 것은 자신의 앞길에 켜켜이 어둠을 쌓는 일이다. 배움의 즐거움으로 나이를 잊었던 공자, 촛불을 밝힐 것을 권했던 사광의 이야기를 떠올리며 새로운 도전을 해보길 바란다.

함께 읽으면 좋은 성어	학무지경學無止境	학해무애學海無涯
	활도로학도로活到老學到老	

61

부운부귀

浮雲富貴

뜬구름 같은 부귀

동서고금, 남녀노소 가릴 것 없이 사람들의 가장 보편적인 욕망을 들라치면 부귀에 대한 욕망일 것이다. 남들보다 부유하게 살고, 남들보다 귀한 신분이 되는 것. 이 부귀를 향한 끝없는 욕망이야말로 인류 역사를 추동해온 힘이라고 할 수 있다. 한정된 재화, 한정된 지위를 놓고 벌이는 약육강식의 전쟁이 바로 우리 삶이요, 우리 역사 아니겠는가? 문제는 이 부귀를 향한 전쟁에서 아무도 승리를 장담할 수 없다는 것이다. 아무리 뛰어난 지혜와 용기를 가졌다고 해도 말이다.

부귀라는 것이 지혜로써 구할 수 있는 것이라면
공자님께서 젊어서 진즉 제후에 봉해지셨을 것.

세상 사람들 하늘의 뜻을 알지 못하고

공연히 한밤중까지 몸과 맘이 수고롭구나.

富貴如將智力求, 仲尼年少合封侯.

世人不解青天意, 空使身心半夜愁.

북송의 유명한 철학자 소옹邵雍이 지은 시이다. 하늘의 뜻이 문제라는 얘기이다. 하늘이 부귀하게 하고자 한다면 부귀하게 될 것이요, 그렇지 않다면 인간이 아무리 발버둥 쳐도 소용이 없다는 것이다. 이 알 수 없는 부귀에 대한 극적인 이야기 하나를 역사 속에서 만나보자.

무일푼으로 굶어 죽은 한나라 최고 부자 등통

한나라 문제 때 등통鄧通이라는 사람이 있었다. 등통은 배를 잘 젓는 노꾼이었다. 솜씨가 뛰어나 궁에 들어가 황제의 배를 젓는 노꾼이 되었다. 어느 날 밤, 황제가 하늘로 올라가는 꿈을 꾸었다. 그런데 아무리 애를 써도 하늘에 닿을 수 없어 애가 탔다. 그때 노란색 모자를 쓴 사람이 뒤에서 밀어준 덕분에 마침내 하늘에 오를 수 있었다. 황제가 고개를 돌려 자신을 밀어준 이를 바라보니, 그 사람 허리띠 뒤쪽으로 매듭이 매어 있는 게 보였다.

다음 날 황제가 궁궐 서쪽에 있는 연못으로 갔는데, 문득 노란색 모자를 쓰고 있는 노꾼이 눈에 들어왔다. 지난밤 꿈이 생각난 황제가 혹시나 하는 마음에 부리나케 다가가서 그 사람을 살펴보니, 희한하게도 그의 허리띠 뒤쪽에 매듭이 매어져 있는 게 아닌가? 놀란 황제가 그를 불러 이름을 물었더니, 바로 등통이었다. 그의 성씨 등鄧은 오를 등登과 발음이 같으니 뜻도 통했다!

꿈속에서 하늘로 오르게 해준 사람이 바로 그일지도 모른다는 생각에 황제는 그날부터 등통을 매우 총애했다. 수많은 하사품을 내리고 상대부上大夫라는 벼슬까지 주었다. 등통이 노 젓는 일 외에는 아무런 재주도 재능도 없음에도 말이다. 등통이 하는 일이라고는 그저 황제 곁에서 황제의 기분을 맞춰주는 게 전부였다.

그러던 어느 날 문제는 용하다는 점쟁이를 불러 등통의 관상을 보게 했다. 점쟁이가 말했다. "이 사람은 장차 굶어 죽을 상입니다."

그러자 황제가 말했다. "나 황제가 있는데 등통이 굶어 죽는다니 말이 되는가. 내가 그를 부자로 만들어주면 되지."

황제는 등통의 고향 인근에 있는 동광銅鑛을 하사하고 동전을 제조하는 주조업을 허가해주었다. 등통의 가족들은 동을 채굴해 동 함량이 높은 아주 질 좋은 동전을 만들었다. 사람들이 등씨전鄧氏錢이라고 부른 이 동전은 귀족과 상인들에게 크게 환영을 받아 전국으로 급속히 유통되고, 등통은 일약 거부가 되었다. 등통의 부가 얼마나 대단했던지 '부가적국富可敵國'이란 말이 나올 정도였다. "개인의 부가 나라 전체 부의 규모에 필적한다"라는 뜻이다.

어느 날 황제의 등에 큰 종기가 생겨 고름과 피가 흘렀다. 황제의 은혜를 갚을 좋은 기회라 여긴 등통은 날마다 궁으로 들어가 황제의 등에 난 종기의 고름과 피를 직접 입으로 빨아냈다. 황제가 우울한 기색으로 물었다. "천하에서 누가 나를 가장 사랑하겠는가?"

등통이 공순하게 대답했다. "아마도 태자만큼 폐하를 사랑하는 사람은 없을 것입니다."

얼마 후 태자 유계劉啓가 문병을 오자 황제는 태자에게 종기를 빨아 고름을 빼달라고 말했다. 태자는 한참을 머뭇거리다 어쩔 수 없이 종기에 입을 대고 빨았지만 싫은 표정이 역력했다. 이 일로 마음이 무거워진 태자는 등통이 날마다 황제의 종기를 입으로 빤다는 얘기를 전해 듣고는 등통을 심히 미워하기 시작했다.

문제가 죽은 후 태자 유계가 즉위하니 그가 바로 경제景帝이다. 경제는 등통의 관직을 삭탈하고 고향으로 돌아가게 했다. 불행은 여기서 끝나지 않아 등통은 오래지 않아 범죄에 연루되어 모든 재산을 몰수당했다. 한때 '부가적국'의 거부였던 등통은 마침내 무일푼의 알거지가 되어 점쟁이가 일찍이 예언한 것처럼 결국 길거리에서 굶어 죽고 말았다.

등통이 무일푼으로 전락한 이 상황을 일컫는 성어가 "땡전 한 푼 없다"는 뜻의 '불명일전不名一錢'이다. 여기서 명名은 "점유하다, 소유하다"의 의미이다. '부가적국'의 거부에서 '불명일전'의 알거지로 급전락한 등통의 역사적 사례를 보면 부귀라는 게 정말 아무도 장담할 수 없다는 생각이 든다. 하지만 등통이 이룩한 부귀가 본인의 재능에 의한 것이 아니었음을 생각하면 이러한 극적인 전락은 어쩌면 예정되었던 것인지도 모른다.

사마천은《사기》에서 이렇게 말했다. "등통은 어떤 다른 재능도 없었으며, 그렇다고 재능 있는 선비를 천거할 줄도 몰랐다. 오직 황제를 기쁘게 하는 일에 성실했을 뿐이다."

어떤 재능도 없던 등통의 부귀가 황제라는 권력에 기대서 얻은 비정상적인 것일 뿐이니 권력의 부침에 따라 언제든지 사라질 수 있는 위태로운 부귀였다는 것이다.

부귀에 대한 공자의 결론

공자는《논어》에서 부귀에 대한 생각을 다음과 같이 밝혔다.

부와 귀는 사람마다 다 바라는 것이다. 그러나 그 정당한 도로써 얻은 것이 아니라면 나는 그것을 누리지 않겠다.

富與貴, 是人之所欲也. 不以其道得之, 不處也.

의롭지 못한 부귀는 나에게 뜬구름과 같을 뿐이다.

不義而富且貴, 於我如浮雲.

위는《논어》〈이인〉, 아래는 〈술이〉에 나오는 구절이다.

공자가 부귀 자체를 부정한 것은 결코 아니다. 정당한 방법으로 얻은 부귀가 아니라면 하늘에 떠 있는 구름과 같이 자신과는 아무런 상관이 없다는 말이다. 요컨대 부귀를 얻는 방법의 옳고 그름을 따진 것이다. "불의한 부귀를 뜬구름처럼 가볍게 여기다"라는 뜻의 '부운부귀浮雲富貴'는 이러한 공자의 말에서 나온 성어이다.

지금과 마찬가지로 공자 시대에도 정당한 방법으로 부귀를 얻는 일이 참 힘들었던 모양이다. 공자는《논어》〈술이〉에서 다음과 같은 말로 부귀에 대한 자신의 견해를 정리했다.

부라는 것을 구할 수만 있다면, 설사 채찍을 잡는 마부의 일이라도 나는 할 것이다. 그러나 구할 수 없는 것이라면, 나는 내가 좋아하는 일을 할 것이다.

富而可求也, 雖執鞭之士, 吾亦爲之. 如不可求, 從吾所好.

가난하고 고생해도 자신이 좋아하는 일을 하는 것, 곧 '종오소호從吾所好'가 결국 공자의 위대함을 만들어낸 것이 아닐까? "불의한 부귀는 뜬구름 같을 뿐"이라는 공자의 말씀을 되새겨 보자. 방법의 정당성에 대한 어떤 반성이나 주저도 없이 부귀라는 목표만을 향해 질주하는 요즘의 우리가 한 번쯤 속도를 늦추고 생각해봐야 할 말이다.

함께 읽으면 좋은 성어	부귀핍인富貴逼人	요전만관腰纏萬貫
	지영보태持盈保泰	

62

유인유여

遊刃有餘

칼을 놀림이 여유롭다

요즘은 '달인' 이야기가 방송에 자주 등장한다. 각종 기예의 최고 내공을 드러내는 절정 고수라든지, 생활의 여러 소소한 방면에서 익숙한 재능을 발휘하는 이라든지, 취미와 기호에서 타인을 압도하는 덕후에 이르기까지 수많은 무림 고수가 많은 사람의 시선을 사로잡는다. 어떤 분야든 많은 시간과 노력을 통해 심오한 내공을 갖춘 달인은 사람들의 부러움과 존경을 받기 마련이다. 중국의 고사성어에도 이런 달인과 관련한 내용이 있다.

신궁과 기름 장수의 대결

북송 때 진요자陳堯咨라는 사람은 활을 잘 쏘는 것으로 원근에 널리 알려졌다. 어느 날 그가 활터에 나가 활쏘기 연습을 했다. 많은 사람이 신궁의 활 솜씨를 확인하려고 모여들었다. 진요자는 가볍게 첫 발을 날려서 과녁에 명중한 뒤 단숨에 연거푸 10여 발을 쏘았다. 모든 화살은 정확히 과녁 한복판에 꽂혔고, 사람들은 그 신묘한 솜씨에 탄성을 지르며 환호했다.

군중의 환호에 기분이 좋아진 진요자는 의기양양 우쭐대며 사람들을 바라보다 시선이 한 노인에게 꽂혔다. 그는 기름을 파는 노인이었다. 노인이 눈을 가늘게 뜨고 가볍게 고개를 끄덕였다. 그러곤 별것 아니라는 듯 수염을 쓰다듬으며 미소를 지었다. 기분이 상한 진요자가 노인에게 다가가 따지듯 물었다. "노인장께서도 활을 쏠 줄 아십니까?"

노인이 손사래를 치면서 말했다. "할 줄 모르네."

더욱 기분이 나빠진 진요자가 화를 누르며 물었다. "저의 활 솜씨가 어떻습니까?"

노인이 웃으며 말했다. "괜찮은 편이지. 하지만 뭐 별스러운 것도 아니라네. 그저 손에 익숙해진 것일 뿐이니까."

거의 폭발할 것 같은 노기를 가까스로 억누르며 진요자가 물었다. "노인장은 활을 쏠 줄도 모르면서 도대체 무슨 근거로

내 활 솜씨를 그리 가볍게 보시는 것입니까?"

노인이 말했다. "젊은이, 내가 자네의 활 솜씨를 무시해서 하는 말이 아니네. 기름을 팔아온 오랜 경험에서 나온 말일세."

말을 마친 노인은 기름을 담는 작은 호로병 하나를 땅에 내려놓았다. 배는 불룩하고 목은 길고 주둥이는 아주 작은 호로병이었다. 노인은 호로병 주둥이 위에 가운데가 뚫린 작은 동전 하나를 올려놓았다. 그러고는 기름통에서 국자로 기름을 가득 떠서 그 호로병에 부었다. 기름은 마치 철사처럼 가느다란 선을 이루면서 동전 구멍을 통과해 호로병으로 들어갔다.

기름을 다 부은 후 노인은 동전을 진요자 손에 쥐여주었다. 그 동전을 살피던 진요자는 깜짝 놀랐다. 동전 앞뒷면은 물론이고 구멍 어디에도 기름 한 방울 묻은 흔적이 없었던 것이다. 얼이 빠져 있는 진요자에게 노인이 말했다. "내 이런 솜씨도 사실 별것 아니네. 그저 오랫동안 하다 보니 손에 익어서 그렇게 된 것일 뿐일세."

구양수의 《귀전록歸田錄》에 나오는 이 재미난 달인 이야기에서 비롯된 성어가 "익숙해지면 교묘함이 생긴다"라는 뜻의 '숙능생교熟能生巧'이다. 오랜 시간과 많은 노력을 통해 익숙해질 때까지 기술을 익히면 남들이 흉내 내기 힘든 기묘한 경지가 생기기 마련이라는 말이다. 우리가 방송에서 만나는 수많은 달인은 모두 이 '숙능생교'의 증인들인 셈이다.

칼 하나로 19년 동안 소를 잡은 요리사

우리는 이 '숙능생교'의 달인 중 최고 절정의 고수를 《장자》에서 만날 수 있다. 바로 소를 잡는 요리사 포정庖丁이라는 달인이다. 이 달인은 단 한 자루 칼로 19년 동안 수천 마리의 소를 잡았다. 그런데 그 칼은 조금도 무뎌지지 않았으니, 항상 막 숫돌로 간 듯 예리한 상태 그대로였다. 보통의 요리사라면 한 달에 한 번은 칼을 바꾸고, 칼 잘 쓰는 훌륭한 요리사라도 1년에 한 번은 칼을 바꾸기 마련이다. 도대체 어떻게 된 것일까?

포정은 자신의 경지를 이렇게 말했다. "내가 처음 소를 잡을 때는 눈에 보이는 것이 온통 소뿐이었다. 하지만 3년이 지나자 소의 전체 모습이 보이지 않게 되었다. 지금은 눈으로 보지 않고 정신으로 대할 뿐이다. 하늘이 낸 결을 따라 큰 틈바귀에 칼을 밀어 넣고 큰 구멍에 칼을 댄다. 소의 뼈마디에는 틈이 있고, 이 칼날에는 두께가 없다. 두께 없는 칼날이 틈이 있는 뼈마디로 들어가니 텅 빈 것처럼 넓어 칼이 마음대로 놀 수 있는 여지가 생기는 것이다."

처음 소를 잡을 때 눈에 보이는 게 온통 소뿐이었다는 것은 소 몸체 본연의 구조에 대해 알지 못했음을 말한다. 그러니 무리하게 질긴 인대를 자르고 강한 뼈를 치면서 한 달, 아니 한 주에 한 번씩은 칼을 바꾸어야 했을 것이다. 그렇게 3년이란 긴 세월 동안 수백 마리의 소를 잡으면서 비로소 소 몸체의 근육과 골격의 구조를 파악했다. 그 근육의 결 사이, 뼈마디의 틈새를 칼날로 헤집으면서 아주 수월하게 해체 작업이 가능해진 것이다. 그리고 그런 훈련이 쌓이면서 내공이 깊어져 눈으로 보지 않고 정신으로 대하는 신묘한 경지에까지 이르렀다는 것이다. 이른바 마음이 원하는 대로 손이 가는 득심응수得心應手의 경지이다.

《장자》〈양생주養生主〉에 실린 이 포정의 이야기에서 비롯된 성어가 "칼을 놀리는 것이 여유가 넘친다"는 뜻의 '유인여유遊刃有餘'이다. 숙련된 기술과 풍부한 경험이 있어 문제를 해결하는 데 아무런 힘도 들지 않는다는 뜻으로 활용된다.

우리 사회가 당면한 문제들은 마치 포정 앞에 놓인 큰 소와 같이 복잡하기 이를 데 없다. 어떻게 하면 포정의 칼날처럼 여유롭게 힘들이지 않고 이런 문제들을 해결할 수 있을까? 포정이 힘 하나 안 들이고 춤을 추듯, 음악을 연주하듯 칼을 놀릴 수 있었던 것은 바로 소의 복잡한 구조를 훤히 꿰뚫고 있었던 까닭이다.

문제의 겉만 보지 말고 그 속을 깊이 들여다봐야 한다. 문제가 발생한 내적 원인과 조건을 깊이 연구하면 그 문제의 뿌리가 보이고, 그러면 그 문제를 해결하는 방법의 칼날을 자유롭게 쓸 수 있다. 물론 이러한 통찰력이 쉽게 생기는 것은 아니다. 포정이 말한 3년은 단순한 숫자가 아니라 긴 세월을 의미한다. 그렇게 구조를 파악하기 위해 노력하다 보면 한 자루의 칼로 수백, 아니 수천 마리의 소를 잡는 엄청난 효율과 소득을 거둘 수 있다.

함께 읽으면 좋은 성어	가경취숙駕輕就熟	득심응수得心應手
	휘쇄자여揮灑自如	

63

인기아취

人棄我取

남이 버리면 나는 취한다

성공하는 사람들의 공통적인 요소 중 하나가 남다른 안목을 지녔다는 것이다. 남들이 쉽게 지나치는 것, 대수롭지 않게 생각하는 것에 주목해 거기서 새로운 가치를 만들어낸다. 이런 사람들 때문에 무용하다 여기던 것들이 유용한 것으로 바뀌고, 지극히 평범한 것들이 최고의 예술품이 되기도 한다. 그들에겐 남다른 시선과 안목이 있다.

무용한 것에 대한 장자의 색다른 시선

《장자》〈소요유〉에 이런 대목이 나온다.

장자의 친구 혜자惠子가 말했다. "위나라 임금이 내게 큰 박

씨앗을 주어 심었더니 잘 자라서 다섯 섬들이 거대한 박이 열렸네. 그런데 거기에 물을 채웠더니 너무 무거워 들 수가 없더군. 쪼개서 바가지를 만들었더니 깊이가 없이 납작해서 아무것도 담을 수가 없었네. 크기만 클 뿐 아무 데고 쓸데가 없어서 깨뜨려버렸지."

장자가 대답했다. "여보게, 자네는 큰 것을 쓸 줄 모르는 사람이군. 송나라에 손이 트지 않게 하는 약을 만드는 사람이 있었네. 그의 집안은 그 약을 손에 바르고 물로 솜을 빠는 일을 하면서 대대로 살았다네. 지나가던 길손이 그 말을 듣고는 금 100냥을 줄 터이니 약 만드는 비방을 팔라고 했지. 그 사람은 가족들을 모아놓고 말했다네. '우리가 대대로 솜을 빨아 살아왔지만 수입은 고작 몇 푼에 불과했는데, 이제 하루아침에 금 100냥이라는 큰돈을 얻을 수 있게 되었다. 그 기술을 당장 팔도록 하자.' 이렇게 해서 비방을 얻은 길손은 그길로 오나라로 가서 오왕에게 그 약의 효용을 설명했다네. 때마침 겨울철이 되어 월나라가 싸움을 걸어오자 오왕은 그 길손을 수군 대장으로 삼았지. 길손은 이 수전水戰에서 월나라 군사를 대패시켰는데, 그것은 그가 얻은 손이 트지 않는 약 때문이었다네. 오왕은 그 길손에게 땅을 떼어주고 제후로 봉했네."

잠시 말을 멈추고 혜자의 안색을 살피던 장자가 빙그레 웃으며 계속 말했다. "손 트는 것을 막는 같은 약을 가지고 한쪽은 제후가 되고, 다른 한쪽은 솜 빠는 일에서 벗어나지 못했으니 똑같은 것도 쓰기에 따라 이렇게 달라지는 게 아닌가? 자네는 어찌하여 다섯 섬들이 그 큰 박으로 큰 통을 만들어 강이나 호수에 띄워놓고 즐길 생각을 못 하고, 그저 너무 커서 쓸모없다고 걱정만 하는 것인가. 자네는 아직도 '쑥 같은 마음'을 가지고 있네그려."

혜자는 위魏나라 재상을 지낸 사람으로 본명은 혜시惠施이며, 고대 중국 명가名家 학파의 대가이기도 하다. 명가는 명목과 실제가 일치해야 한다고 주장하는 학파를 말한다. 《장자》에서 혜자는 장자의 호적수로 자주 등장하는데, 혜자가 보기에 장자의 말은 너무 허황해서 아무짝에도 쓸모가 없었다. 그래서 크기만 할 뿐 아무런 쓰임새도 없는 박 이야기를 꺼내서 장자를 풍자한 것이다.

박은 본시 물을 담는 도구인데 너무 커서 물통으로 쓸 수도, 바가지로도 쓸 수 없다는 것이다. 물통으로 쓰려고 물을 채우면 너무 무거워 들 수 없고, 쪼개서 바가지로 쓰려니 너무 납작해서 물을 담을 수도 없다. 이는 혜자의 생각이 박은 오직 물을 담는 것이라는 고정된 시각에 머물고 있음을 보여준다. 그 고정된 시각에서 보면 이 박은 무용한 것이다.

하지만 장자의 시선은 다르다. 박이 어째서 물을 담는 데만 쓰이냐는 것이다. 그것을 물에 띄워서 쓸 생각을 왜 못 하는가? 실제로 중국 남방에서는 이런 커다란 박을 허리춤에 차서 물에 뜨도록 하는 기구로 쓰기도 했다. 커다란 박일수록 물에 잘 뜰 테니 그것을 이용해 강과 호수에서 유유자적 노닐 수 있었던 것이다.

장자가 인용한, 손이 트지 않는 약에 대한 이야기도 마찬가지이다. 대대로 솜 빠는 일을 하던 사람에게 이 약은 그저 푼돈을 버는 데 쓰이는 하찮은 기술에 불과하다. 하지만 길손은 그 하찮은 기술을 활용해 제후에 봉해지는 엄청난 가치를 창출해냈다. 동일한 물건이지만 남다른 안목이 빚어낸 천양지차의 결과이다.

장자가 마지막으로 혜자에게 한 말, "그대는 아직도 '쑥 같은 마음'을 가지고 있네그려"에서 쑥 같은 마음, 즉 봉심蓬心이 문제이다. 꼬불꼬불하고 곧게 자라지 못하는 쑥의 특성을 가지고 식견이 좁아 세상 이치에 통달하지 못한 좀생이 같은 마음을 비유한 것이다. 편협한 고정관념으로 사물을 보는 것이다. 사물 자체에서 쓸모를 찾지 못하고 머릿속에 이미 형성된 '쓸모'라는 기준으로 사물을 평가하는 것이다. 이런 봉심을 버려야 그 사물에 담긴 새로운 가치를 찾아낼 수 있다.

이러한 장자의 가르침과 상통하는 유명한 성어가 '인기아취人棄我取'이다. "남이 버리는 것을 나는 취한다"는 뜻이다. 이 말은 본래《사기》〈화식열전貨殖列傳〉에 나오는 유명한 장사꾼 백규白圭라는 사람의 사업 전략이었다. 전체 문장은 '인기아취人棄我取, 인취아여人取我與'로, "남이 버리면 나는 취하고, 남이 취하면 나는 준다"라는 뜻이다. 시장 재화의 흐름을 파악해 공급이 넘쳐 사람들이 버리듯 헐값으로 팔 때 사서 모으고, 다시 사람들이 그 물건이 필요해 사들일 때 비싼 값으로 팔아서 이윤을 얻는다는 말이다. 그런데 '인기아취'는 비단 장사에만 적용되는 것이 아니다. 항우와 유방이 천하 패권을 놓고 다투던 초한 전쟁 시기로 가보자.

남이 버린 것에 주목한 소하

항우와의 긴 싸움에서 최종적으로 승리를 거둔 유방은 부하들을 대상으로 논공행상을 했다. 그런데 참모로서 뛰어난 전략을 펼친 장량, 장군으로서 눈부신 승리를 이끈 한신 등 많은 공신을 제치고 일등 자리에 오른 사람이 있었다. 바로 승상 소하이다. 나라의 살림을 책임 맡아 전선에서 군대가 순조롭게 전쟁을 수행할 수 있도록 인력과 물자를 효율적으로 지원한 것이 그의 공로였다. 공로가 결코 작다고 할 수는 없지만 한신이나 장량에는 못 미친다고 사람들은 생각했다.

부하들이 의아해하자 유방은 거침없이 얘기했다. "그대들이 사냥개라면 소하는 사냥감이 어디 있는지를 알려주는 개의 주인이다. 어찌 공을 다툴 수 있겠느냐!"

개의 공이 아무리 크다 해도 그 주인의 공을 같이 논할 수는 없다는 것이다. 그러면 소하는 어떻게 이런 후한 평가를 받게 되었을까? 바로 '인기아취'를 실천했기 때문이다.

시간을 거슬러 유방의 군대가 처음 진秦나라 도성 함양에 입성할 당시로 가보자. 유방의 부하 장수들이 휘황한 진나라 궁궐에 난입해 온갖 금은보화를 약탈하는 데 몰두하고 있을 때, 소하는 군사를 보내 진나라 승상부를 봉쇄했다. 승상부에 있는 금은보화를 얻으려는 게 아니었다.

소하가 승상부에서 주목한 것은 그 누구도 관심을 두지 않던 진나라의 지도였다. 전쟁에서 정밀한 지도가 얼마나 중요한가? 그런데도 사람들은 눈앞의 금은보화에만 주목했지 이 지도의 중요성을 까맣게 잊고 있었다. 유방의 부하들도 그랬고, 나중에 함양에 입성한 항우 역시 그랬다. 항우는 궁궐을 불태우고 미인들과 금은보화를 잔뜩 싣고 고향으로 돌아갈 생각만 했지 지도에는 전혀 관심이 없었다. 소하가 차지한 이 진나라 지도 덕분에 유방은 항우와의 긴 싸움에서 마침내 승리할 수 있었다. 지도를 통해 사냥감이 어디에 있는지 알 수 있었기 때문이다. 소하의 남다른 안목이 일궈낸 '인기아취'의 성공담이다.

노자는《도덕경》에서 이렇게 말했다.

성인은 욕심내지 않음을 욕심내고, 남들이 귀하게 여기는 재화를 귀하게 여기지 않는다. 남들이 배우지 않는 것을 배우고, 사람들이 지나쳐버리는 것을 반복하여 살핀다.

聖人欲不欲, 不貴難得之貨, 學不學, 復衆人之所過.

동일한 상황, 동일한 사물을 남다른 시선으로 바라보는 것은 장자가 말한 '봉심'에서 벗어날 때 가능하다. 자신의 관념이 편협하고 고정된 것은 아닌지 남다른 시선으로 한번 돌아보길 바란다.

함께 읽으면 좋은 성어	독벽혜경獨辟蹊徑	별개생면別開生面
	여중부동與衆不同	

64

정익구정

精益求精

정밀함에 더해 정밀함을 추구하다

우리 주변에서 성공한 이들은 한결같이 한 걸음 더 나아간 사람들이다. 성과가 이미 충분하다고 할 만한데도 거기에 만족하거나 안주하지 않고 한 계단 더 오르기 위해 끊임없이 노력한 사람들이다. 이들에 의해 과학도, 기술도, 문명도 더욱 새로워지고 풍요로워지는 것이다.

자공의 절차탁마 이야기

어느 날 제자 자공이 공자에게 질문했다. "스승님, 어떤 사람이 가난해도 아첨하지 않고 부자가 되어도 교만하지 않는다면 그를 어떻게 평가하시겠습니까?"

자공은 다른 사람이 아닌 자신의 이야기를 한 것이다. 자공은 이전에 매우 가난했는데 장사를 잘해서 제법 큰 부자가 된 인물이다. 자공은 가난한 시절에도 아첨하며 비굴하게 굴지 않았고, 부자가 된 지금도 부에 기대어 교만하지 않았다.

이런 자공을 공자도 잘 알았기에 빙그레 웃으며 인정했다.

"훌륭하지. 그런데 가난하면서도 즐거워하고, 부하여도 예를 좋아하는 것만 못하지."

가난해도 아첨하지 않는 당당함 역시 훌륭하지만 거기서 한 걸음 더 나아가 가난할지라도 그 가난 속에서 생의 기쁨을 누릴 줄 아는 것, 이른바 안빈낙도의 삶이 더 훌륭하다는 얘기이다. 그리고 부자가 되어서 그 부에 기대어 교만하지 않는 것도 이미 훌륭하지만, 한 단계 더 올라가 예를 좋아하여 매사 자신을 단속하며 남을 배려할 줄 아는 인격이 훨씬 훌륭하다는 것이다. 지금의 모습도 좋지만 거기에 머물지 말고 한층 더 나은 모습으로 나아가도록 격려하는 말이기도 하다.

공자의 대답에 자공은 퍼뜩《시경》의 한 구절이 떠올랐다.

"절차탁마切磋琢磨는 바로 스승님의 말씀을 두고 한 말이로군요!"

'절차탁마'는 상아나 옥 같은 원재료로 아름답고 보배로운 그릇이나 장신구를 만드는 일을 가리킨다. 절切은 상아 같은 뼈를 자르는 걸 가리키고, 그 자른 것을 줄 같은 것으로 갈아서 매끈하게 다듬는 걸 차磋라고 한다. 탁琢은 정 같은 것으로 옥을 쪼는 걸 가리키고, 그 쪼아놓은 것을 매끈하게 다듬는 걸 마磨라고 한다. 그래서 절차탁마는 공부와 수련을 통해 학문이나 인격을 완성한다는 비유적인 뜻으로 쓰인다. 자공이《시경》의 구절을 인용해 스승의 가르침을 다시 확증한 것이다.

공자는 크게 기뻐하며 감탄했다. "자공아, 네가 비로소 시를 함께 얘기할 수 있게 되었구나! 너는 내가 일러준 말을 가지고 아직 말하지 않은 것까지 깨닫는구나!"

주고받는 질문과 대답 속에서 스승과 제자가 모두 새롭게 얻은 깨달음으로 함께 기뻐하는 훈훈한 모습이다.

이 대목에서 주자는 다음과 같은 주석을 달았다.

뼈와 뿔을 가공하는 자는 이미 절단한 다음 다시 그것을 갈고, 옥과 보석을 가공하는 자는 이미 쪼아놓은 다음 다시 그것을 가니, 그 가공함이 이미 정밀한데 더욱 정밀함을 추구함을 말한다. 자공은 스스로 아첨함이 없고 교만함이 없음을 지극하다 여겼는데, 공자의 말씀을 듣고 자신이 이미 얻었으나 거기에 만족해서는 안 됨을 알게 되었다.

주자의 이 주석에서 나온 성어가 "이미 정밀한데 더욱 정밀함을 추구한다"라는 뜻의 '정익구정精益求精'이다. 이미 얻은 성과가 훌륭하지만 거기에 머물지 않고 더욱 훌륭한 경지로 나아가기를 추구한다는 말이다.

끈질긴 공자의 거문고 학습 이야기

제자 자공에게 '정익구정'의 교훈을 베푼 공자 역시 스스로 그 모범을 보였다. 어느 해 위나라 출신의 뛰어난 거문고 연주가 사양자師襄子가 노나라 궁정의 악사로 왔다. 음악에 대한 관심과 열의가 남달랐던 공자는 그에게서 거문고를 배울 기회를 얻었다. 공자는 스승으로부터 곡 하나를 받아서 열심히 연습했다. 이미 거문고를 타는 실력이 상당한 수준에 오른 공자였기에 2~3일만 연습하면 능숙하게 연주할 만한 곡이었다. 그런데 공자는 열흘 동안이나 한 곡만 붙잡고 연습하고 또 연습하는 게 아닌가? 보다 못한 사양자가 말했다. "이제 다른 곡을 새로 배워도 될 듯합니다."

그러자 공자가 말했다. "곡은 다 익혔습니다만, 아직도 이 곡에서 요구하는 기법을 얻지 못했습니다."

다시 며칠이 지난 후에도 여전히 그 곡을 붙들고 있는 공자에게 사양자가 말했다. "연주 기법도 훌륭하니 이제 그 곡은 그 정도면 됐습니다. 다른 곡을 배우시지요."

그러자 이번에도 공자가 사양하며 말했다. "저는 아직 이 곡의 뜻을 얻지 못했습니다."

작자가 곡에서 표현하고자 하는 뜻을 살려서 연주할 수준이 안 된다는 뜻이다. 그렇게 또 얼마의 시간이 흘렀다. 사양자가 다시 권했다. "제가 보기에 곡의 뜻도 잘 살리고 있는 듯합니다. 다른 곡을 배움이 어떠하실지."

사양자의 말이 끝나기 무섭게 공자가 말했다. "저는 아직 이 곡을 지은 사람을 얻지 못했습니다."

곡이 표현하려는 뜻을 넘어 그 곡을 창작한 사람까지도 알아내야겠다는 것이다. 기가 질린 스승은 공자의 뜻을 꺾지 못하고 그가 하고 싶어 하는 대로 내버려두었다.

그렇게 얼마의 시간이 흐른 어느 날, 연주에 몰입하고 있던 공자가 갑자기 깊은 생각에 잠기는 듯하더니 이윽고 서서히 기쁨에 겨운 얼굴로 바뀌었다. 그러곤 마치 원대한 뜻을 가득 얻은 듯 하늘을 우러러보면서 이렇게 말했다. "저는 그 사람을 얻었습니다. 얼굴은 거무스름하고 키가 호리호리합니다. 눈빛은 형형히 빛나는데 사방의 제후들을 통솔하는 듯합니다. 이런 사람이라면 주周나라 문왕이 아니고 누구이겠습니까?"

공자의 이 말에 사양자가 깜짝 놀라 자리에서 일어나더니 공자에게 두 번 절하며 말했다. "제 스승께서 일찍이 이 곡은 주 문왕이 지은 〈문왕조文王操〉일 것이라고 말씀하셨습니다."

《공자가어》에 나오는 이야기이다. 그 곡에서 요구하는 연주 기법을 능숙하게 익힐 때까지, 다시 그 곡이 전하려는 뜻을 표현할 수 있을 때까지, 다시 그 곡의 창작자를 이해할 수 있을 때까지 한 곡을 붙잡고 끝없이 연습하고 질문하고 생각했던 공자의 '정익구정'을 엿볼 수 있다.

그만두지 않는 용기 '부조'

남들보다 한 걸음 더 나아가기란 참으로 쉽지 않은 일이다. 하지만 그보다 더 어려운 것은 자신이 이룬 높은 성과를 넘어서는 일일 것이다. 자신과의 싸움에서 이겨야 하는 것이기 때문이다. 이 지난한 싸움에는 어떤 비결이 있을까?

《중용》은 다음과 같이 말한다.

배우지 않음이 있을지언정, 배웠다 하면 능할 때까지는 그만두지 않는다. 질문하지 않음이 있을지언정, 질문했다 하면 알지 않고서는 그만두지 않는다. 생각하지 않음이 있을지언정, 생각했다하면 얻지 않고서는 그만두지 않는다. 남이 한 번으로 능하게 되면 자신은 백 번을 하고, 남이 열 번에 능하게 되면 자신은 천 번을 한다. 이렇게 할 수 있다면 어리석다 해도 총명해지고 약하다 해도 강하게 될 것이다.

有不學, 學之不能, 不措也. 有不問, 問之不知, 不措也. 有不思, 思之不得, 不措也. 人一能之, 己百之, 人十能之, 己千之. 果能此道矣, 雖愚必明, 雖柔必強.

《중용》의 이 가르침에서 '정익구정'으로 가는 비결이 바로 '그만두지 않음', 한자로 말하면 '부조不措'라는 사실을 알 수 있다. 능할 때까지, 질문의 답이 나올 때까지, 생각의 결과를 얻을 때까지 그만두지 않는 이 부조의 용기야말로 모든 '정익구정'의 전제인 것이다. 부조의 용기로 '정익구정'의 성공 스토리를 만들어가길 바란다.

함께 읽으면 좋은 성어	고보자봉固步自封	여일구진與日俱進

65

화이불실

華而不實

꽃만 피우고 열매를 맺지 못하다

우리가 사는 세상에서 가장 흔히 듣는 얘기 중 하나가 혼란스럽다는 말이다. 그리고 그 혼란의 핵심은 진위를 알 수 없다는 데 있다. 분명히 참이라고 믿었는데 알고 보니 가짜일 때 우리는 심한 혼란을 느낀다. 그래서 고사성어 중에는 이렇게 겉과 속이 다르며 이름과 실질이 다른 데서 오는 혼란을 다룬 내용이 유독 많다. 그 교훈을 한마디로 요약하면, 드러나 있는 겉모습이 화려할수록 더욱 주의하라는 것이다.

열매 없는 화려한 꽃을 경계하라

춘추시대 위나라의 영영寧贏이라는 사람 이야기이다. 그가 어느 날 진晉나라 대부 양처보陽處父를 만났다. 양처보의 당당하고 비범한 언행에 깊은 인상을 받은 영영이 집으로 돌아와 부인에게 말했다. "나는 일찍부터 덕망 높은 사람을 찾아 스승으로 삼고자 했는데, 지금까지 그런 분을 보질 못하였소. 오늘 드디어 양처보를 만나보니, 이런 분이라면 스승으로 삼기에 족하다는 생각이 들었소."

그렇게 영영은 처자와 이별하고 양처보를 따라 떠났다. 그런데 며칠 지나지 않아 영영이 다시 집으로 돌아왔다. 부인이 어찌 된 일이냐고 물으니 영영이 말했다. "며칠 동안 함께 기거하면서 보니 양처보는 말이 지나치게 화려하고 행동이 가식적임을 알게 되었소. 말이 실제보다 과하고 행동에 가식이 많으면 남들로부터 원망이 쌓일 것이니 그를 따르다가는 필경 화를 입을 게 분명하오. 그래서 떠나기로 결심한 것이오."

1년 후 영영의 예상대로 양처보는 진나라 조정의 정쟁에 휘말려 죽음을 당했다.

《좌전》에 나오는 이 영영 이야기에서 비롯된 성어가 "꽃만 있고 열매를 맺지 못하다"라는 뜻의 '화이불실華而不實'이다. 화華는 꽃 화花와 같은 뜻이다. 겉모습만 화려하거나 말만 번지르르할 뿐 실질적인 내용이 없는 경우를 두고 하는 말이다. 그런 것에 휘둘려서 낭패를 보는 일이 없도록 주의하라는 경고이다. 공자 역시 《논어》에서 “훌륭한 말솜씨, 그럴싸한 얼굴빛에는 인이 적다巧言令色, 鮮矣仁”라며 ‘화이불실’을 경계했다.

작은 사기꾼이 대형 사기꾼을 꾸짖다

중국 명나라 초창기 때 유기劉基라는 조정 대신이 어느 여름날 항주杭州 성내를 산책하다 여름에는 보기 힘든 귤을 파는 노점상을 만났다. 어떻게 잘 보관했는지 귤은 지난겨울에 딴 것이라고 믿기 힘들 만큼 금황색으로 반짝이며 신선함을 자랑했다. 값은 열 배 이상 비쌌지만 충분히 그럴 만한 가치가 있다고 여긴 유기는 귤을 하나 사서 껍질을 벗겼다. 그런데 막상 까보니 겉보기와는 완전히 다르게 속이 마치 마른 솜처럼 바짝 말라 있었다.

속았다고 생각한 유기가 노점상에게 따져 물었다. “이 귤을 보시오. 겉은 금황색으로 싱싱해 보이지만 속은 바짝 말라 있소. 이런 것을 비싼 값에 팔다니, 당신은 겉만 그럴싸하게 꾸며 세상을 속이는 사기꾼이 아니오?”

유기의 신랄한 비난을 듣고 있던 귤 장수가 빙그레 웃으며 이렇게 응대했다. “내 귤을 팔아서 먹고산 지 여러 해가 되었지만 사기꾼이라는 소리는 처음 들었소이다. 좋소! 내 귤이 선생 맘에 들지 않아서 내가 사기꾼이 됐다고 칩시다. 그런데 생각해보시오. 세상에 어디 사기꾼이 한둘입니까? 온통 널린 게 사기꾼인데, 왜 그 사기꾼들한테는 한마디도 못 하면서 유독 나한테만 따지는 겁니까? 지금 위풍당당하게 허리에 병부兵符를 차고 호피 의자에 떡하니 앉아 있는 장군들을 보시오. 겉으로 보기엔 나라와 백성을 지켜줄 훌륭한 영웅처럼 보이지만, 그들에게 진정《손자병법》같은 지략이 있습니까? 높은 관모를 쓰고 허리에 긴 띠를 두른 의기양양한 조정 중신들을 보시오. 겉모습은 천하의 백성들을 먹여 살릴 나라의 동량처럼 보이지만, 그들에게 어디 옛날 승상이던 이윤伊尹이나 고요皐陶 같은 훌륭한 치적이 있습니까? 도적이 일어나도 막을 줄 모르고, 백성들이 도탄에 빠져도 구할 줄 모르며, 관리들이 법을 범해도 제지할 줄 모르고, 낡은 법도가 무너져도 새로 정비할 줄 모릅니다. 그저 나라 곳간의 양식만 축내건만 부끄러워할 줄도 모릅니다. 이들이야말로 그 겉모습은 황금이요, 백옥이지만 그 속은 다 썩은 솜이 아니겠습니까? 지금 그대는 그런 자들은 살피지도 못하면서 어찌 내 귤만을 가지고 야단하시는 것입니까!"

폭포수처럼 터져 나오는 귤 장수의 일장 연설에 유기는 유구무언이 되었다. 유기는 집으로 돌아가 그날의 일을 가지고

〈매감자언賣柑子言〉이란 제목의 글을 남겼다. '매감자언'은 "귤을 파는 자가 말하다"라는 뜻이다.

이 글에서 비롯된 성어가 "겉은 금과 옥이지만 속은 낡아빠진 헌 솜이다"라는 뜻의 '금옥기외金玉其外, 패서기중敗絮其中'이다. 패서敗絮는 낡은 솜이라는 뜻이다. 보잘것없는 능력을 화려하게 부풀리고 치장해 세상을 속여 명예를 얻는 표리부동한 위인들을 두고 하는 말이다.

동서고금에 한순간 껍질이 벗겨지는 바람에 낡아빠진 헌솜보다 못한 저열한 모습이 온 세상에 드러나 패가망신한 황금 같고 백옥 같던 인사들이 얼마나 많은가? 참 혼란한 세상이다. 이 혼란한 세상을 그래도 좀 덜 혼란스럽게, 좀 더 명징한 정신으로 살아가려면 화려한 겉모습을 주의하라는 성현의 가르침에 귀 기울일 필요가 있다.

함께 읽으면 좋은 성어	도유허명徒有虛名	허유기표虛有其表

부록

함께 읽으면 좋은 성어들

제1장

검가이조렴儉可以助廉 검소함은 청렴함을 도울 수 있다.《송사宋史》〈범순인전范純仁傳〉에 "친족 중에 가르침을 청하는 자에게 범순인이 말했다. '검소함은 청렴함을 도울 수 있고, 용서함은 덕을 이루게 할 수 있다.' 親族有請教者, 純仁曰, 惟儉可以助廉, 惟恕可以成德"라는 말이 있다.

검고능광儉故能廣 검약 때문에 널리 베풀 수 있다.《도덕경》 제67장에 "자애 때문에 용감해지고, 검약 때문에 널리 베풀 수가 있다 慈故能勇, 儉故能廣"라는 말이 있다.

관이대인寬以待人 관대함으로 사람을 대하다.《삼국연의》에 "유비는 관대함으로 사람을 대하여 그 부드러움이 강함을 이길 수 있나니, 영웅 중에 누구도 대적할 수 없다 劉備寬以待人, 柔能克剛, 英雄莫敵"라는 기록이 있다.

동실조과同室操戈 한집에서 창을 잡다. 본래는 형제간의 다툼을 뜻했으나 가까운 사람들 간의 다툼을 표현하는 말로도 쓰인다. 춘추시대 정鄭나라 서오범의 여동생이 미색이 출중하여 공손초와 그의 종형인 공손흑이 이 여인을 차지하기 위해 서로 창을 들고 싸웠다는《좌전》〈소공원년昭公元年〉의 기록에서 비롯된 성어이다.

망자비박妄自菲薄 무턱대고 자신을 비하하다. 제갈량의 〈전출사표前出師表〉에 "진실로 황제의 명찰明察을 펼치셔서 선제의 남기신 덕을 빛나게 하시고 지사들의 기상을 크게 떨치게 하심이 마땅합니다. 무턱대고 자신을 비하하시거나 합당치 않은 비유를 들어 충간의 길을 막는 일은 없어야 합니다誠宜開張聖聽, 以光先帝遺德, 恢弘志士之氣, 不宜妄自菲薄, 引喻失義, 以塞忠諫之路也"라는 내용이 있다.

망자존대妄自尊大 망령되이 스스로를 높이다. 아무런 근거도 없이 자신을 높이 평가한다는 말이다.《후한서》〈마원전馬援傳〉에 "공손술은 우물 안의 개구리일 뿐인데 망령되이 스스로를 높이고 있으니 오직 동쪽 유수劉秀에 뜻을 두는 것만 못하다子陽井底蛙耳, 而妄自尊大, 不如專意東方"라는 내용이 있다.

부득인심不得人心 인심을 얻지 못하다.《구당서舊唐書》〈가서한전哥舒翰傳〉에 "앞서 가서한이 여러 차례 상주하여 아뢰었다. '안녹산이 비록 황하 이북 지역을 훔쳤으나 인심을 얻지 못하였으니, 군대를 진중하게 써서 그를 피폐하게 하면 도적들의 마음이 절로 흩어질 것입니다. 그런 상황에서 공격하게 되면 우리 군대의 손실 없이 이 도적들을 잡을 수 있을 것입니다.'先是, 翰數奏祿山雖竊河朔, 而不得人心, 請持重以弊之, 彼自離心, 因而翦滅之, 可不傷兵

擒茲寇矣"라는 기록이 있다.

부명박리浮名薄利 헛된 이름과 하찮은 이로움. 송宋 조사협의 《박호접撲蝴蝶》에 "한잔 술로 남김없이 씻어내어 만사가 멀리 사라지나니, 헛된 이름과 하찮은 이로움을 선망할 것이 없다네一杯洗滌無餘, 萬事消磨去遠, 浮名薄利休羨"라는 표현이 있다.

불긍불벌不矜不伐 자랑하거나 떠벌리지 않는다. 사람됨이 겸손한 것을 가리킨다. 《상서尚書》 〈대우모大禹謨〉에 "네가 자랑하지 않으면 천하의 누가 너와 능력을 다투려 하겠으며, 네가 떠벌리지 않으면 천하의 누가 너와 공을 다투려 하겠느냐汝惟不矜, 天下莫與汝爭能. 汝惟不伐, 天下莫與汝爭功"라는 말이 있다.

설신처지設身處地 처지를 바꾸어놓다. 남의 입장에서 생각한다는 말이다. 《예기》 〈중용中庸〉에 나오는 '체군신야體群臣也'에 대한 주희朱熹의 주석 "체體는 처지를 바꾸어놓고 그 마음을 살핀다는 뜻이다體謂設以身處其地而察其心也"라는 말에서 비롯된 성어이다.

설중송탄雪中送炭 눈 오는 추운 날에 숯을 보내다. 어려움에 빠진 사람을 도와준다는 뜻이다. 범성대의 시 〈대설송탄여개은大雪送炭與芥隱〉에 "눈이 와서 숯을 보내준 것이 아니라, 그저 풍경이 좋아 시를 요구하러 온 것이라네不是雪中須送炭, 聊裝風景要詩來"라는 구절이 있다.

신종모고晨鍾暮鼓 새벽에 치는 종과 저녁에 울리는 북. 깨달음을 얻게 하는 말을 비유한다. 당唐 이함용의 시 〈산중山中〉에 "아침 종소리와 저녁

북소리는 귀에 들리지 않고, 밝은 달과 외로운 구름만이 길게 가슴에 걸려 있네朝鍾暮鼓不到耳, 明月孤雲長掛情"라는 구절에서 비롯된 성어이다.

안빈수도安貧守道 가난을 편안히 여기고 도를 지키다. 안빈낙도와 같은 말이다. 소식의 〈천포의진사도장薦布衣陳師道狀〉에 "신 등이 감히 생각하기로는 서주의 포의 진사도는 문사가 고고하며 그 도량이 세속의 무리들을 넘어서는 자로서 가난을 편히 여기며 도를 지키고 있습니다臣等伏見徐州布衣陳師道文詞高古, 度越流輩, 安貧守道"라는 내용이 있다.

오오대포嗷嗷待哺 슬피 울며 먹이를 기다리다. 새끼 새가 슬피 울며 어미 새의 먹이를 기다린다는 뜻으로, 어려움에 빠진 이들이 도움을 청하는 절박한 모습을 표현한 말이다. 《시경》 〈소아 홍안鴻雁〉에 "기러기가 날며 슬피 운다鴻雁於飛, 哀鳴嗷嗷"라는 표현이 있다. 순열의 《한서》 〈성제기삼成帝紀三〉에 "국가가 피폐하고 창고가 비었으며, 아래로 백성들이 슬피 울며 괴로워하였다國家疲弊, 府庫空虛, 下至衆庶, 嗷嗷苦之"라는 기록이 있다.

이유목염耳濡目染 항상 보고 들어 부지불식간에 익숙해지다. 한유의 〈청하군공방공묘갈명清河郡公房公墓碣銘〉에 "방공은 (가정에서) 항상 보고 들어 (관리의 도를) 따로 배우지 않아도 잘 할 수 있었다目擩耳染, 不學以能"라는 기록이 있다.

절도봉주絕渡逢舟 뱃길 끊어진 나루터에서 배를 만나다. 출구가 보이지 않는 절박한 상황에서 도움을 얻어 위험을 벗어나게 됨을 표현한 말이다. 청清 하경거의 《야수폭언野叟曝言》에 "천행으로 상공을 만났으니 어두운 방에서 등불을 만난 격이요, 배 끊어진 나루에서 배를 만난 격입니다天幸遇著相公, 如暗室逢燈, 絕渡逢舟"라는 기록이 있다.

지인인왕地因人旺 **실이덕형**室以德馨 땅은 사람으로 인해 이름이 나고, 집은 덕으로써 향기로워진다. 《서경》 〈군진君陳〉에 "기장이 향기로운 것이 아니라 밝은 덕이 오직 향기로운 것이다黍稷非馨, 明德唯馨"라는 기록이 있다.

활달대도豁達大度 성격이 활달하고 도량이 넓다. 반악의 〈서정부西征賦〉에 "한고조의 성공은 단지 총명함과 빼어난 무공 때문만이 아니니, 그 넓은 도량이 있었기 때문이다夫漢高之興也, 非徒聰明神武, 豁達大度而已也"라는 기록이 있다.

후덕재물厚德載物 두터운 덕으로 만물을 포용하다. 《주역周易》 〈곤괘坤卦〉의 "대지의 기세는 화순和順하니 군자는 이를 본받아 두터운 덕으로 만물을 포용한다地勢坤, 君子以厚德載物"라는 말에서 비롯되었다.

제2장

도지분말塗脂抹粉 연지나 분을 마구 바르다. 화려하게 꾸며 추악한 본모습을 감추어 남을 속이는 것을 비유한다. 명明 능몽초의 《이각박안경기二刻拍案驚奇》 〈조현군교송황감趙縣君喬送黃柑〉에 "연지를 바르고 분을 발라 추파를 던져 그 부잣집 낭군을 꼬드겼다塗脂抹粉, 慣賣風情, 挑逗那富家郎君"라는 내용이 있다.

무계가시無計可施 시행해볼 만한 계책이 없다. 《삼국연의》에 "왕윤이 말하였다. '적신 동탁이 제위를 찬탈하고자 하는데 조정에 문무 대신이 시행해볼 만한 아무런 계책이 없다.' 賊臣董卓, 將欲簒位, 朝中文武, 無計可施"라는 내용이 있다.

문과즉희聞過則喜, **지과불위**知過不諱, **개과불탄**改過不憚 허물을 들으면 기뻐하고, 허물을 알면 숨기지 않으며, 허물 고치는 일을 주저하지 않는다. 송宋 육구연의 〈여부전미서與傅全美書〉에 나오는 글이다. "옛날의 배우는 자는 본래 남을 위한 것이 아니었으니, 선으로 옮겨가고 허물을 고침이 어느 것도 스스로 말미암지 않음이 없었다. 마땅히 옮겨가야 할 선이 있으면 나 스스로 옮겨가니 남을 위해 옮기는 것이 아니다. 마땅히 고쳐야 할 허물이 있으면 나 스스로 고치나니 남을 위해 고치는 것이 아니다. 그러므로 허물을 들으면 기뻐하고 허물을 알면 숨기지 않고 허물 고치는 일을 주저하지 않는다. 허물이라는 것은 옛 성현조차 피할 수 없었지만, 성현이 성현이 된 것은 그 허물을 고쳐서 그렇게 된 것일 뿐이다. 사람이 사람다운 것은 이런 마음이 있기 때문이다. 하나라도 그 바름을 얻지 못하면 불 속에 있는 사람, 물에 빠진 사람을 구하듯이 절박하게 바로잡아야 한다 古之學者本非爲人, 遷善改過, 莫不由己. 善在所當遷, 吾自遷之, 非爲人而遷也. 過在所當改, 吾自改之, 非爲人而改也. 故其聞過則喜, 知過不諱, 改過不憚. 過者, 雖古聖賢有所不免, 而聖賢之所以爲聖賢者, 惟其改之而已. 人之所以爲人者, 惟此心而已. 一有不得其正, 則當如救焦溺而求所以正之."

수이불실秀而不實 꽃만 피우고 열매를 맺지 못하다. 겉모습만 요란할 뿐 진정한 실력이 없는 경우를 가리킨다. 《논어》 〈자한〉의 "싹은 났어도 꽃을 피우지 못하는 것이 있고, 꽃을 피웠어도 열매를 맺지 못하는 것이 있도다 苗而不秀者有矣夫, 秀而不實者有矣夫"라는 구절에서 비롯된 성어이다.

습인아혜拾人牙慧 남이 한 말을 그대로 사용하다. 아혜牙慧는 '이빨 사이에 낀 음식물 찌꺼기'라는 뜻이다. 중국 남북조시대 명사 은호는 생질인 한강백을 출중한 인재로 여겨서 그를 각별하게 지도했다. 어느 날 은호는 한강백이 사람들 앞에서 호기 있게 일장 연설하는 것을 들었는데, 모두 은호 자신의 했던 말과 생각이었을 뿐 스스로 깨친 바가 전혀 없었다. 이에 은호가 친구에게 한강백을 평하여 말하기를 "내 이빨 사이 음식물 찌꺼기조차 얻지 못했다康伯未得我牙後慧"라고 하였다. 유의경이 쓴 《세설신어》 〈문학文學〉에 나오는 이 이야기에서 비롯된 성어이다.

앙인비식仰人鼻息 남의 호흡에 기대어 살다. 남에 의지해서 항상 눈치를 보는 사람을 가리키는 말이다. 《후한서》 〈원소전袁紹傳〉에 "경무가 말했다. '원소는 고립된 군대이니 우리의 호흡에 기대어 살고 있다. 비유하자면 품 안에 있는 영아와 같으니 젖을 끊으면 바로 굶어죽게 될 것이다.' 耿武曰, 袁紹孤客窮軍, 仰我鼻息, 譬如嬰兒在股掌之上, 絕其哺乳, 立可餓殺"라는 내용이 있다.

앵무학설鸚鵡學舌 앵무새가 말을 배우다. 아무런 주관 없이 남의 말만 따라 하는 경우를 말한다. 송宋 석도원의 《경덕전등록景德傳燈錄》 〈월주대수혜해화상越州大殊慧海和尚〉에 "앵무새처럼 남의 말만 따라 하고 자신의 말을 하지 못하는 것은 지혜가 없기 때문이다如鸚鵡學人語, 話自語不得, 爲無智慧故"라는 말이 있다.

양사익우良師益友 훌륭한 스승과 유익한 벗. 유향의 《설원說苑》 〈설총說叢〉에 "훌륭한 스승과 어진 벗이 옆에 있고, 시서예악이 앞에 있는데도 나쁜 짓을 행하는 자는 없다賢師良友在其側, 詩書禮樂陳於前, 棄而爲不善者, 鮮矣"라는 기록이 있다.

양사쟁우良師諍友 잘못을 충고하는 벗이 훌륭한 스승이다. 쟁우諍友는 잘못을 솔직하게 지적해주는 벗을 가리킨다. 반고의 《백호통白虎通》〈간쟁諫諍〉에 "대부에게 잘못을 지적하는 신하 셋이 있다면 비록 무도하다 할지라도 그 집안을 잃지 않을 것이요, 선비에게 잘못을 지적하는 벗이 있다면 그 몸이 아름다운 이름에서 떠나지 않을 것이다大夫有諍臣三人, 雖無道, 不失其家. 士有諍友, 則身不離於令名"라는 기록이 있다.

언이유신言而有信 말에 신용이 있다. 《논어》〈학이〉에 "어진 사람을 존경하여 얼굴빛을 바꾸고, 힘을 다하여 부모를 섬기고, 목숨을 바쳐 임금을 섬기며, 벗과 사귐에 있어 말에 신용이 있다면 그가 비록 배움이 없다 해도 나는 그를 배운 자라고 할 것이다賢賢易色, 事父母能竭其力, 事君能致身, 與朋友交, 言而有信, 雖曰未學, 吾謂之學矣"라는 말이 있다.

육신무주六神無主 오장육부에 주재가 없다. 두려움에 빠져서 꼼짝달싹할 수 없음을 말한다. 장형의 〈촉루부髑髏賦〉에 "오장이 모두 돌아오고 육부가 모두 회복되었다五內皆還, 六神皆復"라는 표현이 있다. 풍몽룡의 《성세항언醒世恒言》에 "현령이 놀라 온몸을 꼼짝달싹할 수 없었으니 술을 마실 엄두를 내지 못했다嚇得知縣已是六神無主, 不有甚心腸去吃酒"라는 표현이 있다.

일언구정一言九鼎 한마디 말이 아홉 개의 솥보다 무겁다. 구정九鼎은 권력을 상징하는 아홉 개의 청동 솥으로 말에 힘이 있음을 비유하기도 한다. 사마천의 《사기》〈평원군우경열전平原君虞卿列傳〉에 "모수 선생이 한번 초나라에 이르러 우리 조나라로 하여금 구정과 대려보다 무겁게 하셨다毛先生一至楚而使趙重於九鼎大呂"라는 기록이 있다. 대려大呂는 주나라 종묘에 걸려 있는 큰 종을 가리킨다.

자식기력自食其力 자신의 힘에 기대어 먹고 살다. 명明 이창기의《전등여화剪燈餘話》〈태산어사전泰山禦史傳〉에 "가난하게 살지만 자기 힘에 기대어 먹고 살았으며, 전원에 숨어 살면서 가르치는 것을 업으로 삼아 불의한 일은 하지 않았으니 사람들이 경외하였다居貧, 自食其力, 隱田裏間, 以教授爲業, 非義不爲, 人敬憚之"라는 내용이 있다.

지흠동풍只欠東風 오직 동풍이 모자라다. 만사를 다 갖추었으되 오직 동풍이 모자란다는 뜻의 '만사구비萬事俱備, 지흠동풍只欠東風'의 줄임말이다. 일의 성공을 위한 요소를 두루 갖추었지만 가장 중요한 요소 하나가 빠졌음을 의미한다.《삼국연의》에 "조조를 파하고자 하면 마땅히 화공을 써야 한다. 만사가 다 갖추어졌으나 오직 동풍이 빠졌다欲破曹公, 宜用火攻, 萬事俱備, 只欠東風"라는 글이 있다.

태연자약泰然自若 태연자약하다. 매우 어지러운 상황에서도 침착하고 냉정한 모습을 가리킨다. 탈탈脫脫의《금사金史》에 "적이 갑자기 쳐들어와 비록 화살과 돌이 앞에 날아와도 태연자약하여 병사들에게 호령함이 평소와 같았다. 이로 인하여 사람들이 더욱 그를 따랐으므로 쉽게 성공하였다有敵忽來, 雖矢石至前, 泰然自若, 迺號令士卒如平時, 由是人益安附, 而功易成焉"라는 기록이 있다.

호풍환우呼風喚雨 바람을 부르고 비를 부르다. 목적을 이루기 위해 의도적으로 어떤 분위기나 상황을 만드는 것을 비유한다.《삼국연의》에 "저 제갈량은 비록 재주가 없지만 일찍이 기이한 도사를 만나 기문둔갑의 신비한 책을 전해 받아 비바람을 불러낼 수 있습니다亮雖不才, 曾遇異人, 傳授奇門遁甲天書, 可以呼風喚雨"라는 내용이 있다.

제3장

검존사실儉存奢失 검소하면 살아남고 사치하면 망한다. 백거이의 〈행위량杏爲梁〉에 "검소하면 살고 사치하면 망하는 이치가 지금 눈앞에 있으니, 어찌 높은 담으로 큰 집을 두르는 사치를 행할 수 있으랴儉存奢失今在目, 安用高牆圍大屋"라는 표현이 있다.

경개여고傾蓋如故 수레 덮개를 기울여서 만났어도 옛 친구와 같다. 수레 덮개를 기울인다는 말은 수레를 멈추고 잠시 인사를 나눈다는 뜻이다. 잠시 만났어도 오랜 친구와 같이 의기투합할 때 쓴다. 한나라 추양鄒陽의 〈옥중상서자명獄中上書自明〉에 "속담에 이르기를 '머리가 세지도록 만났어도 새롭고, 수레 덮개를 기울여 잠시 만났어도 오랜 친구 같다'고 했습니다. 무슨 까닭입니까? 서로를 알아주는가, 그렇지 못하는가에 달려 있습니다語曰, 白頭如新, 傾蓋如故. 何則, 知與不知也"라는 내용이 있다.

근학호문勤學好問 부지런히 공부하고 질문하기를 좋아하다. 주희의 《주자어류朱子語類》 〈논어〉에 "그는 부지런히 공부하고 묻기를 좋아하니 '문'이라는 시호를 준 것이다它而今是勤學好問, 便謚之以文"라는 기록이 있다.

명봉조양鳴鳳朝陽 봉황이 동쪽 기슭에서 운다. 조양朝陽은 산의 동쪽을 가리킨다. 현신이 명군을 만나는 장면을 비유한 말이다. 《시경》 〈대아大雅 권아卷阿〉의 "봉황이 저 높은 산에서 우는구나. 오동나무가 저 동쪽 기슭에서 자랐구나鳳皇鳴矣, 於彼高岡. 梧桐生矣, 於彼朝陽"에서 비롯되었다.

문경지교刎頸之交 목숨을 나누는 사귐. 생사고락을 같이하는 우정을 가리킨다. 《사기》 〈염파상여열전廉藺相如列傳〉에 "(염파와 인상여가) 마침내 서로 기뻐하며 목숨을 나누는 사귐을 갖게 되었다卒相與歡, 爲刎頸之交"라는 표현이 있다.

반궁자성反躬自省 자신의 모습을 돌이켜보고 반성하다.《예기》〈악기樂記〉에 "좋아하고 싫어함이 안으로 절제함이 없고, 앎이 외물에 유혹되어도 자신의 모습을 돌이켜 반성할 수 없으면 하늘의 이치가 소멸된다好惡無節於內, 知誘於外, 不能反躬, 天理滅矣"라는 기록이 있다.

부재지족富在知足 부는 족함을 아는 데 있다. 유향의《설원》〈담총談叢〉에 "부는 족함을 아는 데 있고, 귀는 물러남을 구함에 있다富在知足, 貴在求退"라는 말이 있다.

불괴하학不愧下學 아랫사람에게 배우는 것을 부끄러워하지 않다. '불치하문不恥下問'과 같은 뜻이다. 유향의《전국책》〈제책齊策〉에 "군왕이 자주 묻는 것을 부끄러워하지 않고 아랫사람에게 배우는 것을 부끄러워하지 않았다君王無羞亟問, 不愧下學"라는 기록이 있다.

비방지목誹謗之木 비방하는 나무. 백성이 임금에게 고통을 호소하고 소원을 고하는 나무 기둥.《사기》〈효문본기孝文本紀〉에 "옛날 천하를 다스림에 조정에는 좋은 말을 진언하는 깃발과 비방하는 나무가 있었으니 통치의 도로써 간언하는 것이었다古之治天下, 朝有進善之旌, 誹謗之木, 所以通治道而來諫者"라는 내용이 있다.

삼평이만三平二滿 평상적인 삶에 만족하며 살아가다. 의식주 면에서 평상적인 수준을 누리고 있고 명예와 지위도 만족할 만하다는 뜻으로 일상의 삶에 만족하며 살아간다는 말이다. 황정견의 〈사휴거사시四休居士詩〉에 "거친 차와 소박한 밥이어도 배부르면 그만이요, 누덕누덕 기운 이불이라도 따뜻하면 그만이라. 셋이 평이하고 둘이 만족스러우니 이리 살면 그만이요, 탐심도 질투도 없으니 이리 늙어가면 그만이라粗茶淡飯飽即休, 補破遮寒暖即休. 三平二滿過即休, 不貪不妒老即休"라는 표현이 있다.

수구리폐修舊利廢 낡은 것을 고치고 폐품을 이용하다. 절약에 힘쓰는 모습을 가리킨다. 반고의 《한서》 〈사마천전司馬遷傳〉에 "유왕과 여왕 이후로 왕도가 무너지고 예악이 쇠미해지매 공자가 옛것을 닦고 폐한 것을 일으켜 시詩와 서書를 논하고 《춘추》를 지었으니, 학자들이 지금에 이르도록 그것을 모범으로 삼고 있다幽厲之後, 王道缺, 禮樂衰, 孔子修舊起廢, 論詩書, 作春秋, 則學者至今則之"라는 기록이 있다.

애민여자愛民如子 백성을 자식처럼 사랑하다. 한漢 유향劉向의 《신서新序》 〈잡사일雜事一〉에 "훌륭한 군주는 착한 사람에게 상을 베풀고 사람들의 어려움을 제해주나니, 백성을 자식처럼 사랑하여 하늘처럼 덮어주고 땅처럼 품어준다良君將賞善而除民患, 愛民如子, 蓋之如天, 容之若地"라는 내용이 있다.

의결금란義結金蘭 의로써 맺어짐이 쇠처럼 굳세고 난초처럼 향기롭다. 《주역》 〈계사상系辭上〉의 "두 사람이 마음을 같이하니 그 날카로움은 쇠를 끊고, 같은 마음에서 나온 말은 그 향기가 난초와 같다二人同心, 其利斷金, 同心之言, 其臭如蘭"라는 말에서 비롯된 성어이다.

지지불태知止不殆 멈출 줄 알면 위태롭지 않다. 《도덕경》 제44장에 "지나치게 좋아하면 반드시 큰 비용을 치러야 하고, 지나치게 쌓아두면 반드시 크게 잃어버리게 된다. 그러므로 만족할 줄 안다면 곤욕을 당하지 않을 것이요, 멈출 줄 알면 위태롭지 않으니 오랫동안 즐길 수 있다甚愛必大費, 多藏必厚亡. 故知足不辱, 知止不殆, 可以長久"라는 말이 있다.

진선지정進善之旌 좋은 말을 올리는 깃발. 상고 시대에 백성이 간언을 올릴 수 있게 세워둔 깃발로서 이 깃발 아래에서는 누구라도, 어떤 간언이라도 할 수 있었다고 한다. 당唐 유도륜의 〈진선정부進善旌賦〉에 "요임금은 인군의 큰 덕에 나라를 다스릴 원대한 모략을 갖추셨으니, 사방 선비들의 간언을 듣는 마음을 열고자 좋은 말을 올리는 깃발을 오거리에 세우셨다帝堯有君人之大德, 恢理國之令圖, 將啟納善之懷於四方之士, 乃立進善之旌於五達之衢"라는 내용이 있다.

집미불오執迷不悟 그릇된 생각에 사로잡혀 잘못을 깨닫지 못하다. 당唐 요사렴의 《양서梁書》 〈무제기武帝紀〉에 "만약 그릇된 생각을 고집하여 잘못을 깨닫지 못하고 왕의 군대에 거역하게 되면 대군이 이르러 용서함 없이 벌할 것이니, 이른바 고원에 불이 맹렬하면 지초와 난초도 함께 타 없어진다는 말대로일 것이다若執迷不悟, 距逆王師, 大軍一臨, 刑茲罔赦, 所謂火烈高原, 芝蘭同泯"라는 기록이 있다.

청야문심清夜捫心 깊은 밤에 가슴을 쓰다듬다. 잠을 이루지 못하고 자신의 잘못을 반성한다는 뜻이다. 백거이의 시 〈와몽유춘和夢遊春〉에 "가슴에 손을 얹어도 부끄러워할 줄 모르고, 입만 열었다 하면 비방하는 말이로다捫心無愧畏, 騰口有謗讟"라는 구절이 있다.

풍호운룡風虎雲龍 바람은 호랑이를 따르고 구름은 용을 따른다. 성군과 현신이 만나는 것을 비유한다. 《주역》 〈건괘乾卦〉의 "구름은 용을 따르고 바람은 호랑이를 따른다雲從龍, 風從虎"라는 말에서 비롯된 성어이다.

현애륵마懸崖勒馬 낭떠러지에서 말고삐를 당기다. 위험에 이르기 직전에 진행을 멈춘다는 뜻이다. 원元 정덕휘의 《지용정제智勇定齊》에 "너는 지금 배가 강심에 이르러야 물이 새는 구멍을 막는 격이요, 낭떠러지에서 고삐를 당겨 겨우 말을 멈춘 격이다你如今船到江心補漏遲, 抵多少臨崖勒馬才收騎"라는 표현이 있다.

호위인사好爲人師 남의 스승이 되기를 좋아하다. 자신만이 옳다고 여겨 남을 가르치려 들기를 좋아하는 사람을 두고 하는 말이다. 《맹자》 〈이루상離婁上〉에 "사람들의 병폐는 선생 노릇을 좋아함에 있다人之患, 在好爲人師"라는 기록이 있다.

제4장

가공제사假公濟私 공적인 명분을 빌려 사적인 이익을 취하다. 《한서》 〈두업전杜業傳〉에 "(재상 적방진은) 상벌의 기준도 없이 제멋대로 같은 무리에게는 후하게 베풀고 정작 뛰어난 인재는 배척하고 있습니다. 공적 명분을 빌려 사욕을 채움에 그 전횡함이 거칠 것이 없습니다專作威福, 阿黨所厚, 排擠英俊, 托公報私, 橫厲無所畏忌"라는 내용이 있다.

건건비궁蹇蹇匪躬 자신을 돌보지 않고 충성하다. 임금을 위해 충직하게 간언하는 신하의 모습을 가리킨다. 건건蹇蹇은 충직한 모습이다. 《주역》 〈건괘蹇卦〉의 "왕의 신하가 충직한 것은 자신을 돌보지 않는 까닭이다王臣

蹇蹇, 匪躬之故"라는 말에서 비롯된 성어이다.

공이망사公而忘私 공을 위해 사를 잊다. 집단의 이익을 위하여 개인의 득실을 고려하지 않는다는 말이다. 《한서》 〈가의전賈誼傳〉에 "교화가 이루어지고 세상이 안정되면 신하 된 자는 임금을 위해 자신을 잊고 나라를 위해 집안을 잊으며 공을 위해 사를 잊나니, 이로울지라도 구차히 나아가지 않고 해로울지라도 구차히 벗어나지 않나니 오직 의로움이 있을 뿐입니다化成俗定, 則爲人臣者主而忘身, 國而忘家, 公而忘私, 利不苟就, 害不苟去, 唯義所在"라는 내용이 있다.

궁차익견窮且益堅 곤궁할수록 더욱 굳세지다. 《후한서》 〈마원전馬援傳〉의 "장부가 뜻을 행하려면 곤궁할수록 더욱 굳세고, 늙을수록 더욱 씩씩해야 한다丈夫爲志, 窮當益堅, 老當益壯"라는 구절에서 비롯된 성어이다.

노이미견老而彌堅 늙어질수록 더욱 굳세다. 청淸 전상의 《속각탕구지서續刻蕩寇志序》에 "그 털끝 하나라도 취하지 않겠다는 마음은 모르겠고 늙어갈수록 더욱 굳셀 뿐이다吾不知其一介不取之心, 至老而彌堅也"라는 구절이 있다.

목불견첩目不見睫 눈은 눈썹을 보지 못한다. 자기 자신에 대해 알기가 어렵다는 비유이다. 《사기》 〈월왕구천세가越王勾踐世家〉에 "나는 마치 눈과도 같은 그런 지혜는 귀하게 여기지 않는다. 눈은 멀리에 있는 작은 터럭은 보면서도 자신의 눈썹은 보지 못한다吾不貴其用智之如目, 見毫毛而不見其睫也"라는 내용이 있다.

부자량력不自量力 자신의 힘을 측정하지 못하다. 자신의 능력을 지나치게 높게 평가한다는 말이다. 《좌전》 〈은공십일년隱公十一年〉에 나오는 "덕을 헤아리지 못하고 힘을 측정하지 못한다不度德, 不量力"에서 비롯된 성어이다.

불무정업不務正業 본업에 힘쓰지 않다. 명明 난릉소소생의 《금병매사화金瓶梅詞話》 제1회에 "이 사람은 책도 그다지 열심히 읽지 않고 종일 빈둥거리며 멋대로였는데, 부모가 죽은 후로는 도대체 본업에 힘쓰지 않는다這人不甚讀書, 終日閑遊浪蕩, 一自父母亡後, 分外不務正業"라는 내용이 있다.

삼불후三不朽 썩지 않는 세 가지. 입덕立德, 입공立功, 입언立言을 말한다. 《좌전》 〈양공이십사년襄公二十四年〉에 "가장 뛰어난 것은 덕을 세움이요, 그다음은 공을 세움이요, 그다음은 말을 세움이다. 비록 세월이 오래되어도 없어지지 않으니 '불후'라고 하는 것이다太上有立德, 其次有立功, 其次有立言. 雖久不廢, 此之謂不朽"라고 하였다. 이 기록에 대한 공영달의 주석에 "덕을 세운다는 것은 제도와 법을 창제하여 전하고, 널리 베풀어 백성을 구제하는 것이다. 공을 세운다는 것은 재난에서 구해주고 어려움을 없애주어 시절을 구하는 공이 있는 것이다. 말을 세운다는 것은 말이 요점을 얻었고 이치가 전해지기에 족한 것이다立德, 謂創制垂法, 博施濟衆. 立功, 謂拯厄除難, 功濟於時. 立言, 謂言得其要, 理足可傳"라는 말이 있다.

손무살비孫武殺妃 손무가 합려의 비빈을 죽이다. 《손자병법》의 저자 손무가 오나라 군주 합려를 만나 군대 훈련 시범을 보이는 과정에서 합려의 명령에도 불구하고 군령에 따르지 않는 합려의 비빈을 죽였다는 이야기이다. 《사기》 〈손자오기열전孫子吳起列傳〉에서 전하는 '손무살비' 고사의 대략적인 내용은 다음과 같다. "오자서의 추천으로 손무를 만난 자리에서 합려가 말했다. '선생께서 지으신 13편의 병법서는 모두 보았습니다.

그 책에서 말하는 훈련법을 실제로 보여주실 수 있겠습니까?' 손무가 동의하자 합려가 물었다. '부녀자들을 가지고서도 가능합니까?' 가능하다는 손무의 대답에 합려는 즉각 궁중의 궁녀 180명을 선발하여 훈련에 참여하게 했다. 손무는 그들을 두 부대로 나누고 오왕이 총애하는 비빈 두 사람을 각 부대의 대장으로 임명하였다. 손무는 궁녀들이 모두 창을 들게 하고는 명령을 내렸다. '내가 '전前'이라고 하면 앞을 보고, '후後'라고 외치면 뒤를 보고, '좌左' 하면 왼쪽을 향하고, '우右' 하면 오른쪽을 쳐다봐야 한다!' 마침내 북이 울리고 손무가 명령을 내렸다. '우!' 하지만 궁녀들은 서로를 바라보며 키들키들 웃기만 할 뿐 명령에 따를 생각이 전혀 없는 듯하였다. 손무가 엄숙하게 말했다. '병사들이 정해진 규칙을 제대로 알지 못해 명령을 지키지 않는 것은 장수의 죄다!' 손무는 부대의 대장을 맡긴 비빈 두 사람을 즉각 참수하라 명하였다. 옆에서 이 모습을 지켜보던 합려가 대경실색해서 황망하게 영을 전하여 말했다. '이미 장군께서 용병에 능하시다는 것을 알았소. 두 비빈이 없다면 나는 살아도 아무 재미가 없으니 그들을 살려주시길 바랍니다.' 손무가 단호하게 거절했다. '신은 임금의 명을 받아 장수가 되었습니다. 장수가 군대를 지휘함에는 때로는 임금의 명령도 받지 않는 법입니다.' 손무는 결국 2명의 비빈을 참수형에 처하고 다른 이로 부대의 대장을 삼아서 군대 훈련을 지속했다. 손무가 북을 울리고 명령을 내리니 궁녀들이 군기가 바짝 들어 대오에서 이탈하거나 불평하는 이가 없었다."

식사녕인 息事寧人 일을 줄여 사람들을 평안하게 하다. 《후한서》〈장제기章帝紀〉에 "책임 관리에게 명령하였다. '죽을죄가 아니면 잠시 사건을 심리하지 말고, 관리들에게 고하여 백성들의 소송도 받지 말게 하라. 일을 줄여 사람들을 평안하게 하기를 바란다 其令有司, 罪非殊死, 且勿案驗, 及吏人條書相

告, 不得聽受, 冀以息事寧人"라는 내용이 있다.

유의답조劉毅答詔 유의가 황제의 질문에 답하다. 《진서晉書》〈유의전劉毅傳〉에는 다음과 같은 유의와 황제의 대화가 실려 있다. "황제가 일찍이 남쪽 들에서 제사를 필하고 유의에게 탄식하며 물었다. '경은 짐을 한나라의 어떤 황제에 견주겠는가?' 유의가 대답하였다. '한나라의 환제와 영제에 견줄 수 있겠습니다. …환제와 영제는 관직을 팔아 돈을 나라의 창고로 들였지만 폐하께서는 관직을 팔아 돈을 자기 창고에 넣으시니 이로써 보건대 폐하는 옛사람만 못하십니다.' 황제가 크게 웃으며 말했다. '환제와 영제의 세상에서는 이런 말을 듣지 못하였을 것이다. 지금은 그대처럼 직언하는 신하가 있으니 나는 그들과 다르다.'帝嘗南郊, 禮畢, 喟然問毅曰, 卿以朕方漢何帝也, 對曰, 可方桓靈 …桓靈賣官, 錢入官庫, 陛下賣官, 錢入私門. 以此言之, 殆不如也, 帝大笑曰, 桓靈之世, 不聞此言. 今有直臣, 故不同也."

자지지명自知之明 자신을 아는 밝음. 《도덕경》 제33장에 "남을 아는 자는 지혜롭고, 자신을 아는 자는 밝다知人者智也, 自知者明也"라는 말에서 비롯된 성어이다.

추파조란推波助瀾 물결을 밀어 파도를 조장하다. 파란을 일으키다. 주로 좋지 않은 사태가 더 확대되는 상황에서 쓰인다. 수隋 왕통의 《문중자文中子》〈문역편問易篇〉에 "북위北魏 태무제와 북주北周 무제武帝 두 사람의 일은 족히 물결을 밀어 파도를 조장하고, 불을 끄겠다고 외려 바람을 불어대는 격이다真君建德之事, 足推波助瀾, 縱風止燎爾"라는 내용이 있다.

행기유치行己有恥 몸가짐에 부끄러움이 있다. 부끄러운 일이라는 판단이

들면 행하지 않는다는 말이다. 《논어》 〈자로〉에 "자공이 '어떻게 해야 선비라고 말할 수 있습니까?'라고 묻자, 공자가 말했다. '몸가짐에 부끄러움이 있으며 사방 사신으로 가서 군주의 명을 욕되게 하지 않으면 선비라 이를 만하다.' 子貢曰, 何如斯可謂之士矣, 子曰, 行己有恥, 使於四方, 不辱君命, 可謂士矣"라는 내용이 있다.

행약구체行若狗彘 행동이 개돼지 같다. 부끄러워할 줄 모르는 사람을 가리킨다. 한漢 가의賈誼의 《논치안책論治安策》에 "예양이란 자는 임금을 배반하고 원수를 섬겼으며 행동이 개돼지 같았다. 그런데 얼마 후에 높은 절개와 충성으로 그 행동이 뭇 선비들보다 뛰어났으니 그를 알아준 인군人君이 그렇게 만든 것이다此一豫讓也, 反君事仇, 行若狗彘. 已而抗節致忠, 行出乎列士, 人主使然也"라는 내용이 있다.

호일오로好逸惡勞 편안함을 좋아하고 수고함을 싫어하다. 《후한서》 〈곽옥전郭玉傳〉에 "병을 치료하기 어려운 사람이 넷 있다. 자기 생각이 옳다고 여겨 의사에게 맡기지 않는 사람, 자신의 몸을 돌보지 않는 사람, 근골이 약하여 약을 쓸 수 없는 사람, 편안함을 좋아하여 수고함을 싫어하는 사람이다其爲療也, 有四難焉. 用意而不任臣, 一難也. 將身不謹, 二難也. 骨節不強, 不能使藥, 三難也. 好逸惡勞, 四難也"라는 내용이 있다.

제5장

가화어인嫁禍於人 화를 남에게 전가하다. 사마천의 《사기》 〈조세가趙世家〉에 "한나라가 상당을 진에 바치지 않음은 화를 조나라에 전가하고자 함이다韓氏所以不入於秦者, 欲嫁禍於趙也"라는 기록이 있다. 이 글에서 '가화어조嫁

禍於趙'가 '가화어인嫁禍於人'으로 바뀐 것이다.

강퍅자용剛愎自用 고집이 세고 자신만이 옳다 여기다. 《좌전》〈선공십이년宣公十二年〉에 "그 보좌관 선곡이 고집이 세고 어질지 않으니 명령을 따르려 들지 않는다其佐先穀, 剛愎不仁, 未肯用命"라는 내용이 있다.

구시심비口是心非 입으로는 옳다 하고 마음으로는 그르다고 한다. 말과 생각이 다른 사람, 겉과 속이 다른 사람을 가리킨다. 한漢 환담의 《신론新論》〈변혹辨惑〉에 "도는 반드시 합당한 사람에게 전해야 한다. 합당한 사람을 얻게 되면 길에서 우연히 만났더라도 바로 가르치겠지만, 만일 바른 사람이 아니어서 말과 생각이 다른 자라면 비록 몸을 토막 내는 형벌을 가한다 해도 도는 나오지 않는다道必當傳其人. 得其人, 道路相遇, 輒教之. 如非其人, 口是而心非者, 雖寸斷支解, 而道猶不出也"라는 내용이 있다.

냉안상대冷眼相待 차가운 눈길로 응대하다. 상대를 무시하거나 환영하지 않는 모습을 가리킨다. 근대 채동번의 《명사연의明史演義》에 "태조가 오히려 차가운 눈길로 응대하며 아무런 상도 내리지 않을 줄 어찌 알았으랴哪知太祖反冷眼相待, 並不升賞"라는 표현이 있다.

득불상실得不償失 얻은 것이 잃는 것을 보상하지 못하다. 얻는 것보다 잃는 것이 많다는 말이다. 《묵자墨子》〈비공非攻〉에 "그 얻은 바를 계산하면 오히려 잃는 것이 훨씬 많다計其所得, 反不如所喪者之多"라는 기록이 있다. 소식의 〈화자유제일견기和子由除日見寄〉에 "세상사가 변했음을 탄식하느니, 얻은 것보다 잃은 것이 많구나感時嗟事變, 所得不償失"라는 구절이 있다.

물극필반物極必反 만물은 극에 달하면 반드시 반대로 향한다. 《여씨춘추》〈박지博志〉의 "온전하면 반드시 이지러지고, 극에 이르면 반드시 반전한다全則必缺, 極則必反"는 구절에서 비롯된 성어이다.

방환어미연防患於未然 미연에 재난을 방지하다. 《주역》〈기제旣濟〉에 "군자는 근심을 생각하여 미리 방지한다君子以思患而豫防之"라는 말에서 나왔다. 당唐 육지의 〈논량하급회서리해장論兩河及淮西利害狀〉에 "절박한 사변事變에서 어려움을 해결하는 데 그칠 것이 아니라 미연에 재난을 방지해야 한다非止排難於變切, 亦將防患於未然"라는 표현이 있다.

배도이치背道而馳 반대 길로 달려가다. 목표한 지점과 반대 방향으로 간다는 말이다. 유종원의 〈양평사문집후서楊評事文集後序〉에 "그 나머지 문인들은 각각 한 모퉁이를 탐구하였으니, 서로 반대 길로 달려가서 갈수록 멀어지게 되었다. 글에서 저술著述과 비흥比興을 겸하는 것이 이토록 어렵다其餘各探一隅, 相與背馳於道者, 其去彌遠. 文之难兼, 斯亦甚矣"라는 내용이 있다.

비극태래否極泰來 비괘가 끝나면 태괘가 온다. 주역에서 비괘否卦는 역경을 상징하고, 태괘泰卦는 형통함을 상징한다. 불운이 극에 달하면 행운이 온다는 뜻이다. 명明 시내암의 《수호전水滸傳》에 "속담에 '즐거움이 극하면 슬픔이 찾아오고, 비괘가 끝나면 태괘가 온다'고 했다常言道, 樂極生悲, 否極泰來"라는 표현이 있다.

수도동귀殊途同歸 길은 다르지만 목적지는 같다. 방법은 달라도 결과는 같다는 말이다. 《주역》〈계사하系辭下〉에 "천하는 한곳으로 돌아가도 길이 다르고, 향하는 곳이 하나여도 생각은 백 가지이다天下同歸而殊途, 一致而

百慮"라는 구절에서 비롯된 성어이다.

숙연기경肅然起敬 공손히 일어나 경의를 표하다. 유의경劉義慶의 《세설신어》〈규잠規箴〉에 나음과 같은 글이 실려 있다. "혜원 스님이 여산에 살았는데 늙었어도 강론을 그치지 않았다. 제자 중에 열심히 공부하지 않는 자가 있어 스님이 말했다. '나는 저물녘의 햇빛과 같아서 멀리 비출 수가 없다. 하지만 너희는 아침 태양과 같으니 시간이 지날수록 더욱 빛나게 될 것이다.' 말을 마친 후 불경을 들고 자리에 올라 경문을 낭랑하게 읊는데 그 음성과 표정이 매우 간절하였다. 제자들이 모두 숙연하여 더욱 공경하였다遠公在廬山中, 雖老, 講論不輟. 弟子中或有墮者, 遠公曰,桑榆之光, 理無遠照, 但願朝陽之暉, 與時並明耳. 執經登坐, 諷誦朗暢, 詞色甚苦. 高足之徒, 皆肅然增敬."

양면삼도兩面三刀 겉과 속이 다르다. 음험하고 교활한 사람을 가리킨다. 원元 이행도의 〈회란기灰闌記〉에 "나는 이곳 정주성에서 어질고 착하기로는 제일가는 사람인데, 도리어 나를 겉과 속이 다른 음험한 사람이라 말하니, 내가 당신에게 무슨 조롱이라도 했습니까? 我是這鄭州城裏第一個賢惠的, 倒說我兩面三刀, 我搬調你甚的來"라는 표현이 있다.

이신작칙以身作則 자신을 법칙으로 삼다. 실제적인 행동으로 모범을 보인다는 말이다. 《논어》〈자로〉의 "자기 자신이 바르면 명령하지 않아도 행해지고, 자신이 바르지 못하면 명령한다 하더라도 따르지 않는다. … 참으로 자신을 바르게 한다면 정치함에 무슨 어려움이 있겠으며, 자신을 바르게 할 수 없다면 어떻게 남을 바르게 할 수 있겠는가其身正, 不令則行. 其身不正, 雖令不從. … 苟正其身矣, 於從政乎何有. 不能正其身, 如正人何"라는 내용에서 비롯된 성어이다.

이와전와以訛傳訛 헛소문이 꼬리를 물고 전해지다. 송宋 왕백의 《묵성정무난정기默成定武蘭亭記》에 "헛소문이 꼬리를 물고 전해지니 애들 장난과 같을 뿐이다訛以傳訛, 僅同兒戲"라는 표현이 있다. 유담의 《석상부담席上腐談》에 "항간에는 여와가 이곳에서 오색 돌을 만들었으므로 채석이라 이름했다고 전하는데, 헛소문이 꼬리를 물고 전해진 것이다世上相傳女媧補天煉五色石於此, 故名采石, 以訛傳訛"라는 내용이 있다.

인소실대因小失大 작은 것으로 인해 큰 것을 잃다. 한漢 유주의 《신론新論》 〈탐애貪愛〉에 "나라가 망하고 신세를 망쳐 천하의 웃음거리가 되었으니 작은 이익을 탐하여 큰 이익을 잃어버렸기 때문이다滅國亡身爲天下笑, 以貪小利失其大利也"라는 기록이 있다.

일마당선一馬當先 한 마리 말이 선봉에 서다. 일을 하는 데서 남들에 앞장서서 모범을 보이는 사람을 비유한다. 명明 시내암의 《수호전水滸傳》에 "곧바로 군대를 점검하여 전열을 갖추고 한 마리 말로 앞장서서 치달려 산을 내려가니 그 기세가 마치 하늘과 땅이 무너져 내리는 듯하였다即便勒兵列陣, 一馬當先, 馳下山來, 猶如天崩地塌之勢"는 내용이 있다.

일축이취一蹴而就 단번에 성공하다. 송宋 소순의 〈상전추밀서上田樞密書〉에 "천하의 학자 중에서 누가 단번에 쉽게 성인의 영역에 이르기를 원하지 않는 자가 있겠는가天下之學者, 孰不欲一蹴而造聖人之域"라는 내용이 있다.

임진마창臨陣磨槍 전쟁에 임해서 창을 간다. 일이 터지고 나서야 허둥대며 준비하는 모습을 가리킨다. 청清 조설근의 《홍루몽紅樓夢》 제70회에 "전쟁에 임해서 창을 갈아봤자 소용이 없어. 이렇게 급한 상황에서 매일

매일 쓰고 외우고 한다고 해도 다 끝낼 수는 없을 거야臨陣磨槍也不中用, 有這會子著急, 天天寫寫念念, 有多少完不了的"라는 내용이 있다.

장세기인仗勢欺人 권세에 기대어 남을 무시하다. 왕실보의《서상기西廂記》에 "그는 스승과 벗에게 배우며 군자로서 근본에 힘쓰건만, 너는 부형에 기대어 권세를 믿고 남을 무시하고 있다他學師友, 君子務本, 你倚父兄, 仗勢欺人"라는 말이 있다.

적득기반適得其反 딱 그 반대를 얻다. 결과가 바라던 바와 정반대가 되었음을 말한다. 청淸 위원의《해국도지海國圖志》〈주해편籌海篇 의수상議守上〉에 "지금 방어를 말하는 자는 한결같이 모두 내륙의 강을 막는 것보다는 모든 항구를 막음이 낫고 항구를 막는 것보다는 바깥 바다를 막는 것이 낫다고 하는데 그것이 바라는 바와 정반대인 것을 모르고 있다今議防堵者, 莫不曰, 禦諸內河不若禦諸海口, 禦諸海口不若禦諸外洋, 不知此適得其反也"라는 내용이 있다.

조강부약鋤強扶弱 강포한 자를 제거하여 약한 자를 돕다. 능몽초의《이각박안경기二刻拍案驚奇》에 "강포한 자를 제거하여 약한 자들을 돕는 이런 일을 내가 아니라면 누가 하려 들겠는가!此等鋤強扶弱的事, 不是我, 誰人肯做"라는 표현이 있다.

증삼살인曾參殺人 증삼이 사람을 죽이다. 헛소문의 위력을 보여주는 이야기로《전국책》에 기록되어 있다. "옛날 증자가 비費 땅에 살았다. 비 사람 중에 증자와 같은 이름의 어떤 한 사람이 살인을 저질렀다. 누군가 증자의 모친에게 증자가 사람을 죽였다는 말을 전하였다. 증자의 모친은 '우리 아들이 사람을 죽였을 리 없다'며 태연하게 베를 짰다. 얼마 후에 또 한 사람이 와서 증자가 사람을 죽였다고 말했지만 그 모친은 여전히 아무렇지도 않게 베를 짜고 있었다. 다시 얼마 후에 한 사람이 와서 똑같이 증자가 사람을 죽였다고 하니 그제야 그 모친이 두려워하여 베틀의 북을 던져버리고 담을 넘어 도망하였다. 증삼의 어짐과 모친의 믿음에도 불구하고 세 사람이 의심하니 모친조차 믿을 수가 없었던 것이다昔者曾子處費, 費人有與曾子同名族者而殺人. 人告曾子母曰, 曾參殺人. 曾子之母曰, 吾子不殺人, 織自若. 有頃焉, 人又曰, 曾參殺人, 其母尙織自若也. 頃之, 一人又告之曰, 曾參殺人, 其母懼, 投杼逾牆而走. 夫以曾參之賢與母之信也, 而三人疑之, 則慈母不能信也."

흥진비래興盡悲來 흥이 다하면 슬픔이 온다. 당唐 왕발의 〈등왕각서滕王閣序〉에 나오는 "흥이 다하고 슬픔이 찾아오나니, 차고 빔에 정한 이치가 있음을 앎이라興盡悲來, 識盈虛之有數"라는 구절에서 비롯된 성어이다.

제6장

거현임능擧賢任能 현자를 추천하고 인재를 임용하다. 《예기》 〈대전大傳〉에 "성인이 남쪽을 향하여 천하를 다스림에 백성에 앞서 먼저 다섯 가지를 행한다. 첫째는 친족을 다스림이요, 둘째는 공을 세운 자에게 보답함이요, 셋째는 현자를 추천함이요, 넷째는 능력 있는 자를 부림이요, 다섯째는 인애로운 자를 살피는 일이다聖人南面而聽天下, 所且先者五, 民不與焉. 一曰治親, 二日報功, 三曰擧賢, 四曰使能, 五曰存愛"라는 내용이 있다. 《삼국연의》에 "현자를 추천하고 인재를 임용해 그들로 하여금 진력을 다해 강동을 보전하는 일은 내가 그대만 못하다擧賢任能, 使各盡力以保江東, 我不如卿"라는 내용이 있다.

관맹상제寬猛相濟 너그러움과 사나움으로 서로를 보완하다. 정책을 시행하는 데 관용과 엄격함을 겸하여 쓴다는 말이다.《좌전》〈소공이십년昭公二十年〉에 "정치가 너그러우면 백성들이 태만해지니 엄격함으로 바로잡고, 정치가 사나우면 백성이 고달프니 너그러움을 베푼다. 너그러움으로 사나움을 구하고, 사나움으로 너그러움을 구하면, 정치는 조화롭게 된다政寬則民慢, 慢則糾之以猛, 猛則民殘, 殘則施之以寬. 寬以濟猛, 猛以濟寬, 政是以和"라는 기록이 있다.

동류합오同流合汙 세상 풍조를 같이하고 더러운 일을 함께하다. 패거리를 이루어 함께 나쁜 짓을 한다는 뜻이다.《맹자》〈진심하盡心下〉의 "풍속에 동조하고 더러운 세상과 어울린다. 사는 모습은 충성스럽고 믿음이 있는 듯하고 행동함은 청렴하고 깨끗한 듯하여 모두가 좋아한다. 자신이 옳다고 여기지만 요순의 도에는 들어갈 수가 없다. 그래서 덕을 해치는 자라고 한 것이다同乎流俗, 合乎汙世, 居之似忠信, 行之似廉潔, 衆皆悅之, 自以爲是, 而不可與入堯舜之道, 故曰德之賊也"라는 내용에서 비롯되었다.

물이류취物以類聚 **인이군분**人以群分 만물은 그 종류대로 모이고, 사람은 무리로서 구별된다. 중국 전국시대 제나라 학자 순우곤이 하루 만에 7명의 인재를 왕에게 추천하며 한 이야기에서 나왔다.《전국책》〈제책삼齐策三〉에 기록된 이야기다. "순우곤이 하루 만에 제나라 선왕에게 7명을 추천하였다. 왕이 말했다. '지금 그대는 하루아침에 7명을 추천했으니 선비가 너무 많은 것이 아니오?' 순우곤이 말했다. '그렇지 않습니다. 무릇 새는 날개가 같은 것들끼리 모여 살고, 짐승은 발이 같은 것끼리 함께 달립니다. 지금 시호나 길경 같은 약초를 물가에서 구하게 되면 몇 세대가 되어도 하나도 얻지 못할 것이지만 고서산이나 양보산의 북쪽 언덕으로 가면 수레에 가득 채우게 될 것입니다. 무릇 만물은 그 종류대로 모이는 법입니다. 저 순우곤은 현명한 선비들의 무리에 속합니다. 왕께서 저에게 현명한 선비를 찾으라 하셨는데, 이는 황하에서 물을 뜨는 것이나 횃불에서 불을 취하는 것처럼 쉬운 일입니다. 제가 장차 다시 왕께 추천하려니와 어찌 7명으로 그치겠습니까?'淳於髡一日而見七人於宣王. 王曰, 今子一朝而見七士, 則士不亦衆乎. 淳於髡曰, 不然. 夫鳥同翼者而聚居, 獸同足者而俱行. 今求柴葫桔梗於沮澤, 則累世不得一焉. 及之睾黍梁父之陰, 則郤車而載耳. 夫物各有疇, 今髡賢者之疇也. 王求士於髡, 譬若挹水於河而取火於燧也. 髡將復見之, 豈特七士也."

보리투도 報李投桃　복숭아를 선물하고 오얏으로 보답하다. 사이좋게 선물을 주고받는다는 말이다. 《시경》〈대아 억抑〉에 "나에게 복숭아를 주니 오얏으로 보답하네.投我以桃, 報之以李"라는 말에서 비롯된 성어이다.

붕비위간 朋比爲奸　서로 결탁하여 나쁜 짓을 하다. 《신당서新唐書》〈이강전李絳傳〉에 "이를 추구하는 사람들은 항상 서로 결탁하여 그 사사로움을 같이한다趨利之人, 常爲朋比, 同其私也"라는 기록이 있다. 《삼국연의》에 "장양, 조충, 봉서, 단규, 조절, 후람, 건석, 정광, 하운, 곽승 열 사람은 서로 결탁하여 나쁜 짓을 일삼았는데, 이들을 '십상시'라고 불렀다張讓·趙忠·封諝·段珪·曹節·侯覽·蹇碩·程曠·夏惲·郭勝十人朋比爲奸, 號爲十常侍"라는 내용이 있다.

비사후례 卑辭厚禮　겸손한 말로 후하게 예우하다. 《후한서》〈허소전許劭傳〉에 "조조가 미천한 시절에 항상 겸손한 말과 후한 예우로 허소에게 자신을 평해줄 것을 구하였다. 허소는 조조가 비루하다 여겨 상대하려 하지 않았다. 조조가 틈을 보아 허소를 위협하니 허소가 부득이하여 말하기를 '그대는 태평한 시절에는 간사한 도적이요, 난세에는 영웅이다'라고 하였다. 조조가 크게 기뻐하며 떠났다曹操微時, 常卑辭厚禮求爲己目. 劭鄙其人而不肯對, 操

乃伺隙脇劭, 劭不得已曰, 君淸平之奸賊, 亂世之英雄, 操大悅而去"라는 내용이 보인다.

세이공청洗耳恭聽 귀를 씻고 공손히 듣다. 원元 관한경의 〈단도회單刀會〉에 "군후께서는 말씀하십시오. 소신은 귀를 씻고 공손히 듣겠습니다請君侯試說一遍, 下官洗耳恭聽"라는 표현이 있다.

소탑이대掃榻以待 의자를 청소하고 손님을 기다리다. 찾아온 손님에 대한 각별한 환대를 비유한다. 《후한서》 〈서치전徐穉傳〉에 "진번陳蕃이 군수로 있을 때 빈객을 따로 접대하지 않았는데, 오직 서치가 오면 특별히 의자 하나를 내놓았으며 떠나가면 걸어두었다蕃在郡不接賓客, 唯穉來特設一榻, 去則懸之"라는 기록이 있다.

솔수식인率獸食人 짐승을 이끌어 사람을 잡아먹다. 포악한 정치로 백성을 해침을 비유한다. 《맹자》 〈양혜왕상梁惠王上〉의 "주방에는 살진 고기가 있고 마구간에는 살진 말이 있는데, 백성은 주리고 길에는 굶어 죽은 시체가 있다면 이는 짐승을 몰아다가 사람을 잡아먹는 것이다庖有肥肉, 廐有肥馬, 民有饑色, 野有餓莩, 此率獸而食人也"라는 내용에서 비롯된 성어이다.

안관사처眼觀四處 **이청팔방**耳聽八方 눈은 사방을 보고, 귀는 팔방의 소리를 듣는다. 비상한 눈과 귀를 갖고 있어서 관찰력과 이해력이 뛰어나다는 말이다. 명明 허중림의 《봉신연의封神演義》에 "장군의 도로 말하자면, 몸이 전장에 임하게 되면 반드시 눈은 사방을 보고 귀는 팔방의 소리를 들어야 한다는 것이다爲將之道, 身臨戰場, 務要眼觀四處耳聽八方"라는 내용이 있다.

언종계납言從計納 말을 하면 따르고 계책을 내면 받아들인다. 한漢 채옹의

〈사공림진후양공비司空臨晉侯楊公碑〉에 "본 조정을 바르게 보좌할 수 있었던 것은 충언과 좋은 계략, 가까운 이들의 직언이 있었기 때문이니, 일을 맡아 행할 적에 말은 따르고 계책을 받아들였다其所以匡輔本朝, 忠言嘉謀, 造膝危辭, 當事而行, 言從計納"라는 기록이 있다.

위호첨익爲虎添翼 호랑이에 날개를 더하다. 악한 사람이 더욱 힘을 갖도록 도와줌을 말한다. 《일주서逸周書》〈오경寤敬〉에 "호랑이를 위해 날개를 더하지 말 것이니, 장차 날아서 마을에 들어가 사람을 잡아먹을 것이다毋爲虎傅翼, 將飛入邑, 擇人而食之"라는 기록이 있다.

은위병중恩威并重 은혜와 위엄을 함께 중시하다. '관맹상제'와 같은 뜻의 성어이다. 진수의 《삼국지》〈오서吳書 주방전周魴傳〉에 "주방이 군수로 13년을 봉직하고 죽었다. 착한 이에게는 상을 주고 악한 자를 처벌하였으니 은혜와 위엄을 함께 베풀었다魴在郡十三年卒, 賞善罰惡, 恩威並行"라는 기록이 있다.

이모취인以貌取人 모습으로 사람을 취하다. 사람의 외모를 보고 그의 재능과 인품을 판단한다는 말이다. 사마천의 《사기》〈중니제자열전仲尼弟子列傳〉의 "나 공자는 말로 사람을 판단했다가 재여에게 실수했고, 모습으로 판단했다가 자우에게 실수했다吾以言取人, 失之宰予, 以貌取人, 失之子羽"라는 내용에서 비롯된 성어이다.

인진기재人盡其才 사람이 자신의 재주를 다 발휘하다. 유안의 《회남자淮南子》〈병략훈兵略訓〉에 "사람이 그 재주를 다하고, 그 힘을 다 쓴다人盡其才, 悉用其力"라는 말이 있다. 정관응의 《성세위언초간자서盛世危言初刊自序》에 "학교를 세우고 서원을 넓히며 기예를 중시하고 관리의 성적을 구별하여 사람으로 하여금 그 재주를 다 발휘하게 한다興學校, 廣書院, 重技藝, 別考課, 使人盡其才"라는 내용이 있다.

채란증약采蘭贈藥 난초를 캐고 작약을 주다. 남녀 간에 서로 선물을 주고받으며 사랑을 표현한다는 말이다. 《시경》〈정풍鄭風 진유溱洧〉의 "남자와 여자가 난초를 들고 있네. … 남자와 여자는 농담을 주고받으며 작약을 서로 꺾어주네士與女, 方秉蕑兮. … 維士與女, 伊其相謔, 贈之以勺藥"라는 내용에서 비롯된 성어이다.

취금찬옥炊金爨玉 금과 옥으로 밥을 짓다. 취炊와 찬爨은 밥을 짓기 위해 불을 땐다는 뜻이다. 손님에게 귀한 음식을 대접하기 위해 정성을 다하는 모습을 가리킨다. 명明 정등길의 《유학경림幼學瓊林》에 "흰쌀밥과 푸른 꼴로 종과 말을 후하게 먹이고, 금과 옥으로 밥을 지어 객에게 융숭하게 대접하였다白飯靑芻, 待仆馬之厚, 炊金爨玉, 謝款客之隆"라는 내용이 있다.

해내존지기海內存知己 **천애약비린**天涯若比鄰 천하에 나를 알아주는 벗이 있다면 그 벗이 하늘 끝에 있어도 이웃에 있는 것과 같다. 당唐 왕발의 시 〈두소부지임촉주杜少府之任蜀州〉의 "그대와 이별하는 마음이여, 모두가 벼슬로 떠도는 사람이라네. 천하에 나를 알아주는 이 있다면 하늘 끝에 있어도 이웃과 같다네與君離別意, 同是宦遊人. 海內存知己, 天涯若比鄰"라는 구절에서 나왔다.

제7장

노요지마력路遙知馬力 **일구견인심**日久見人心 길이 멀어야 말의 힘을 알 수 있고, 날이 길어야 사람의 마음이 보인다. 일을 많이 겪어보고 시간이 많이 지나야 비로소 사람의 진면목을 알 수 있다는 말이다. 명明 허중림의《봉신연의封神演義》에 "신이 몰래 심복을 시켜 사실을 알아보고 비로소 희창(문왕)이 충성스러운 사람임을 알았습니다. 실로 길이 멀어야 말의 힘을 알고 날이 길어야 사람의 마음이 보인다고 한 말 그대로입니다臣暗使心腹, 探聽眞實, 方知昌是忠耿之人. 正是所謂路遙知馬力日久見人心"라는 표현이 있다.

담박명지澹泊明志 담박해야 뜻을 밝힐 수 있다. 공명이나 재물에 대한 욕심이 없어야 자신의 뜻하는 바를 분명하게 밝힐 수 있다는 말이다. 제갈량의 〈계자서誡子書〉에 있는 "무릇 군자가 행함에 있어 고요함으로 수신하고 검소함으로 덕을 기르나니, 담박하지 않으면 뜻을 밝힐 수가 없고, 고요하지 않으면 그 뜻을 원대하게 펼칠 수 없는 법이다夫君子之行, 靜以修身, 儉以養德, 非澹泊無以明志, 非寧靜無以致遠"라는 내용에서 비롯된 성어이다.

석진대빙席珍待聘 보배를 깔고 앉아 초빙을 기다리다. 뛰어난 인재가 쓰이기를 기다린다는 말이다.《예기》〈유행儒行〉의 "유자는 자리의 보배(학문과 덕행)를 가지고서 초빙을 기다린다儒有席上之珍以待聘"라는 말에서 비롯된 성어이다.

선전건곤旋轉乾坤 하늘과 땅을 되돌리다. 이미 결정된 상황을 근본적으로 바꾸는 것을 비유한다. 한유의《조주자사사상표潮州刺史謝上表》에 "폐하께서 즉위한 이래로 몸소 듣고 판단하셔서 하늘과 땅을 되돌리셨습니다陛下即位以來, 躬親聽斷, 旋乾轉坤"라는 구절이 있다.

세한지송백歲寒知松柏 추운 겨울이 되어야 소나무, 잣나무를 알아본다. 훌륭한 사람은 어려운 시절에 그 진가가 드러난다는 말이다.《논어》〈자한〉에 "날이 추워진 후에야 소나무, 잣나무가 늦게 시듦을 알게 된다歲寒, 然後知松柏之後凋也"라는 말이 있다.

수공이치垂拱而治 팔짱을 끼고 나라를 다스리다. 힘들이지 않고 정치를 잘한다는 말이다. 《상서》 〈무성武成〉의 "믿음을 도탑게 하고 의로움을 밝히며, 덕이 있는 자는 높이고 공이 있는 자에 보답하면 팔짱을 끼고 있어도 천하는 잘 다스려진다惇信明義, 崇德報功, 垂拱而天下治"라는 말에서 비롯되었다.

식비거간飾非拒諫 잘못을 꾸미고 간언을 거부하다. 《순자》 〈성상成相〉에 "군주가 간언을 거부하고 잘못을 꾸미는데, 신하가 어리석게도 군주에게 아부한다면 나라는 반드시 화가 미친다拒諫飾非, 愚而上同, 國必禍"라는 내용이 있다.

심원의마心猿意馬 마음이 날뛰는 원숭이 같고 뜻이 달리는 말처럼 제어하기 어렵다. 마음이 전일하지 못하고 변화무쌍한 것을 뜻한다. 한나라 위백양魏伯陽의 《참동계參同契》에 "마음은 원숭이처럼 정함이 없고, 뜻은 말처럼 사방으로 달린다心猿不定, 意馬四馳"라는 말이 있다.

양고심장良賈深藏 훌륭한 장사꾼은 물건을 깊게 숨긴다. 진정한 학식과 능력을 갖춘 사람은 남들 앞에서 함부로 자신의 모습을 보이지 않는다는 말이다. 《대대례기大戴禮記》 〈증자제언曾子制言〉에 "훌륭한 장사꾼은 귀한 물건은 마치 없는 것처럼 깊이 감추고, 군자는 큰 가르침이 있어도 없는 것같이 보인다良賈深藏若虛, 君子有盛教如無"라는 말이 있다. 《사기》 〈노자한비열전老子韓非列傳〉에 "훌륭한 장사꾼은 깊이 감춰서 빈 듯하고, 군자는 큰 덕을 갖추었어도 모습이 어리석은 듯하다. 그대의 교만과 탐욕, 득의한 모습과 방탕한 마음을 버릴 것이니 이런 것들은 모두 그대 몸에 무익하다良賈深藏若虛, 君子盛德, 容貌若愚. 去子之驕氣與多欲, 態色與淫志, 是皆無益於子身"라는 내용이 있다.

역만광란力挽狂瀾 힘으로 거센 물결을 돌리다. 진력을 다해 위험한 상황을 되돌림을 뜻한다. 한유의 《진학해進學解》에 "온갖 물줄기를 막아 동으로 흐르게 하고 다 쓰러지게 만든 거센 물결을 돌렸다障百川而東之, 回狂瀾於既倒"라는 구절이 나온다.

유지경성有志竟成 뜻만 있으면 결국 성공한다. 《후한서》 〈경엄전耿弇傳〉에 "경엄 장군이 이전에 남양에서 이러한 큰 계책을 세웠으나 나는 늘 비현실적이라 생각하였다. 이제야 뜻만 있다면 결국 성공하게 된다는 것을 알게 되었다將軍前在南陽, 建此大策, 常以爲落落難合, 有志者事竟成也"라는 내용이 있다.

이욕훈심利欲熏心 이로움이 마음을 그을린다. 욕심에 눈이 먼다는 말이다. 황정견의 〈증별이차옹贈別李次翁〉에 "이익에 마음이 그을려서 남에게 조종되니, 나라님이 준마를 좋아하면 모두가 말을 잘 모는 왕량이 되는 꼴이라利欲熏心, 隨人翕張. 國好駿馬, 盡爲王良"라는 표현이 있다.

인정승천人定勝天 사람이 뜻을 정하면 하늘도 이긴다. 《일주서逸周書》 〈문전文傳〉에 "사람이 강하면 하늘을 이긴다人強勝天"라는 표현이 있다. 명明 홍응명의 《채근담菜根譚》에 "저들은 부하나 나는 어질며, 저들은 벼슬이 있으나 나는 의로우니, 군자는 임금과 재상에게 매이지 않는다. 사람이 뜻을 정하면 하늘도 이기고, 뜻이 전일하면 기운도 움직이는 법, 군자는 또한 운명의 지배도 받지 않는다彼富我仁, 彼爵我義, 君子不爲君相所牢籠. 人定勝天, 志一動氣, 君子亦不受造化之陶鑄"라는 내용이 있다.

종간여류從諫如流 간언을 따름이 흘러가는 물처럼 신속하다. 자신의 잘못을 지적하는 신하의 간언을 즉각 수용하는 군주의 태도를 가리킨다. 한漢 반표의 〈왕명론王命論〉에 "착한 일을 만나면 그 일을 따라가지 못할 듯 서둘러 행하고, 사람을 쓸 때는 자신을 쓰는 것처럼 하며, 간언을 따름은 흐르는 물과 같이 하고, 시기를 맞춰 나아갈 때에는 메아리처럼 달려간다見善如不及, 人如自己, 從諫如順流, 趣時如響赴"라는 내용이 있다.

주문휼간主文譎諫 시문을 빌려 에둘러 간언하다. 비유법을 활용해 간접적으로 풍자하거나 간언하는 방식을 말한다. 《모시서毛詩序》에 "시문을 빌려 에둘러 간언하면 말하는 자는 죄가 없고 듣는 자는 경계하기에 족하다主文而譎諫, 言之者無罪, 聞之者足以戒"라는 내용이 있다.

취정회신聚精會神 정신을 모으다. 최고의 주의력으로 집중한다는 말이다. 한나라 왕포王褒의 〈성주득현신송聖主得賢臣頌〉에 "임금이 조정에서 밝게 정치를 하고, 신하들이 공경스럽게 벼슬자리에 나아가나니, 정신을 모아 집중하면 서로가 더욱 빛나게 할 수 있다明明在朝, 穆穆布列, 聚精會神, 相得益章"라는 말이 있다.

회천지력回天之力 하늘을 바꾸는 힘. 쉽게 바뀌기 어려운 상황을 바꿀 수 있는 큰 역량을 비유한다. 오긍의 《정관정요貞觀政要》 〈납간納諫〉에 "위징이 감탄하며 '장공은 마침내 하늘을 바꾸는 힘을 갖게 되었으니 어진 사람의 말은 그 이로움이 크다고 하겠습니다'라고 하였다魏徵歎曰, 張公遂有回

天之力, 可謂仁人之言, 其利博哉"라는 기록이 있다.

휴양생식休養生息 휴양하며 번식하다. 전쟁과 같은 대동란이 종식된 후에 백성들의 세금과 부역을 크게 감면해줌으로써 사회를 빠르게 안정시키려는 조정의 정책을 가리킨다. 한유의 〈평회서비平淮西碑〉에 "당나라 고종, 중종, 예종은 백성들이 휴양하며 번성할 수 있는 정책을 실시하였다高宗中睿, 休養生息"라는 기록이 있다.

흥리제폐興利除弊 이로움은 일으키고 폐단은 없애다. 《관자管子》 〈군신하君臣下〉의 "백성을 위하여 이로움은 일으키고 해로움은 없애 백성의 덕을 바르게 한다爲民興利除害, 正民之德"라는 말에서 비롯된 성어이다.

제8장

가경취숙駕輕就熟 가벼운 수레를 몰고 아는 길로 가다. 경험이 많아서 일을 쉽게 처리함을 비유한다. 한유의 〈송석처사서送石處士序〉에 "마치 네 필 말이 끄는 가벼운 수레를 타고 익숙한 길로 가는데 최고의 마부인 왕량과 조부가 그를 위해 앞뒤에서 달리는 격이다若駟馬駕輕車, 就熟路, 而王良造父爲之先後也"라는 내용이 있다.

고보자봉固步自封 이전의 걸음걸이를 굳게 지켜서 스스로를 봉하다. 이전의 방식만을 고집하고 어떤 변화도 받아들이지 않는 태도를 말한다. '고보자봉故步自封'으로도 쓴다. 한나라 반고班固의 《한서漢書》 〈서전상敍傳上〉에 "옛날 한단에서 걸음걸이를 배우던 자가 마침내 비슷하게도 배우지 못하였는데, 또한 자신의 옛 걸음걸이도 잃어버려서 결국 기어서 돌아왔다昔有學步於邯鄲者, 曾未得其仿佛, 又復失其故步, 遂匍匐而歸耳"라는 기록이 있다.

대교약졸大巧若拙 크게 총명한 자는 어리석은 듯하다. 《도덕경》 제45장에 "큰 곧음은 굽은 듯하고, 큰 총명은 어리석은 듯하고, 큰 변론은 어눌한 듯하다大直若屈, 大巧若拙, 大辨若訥"라는 말이 있다.

대지약우大智若愚 큰 지혜는 어리석은 듯하다. 소식蘇軾의 〈하구양수치사계賀歐陽修致仕啟〉에 "큰 용기는 겁약한 듯하고, 큰 지혜는 어리석은 듯하다大勇若怯, 大智如愚"라는 표현이 나온다.

대행불고세근大行不顧細謹 **대례불사소양**大禮不辭小讓 큰 행동은 작은 근신을 고려하지 않고, 큰 예의는 작은 비난을 사양하지 않는다. 《사기》 〈항우본기項羽本紀〉에 "패공이 이미 나왔는데 항우가 도위 진평을 시켜 패공을 불렀다. 패공이 말했다. '지금 나올 적에 하직 인사도 드리지 못하였으니 어찌한단 말인가!' 번쾌가 말했다. '큰일을 행할 때는 작은 근신 따위는 고려하지 않으며, 큰 예를 행할 때는 작은 비난 같은 것은 사양치 않는다고 했습니다. 지금 저들은 칼과 도마요, 우리는 고기 신세인데 무슨 인사를 한다는 겁니까!' 이에 마침내 떠나가고 장량으로 머물러 사죄하게 하였다沛公已出, 項王使都尉陳平召沛公. 沛公曰, 今者出, 未辭也, 爲之奈何. 樊噲曰, 大行不顧細謹, 大禮不辭小讓. 如今人方爲刀俎, 我爲魚肉, 何辭爲. 於是遂去, 乃令張良留謝"라는 내용이 있다.

도유허명徒有虛名 텅 빈 이름뿐이다. 유명무실하다. 《삼국연의》 제95회에 "사마의가 군진으로 돌아와 누가 군대를 이끌어 가정을 지키고 있는지 알아보았다. 마량의 동생 마속이라는 보고가 올라오자 사마의가 웃으며 말했다. '껍데기 이름만 있는 졸장부일 뿐이다!' 司馬懿回到寨中, 使人打聽是何將

引兵守街亭. 回報曰, 乃馬良之弟馬謖也. 懿笑曰, 徒有虛名, 乃庸才耳"라는 기록이 있다.

독벽혜경獨辟蹊徑 홀로 길을 열다. 청淸 섭섭의 《원시原詩》〈외편상外篇上〉에 "체재, 성조, 기개, 풍격과 관련된 여러 주장을 말소하고 독자적으로 길을 열었다抹倒體裁·聲調·氣象·格力諸說, 獨辟蹊徑"라는 표현이 있다.

동파화선東坡畫扇 소동파가 부채에 그림을 그리다. 항주에서 벼슬하던 소동파가 어려움에 빠진 부채 장수를 위해 그의 부채에 글씨를 쓰고 그림을 그려서 도와주었다는 이야기이다. 송宋 하원의 《춘제기문春渚紀聞》에 실려 전한다. "동파가 항주에서 벼슬하고 있을 때의 일이다. 한 사람이 2만 관이나 되는 돈을 꾸어주었으나 돌려받지 못하였다고 관에 소송했다. 공이 피의자를 불러 물어보니 그가 말하기를 '저희 집은 부채 만드는 일을 가업으로 했습니다. 마침 부친이 돌아가셨는데, 올봄부터 줄곧 비가 내려 날씨가 추워지니 만든 부채를 팔 수가 없었습니다. 고의로 빚을 갚지 않은 것은 아닙니다.' 공이 한참 쳐다보더니 말했다. '가서 자네가 만든 부채를 가져오시게. 내가 자네를 위해 장사를 해야겠네.' 잠시 뒤 부채가 도착하자 공이 그중에 스무 개를 취하고는 행서와 초서를 쓰고 고목과 죽석을 그렸다. 잠깐 사이에 다 그리고 나서 부채 장수에게 분부하였다. '밖으로 나가서 속히 그간 진 빚을 청산하시게.' 그 사람이 부채를 끌어안고 눈물을 흘렸다. 부채 장수가 관부의 문을 나서자마자 사람들이 천금을 가져와 다투어 부채를 하나씩 샀으므로 즉각 다 팔렸다東坡官錢塘日, 有人訴負錢二萬不償者. 公呼而詢之, 云, 吾家以制扇爲業, 適父死, 而又自今春以來, 連雨天寒, 所制扇不售, 非故負之也. 公熟視久之, 曰, 姑取汝所制扇來, 吾當爲汝發市也. 須臾扇至, 公取二十扇, 就判筆作行書草聖及枯木竹石, 頃刻而成, 即付之曰, 出外速償所負資也. 其人抱扇而涕下. 始逾府門, 人以千錢競購一扇, 立盡."

득심응수得心應手 마음먹은 대로 손이 응하다. 솜씨가 매우 뛰어난 경우를 일컫는다. 이 말은《장자》〈천도天道〉에 나오는 수레바퀴 제작의 달인 윤편이 자신의 경지를 환공에게 소개하며 "느리지도 빠르지도 않고, 손에 얻으면 마음에 응하니, 말로는 표현할 수 없습니다不徐不疾, 得之於手而應於心, 口不能言"라고 한 말에서 비롯되었다. 청淸 조익의《구북시화甌北詩話》에 "기운이 족하면 가락이 절로 진작되고, 뜻이 깊으면 맛이 넉넉해지니, 마음먹은 대로 손이 응하여 한 글자라도 타당하지 않음이 없다氣足則調自振, 意深則味有餘, 得心應手, 無一字不穩愜"라는 표현이 있다.

별개생면別開生面 별도로 새로운 모습을 열다. 두보의《단청인증조장군패丹青引贈曹將軍霸》의 "능연각 공신 그림 색깔이 부족했더니, 장군이 붓을 대어 새로운 모습이 열리게 되었네淩煙功臣少顏色, 將軍下筆開生面"라는 구절에서 비롯된 성어이다.

부귀핍인富貴逼人 부귀가 사람에게 가까이 오다. 부귀를 구하지 않아도 부귀가 절로 찾아온다는 말이다.《북사北史》〈양색전楊素傳〉에 "신은 그저 부귀가 신을 찾아올까 두려울 뿐이니, 신은 부귀를 바라는 마음이 없습니다臣但恐富貴來逼臣, 臣無心圖富貴"라는 기록이 있다.

여일구진與日俱進 날과 더불어 함께 나아가다. 매일 끊임없이 앞으로 나아간다는 말이다. 송나라 이방李昉의《태평광기太平廣記》제58권에 "두 아들의 지위가 확립되자 부인은 고요히 수양에 힘써 누차 신선의 감응이 있었다. 수신의 이로움이 날과 더불어 함께 나아갔다二子位既成立, 夫人因得冥心齋靜, 累感真靈, 修真之益, 與日俱進"는 말이 있다.

여중부동與衆不同 남들과 다르다. 왕충의 《논형論衡》에 "부귀한 집에서 종을 부리고 우마를 기르는 것은 필시 남들과 다른 점이 있다富貴之家, 役使奴童, 育養牛馬, 必有與衆不同者矣"라는 내용이 있다.

요전만관腰纏萬貫 허리에 만 관의 돈을 두르다. 관貫은 '돈꿰미'로 만관萬貫은 많은 재물을 뜻한다. 양梁 은운의 《소설小說》 〈오촉인吳蜀人〉에 "허리에 10만 관의 돈을 두르고 학을 타고 양주로 가겠다腰纏十萬貫, 騎鶴上揚州"라는 말이 있다.

위민제해爲民除害 백성을 위해 해를 없애다. 《삼국지》 〈촉서蜀書 진복전秦宓傳〉에 "우는 장강과 황하의 물줄기를 뚫어 동으로 바다로 흐르게 함으로써 백성을 위해 해를 없앴으니 사람이 태어난 이래로 공이 이보다 큰 자가 없다禹疏江決河, 東注於海, 爲民除害, 生民已來功莫先者"라는 내용이 있다.

지영보태持盈保泰 가득한 상태를 유지하고 태평한 시절을 보전하다. 겸손하고 신중하게 행하여 현재의 상태를 잘 유지 보전한다는 말이다. 《시경》 〈대아 부예鳧鷖〉의 소서小序에 "태평한 시절의 군자는 가득 찬 상태를 유지하고 이룬 것을 지킨다太平之君子, 能持盈守成"라는 말이 있다.

체첩입미體貼入微 체험하여 터득함이 심오한 경지에 이르다. 상대방의 마음을 헤아려 자상하게 돌본다는 뜻으로도 활용한다. 조익의 《구북시화甌北詩話》 〈두소릉시杜少陵詩〉에 "두보 시의 일반적인 경치 묘사는 사람을 놀라게 하는 의경이 꼭 있는 것은 아니지만, 그 체득하여 심오한 경지에 이른 것으로 보자면 남들이 도달할 수 없다至於尋常寫景, 不必有意驚人, 而體貼入微, 亦復人不能到"라는 구절이 있다. 청清 오견인의 《이십년목도지괴현상二十年目

睹之怪现状》 제38회에 "장사하는 사람들이 마음을 좀 가라앉히고 이익을 좀 덜 보면 가난한 백성들이 더 많이 혜택을 보게 될 것이라는 그의 말을 듣고 내가 웃으며 말했다. '자상하게 돌보는 것이 경지에 들었네.' 做买卖的人, 只要心平点, 少看点利钱, 那些贫民便受惠多了. 我笑道, 这可谓体贴入微了"라는 내용이 있다.

학무지경學無止境 배움에는 멈출 경지가 없다. 청清 유개의 《문설問說》에 "진리는 어느 한 사람이 독점할 수 없고, 배움은 끝이 없는 법이다. 그런즉 질문이 없을 수 있겠는가理無專在, 而學無止境也, 然則問可少耶"라는 말이 있다.

학해무애學海無涯 배움의 바다는 끝이 없다. 명明 장대의 《소서小序》에 "배움의 바다에는 끝이 없고 책 보따리에는 바닥이 없느니 세상의 책을 어찌 다 읽을 수 있겠는가學海無邊, 書囊無底, 世間書怎讀得盡"라는 말이 있다.

허유기표虛有其表 헛되이 그 겉모습만 갖추다. 정처회의 《명황잡록明皇雜錄》에 "소숭이 나가자 주상이 그가 쓴 초고를 땅에 던지며 말했다. '겉만 번지르르하구나!' 嵩既退, 上擲其草於地, 曰, 虛有其表耳"라는 기록이 있다.

활도로학도로活到老學到老 늙어갈수록 배워야 한다. 공부하면서 늙어간다. 노사의 《노사단편소설선老舍短篇小說選》 〈후기後記〉에 "사람은 늙어갈수록 배워야 한다. 오늘 어제의 부족과 잘못을 볼 수 있으면 바로 자신을 채찍질하고 노력하여 학습함으로써 한 걸음 더 나아감을 구해야 한다人是要活到老, 學到老的, 今天能看出昨天的缺欠或錯誤, 正好鞭策自己努力學習, 要求進步"라는 말에서 나왔다.

휘쇄자여揮灑自如 자유자재로 휘갈기다. 글을 쓰거나 그림을 그림에 있어 마음먹은 대로 손이 가는 자유로운 경지를 말한다. 당唐 이기의 시 〈증장욱贈張旭〉에 "흥이 일어 흰 벽에 글을 쓰나니, 붓을 휘갈기는 것이 마치 유성과 같도다興來灑素壁, 揮筆如流星"라는 표현이 있다.